KB249046

# 청소년이 꼭 알아야 할
# 최소한의 한자 300

**문해력 잡고 성적 올리는**
**청소년이 꼭 알아야 할**
**최소한의 한자 300**

**초판 1쇄 인쇄** 2025년 9월 16일
**초판 1쇄 발행** 2025년 9월 25일

**지은이** 권승호
**펴낸이** 신의연
**책임편집** 신의연
**펴낸곳** 마이디어북스
**등록** 2022년 4월 25일(제2025-000015호)
**전화** 070-8064-6056
**팩스** 031-8056-9406
**전자우편** mydearbooks@naver.com
**인스타그램** @mydear__b


ISBN 979-11-93289-56-3 (43710)



**일러두기**
이 책은 한자어 표기와 다양한 어휘의 해석을 확인하기 위해 《표준국어대사전》과 『고려대한국어대사전』(고려대학교), 『뉴에이스한한사전』(금성출판사), 《네이버 한자 사전》 등을 두루 참고하였습니다.

문해력 잡고 성적 올리는

# 청소년이 꼭 알아야 할

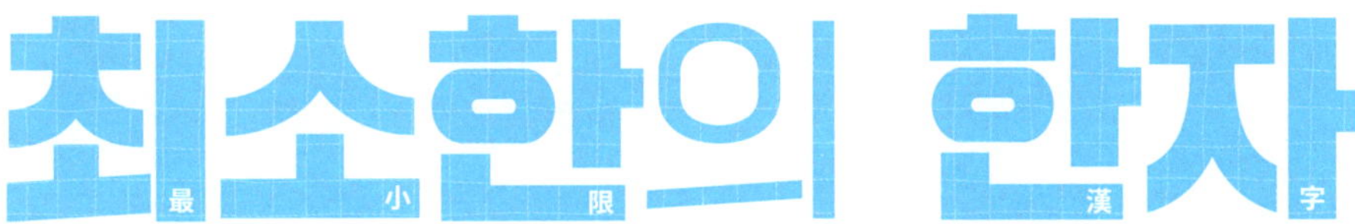


# 300

권승호 지음

# 한자를 알면 어휘력이 상승하고 문해력이 쑥쑥 자라난다

"주목하자!"라는 선생님의 외침에 주먹을 불끈 쥐곤 했어. '목례'는 목을 까딱 하는 인사법이라고 생각했지. 정확한 뜻을 궁금해하지 않았고 알려고 하지도 않았단다. 누구도 가르쳐 주지 않기도 했어. 그때 한자의 정확한 의미를 알았더라면 공부를 쉽고 재미있게 했을 거라는 생각을 늦게서야 하게 되었단다. 안타깝지. 주목은 '주시할 주(注)' '눈 목(目)'으로 눈을 주시하라는 뜻이고, 목례는 '눈 목(目)' '예절 예(禮)'이니까 눈으로 인사하는 예절이라는 뜻이란다. 알지 못한다는 사실도 모른 채 정확하게 안다고 착각했던 단어가 많았음이 부끄럽기만 해.

중학교 때 한자를 처음 만났어. 기말고사 때, '무궁화'의 '화'를 한자로 쓰라는 문제가 나왔는데, 化가 옳은지 花가 옳은지를 두고 무척 고민했단다. '풀 초(艹)'가 들어간 글자는 '풀', '식물'과 관련 있다는 사실을 몰랐던 거야. '나무 목(木)'이 들어간 글자는 '나무'와 관계 있다는 사실, '물 수(水=氵)'가 있으면 '물'과 관련된 글자라는 사실을 학창 시절에 알았더라면, 공부가 더 쉽고 재미있었을 텐데.

한자를 어렵다고 생각하지 않으면 좋겠어. 쉽지 않은 건 맞지만 영어, 수학보다는 훨씬 쉬운 게 사실이니까. 어렵다고 생각하는 건 한자 공부에 시간 투자를 하지 않았기 때문이야. 그리고 중요한 건 어려움의 정도가 아니라 필요성의 정도란다. 한자는 매우 중요하고도 필요해. 한자를 알아야 어휘의 의미를 정확하게 알 수 있기 때문이고, 어휘의 의미를 정확하게 알면 국어뿐 아니라 모든 공부가 쉽고 재미있어지기 때문이지. 일상에서 쓰는 어휘의 70%, 공부에 쓰는 어휘의 90%가 한자로 이루어져 있다는 사실, 알고 있지? 한자를 알면 어휘력이 풍부해지고, 문해력과 독해력이 쑥쑥 자라 공부를 잘할 수밖에 없단다.

『청소년이 꼭 알아야 할 최소한의 한자 300』은 교과 과정에 자주 쓰이는 중요한 어휘를 자세하게 설명하고 있어. '글자 형성 풀이'에는 글자가 어떻게 만들어졌는지 설명해 놓았지. 순전히 내 방식의 풀이인데, 어떻게 하면 학생들이 한자를 더 재미있게 암기할 수 있을까 고민하면서 만들었단다. '일상에서 어떻게 쓰일까?'에서는 표제 한자가 들어가는 단어들의 쓰임을 구체적으로 보여주려고 했지. 읽다 보면 무릎을 치게 될 거야. '한자 문해력 UP!'에는 청소년이라면 꼭 알아야 하는 한자 어휘를 정리해 보았어. 어휘를 알면 문해력이 쑥쑥 올라가기 때문에 자세하게 설명했지. 글자대로의 뜻과 국어사전의 뜻을 비교하면 이해도 암기도 훨씬 쉬워질 거야.

세상 모든 일이 그렇듯 이 책 또한 처음에는 어렵고 재미없을 수 있어. 하지만 다섯 꼭지 정도만 읽게 된다면 그 이후는 내리막길을 걷는 것만큼 쉽고도 재미있을 것이라 확신해. 한자는 학습에 대한 이해는 물론 우리들의 삶을 풍성하게 만들어 주는 매우 중요한 도구란다. 이 책을 꾸준히 반복해서 공부해 나가다 보면 모든 공부가 더 쉬워지고 재미있어질 거야.

자! 즐거운 한자 여행, 지금부터 신나는 마음으로 시작해 볼까?

2025년 9월

몰랐던 말들을 알아가면서 행복을 만나는 권승호 선생님이

차례

## 三. 문화를 즐기는 방법 115~164쪽

家(집 가)
感(느낄 감)
開(열 개)
建(세울 건)
格(격식 격)
見(볼 견)
景(볕 경)
曲(굽을 곡)
空(빌 공)
觀(볼 관)
旣(이미 기)
記(기록할 기)
讀(읽을 독)
童(아이 동)
樂(즐거울 락)
類(무리 류)
命(목숨 명)
聞(들을 문)
美(아름다울 미)
服(옷 복)
奉(받들 봉)
査(조사할 사)
賞(상 줄 상)
書(글 서)
歲(해 세)
習(익힐 습)
始(처음 시)
新(새로울 신)
神(귀신 신)
室(집 실)
案(책상 안)
洋(큰 바다 양)
屋(집 옥)
院(집 원)
音(소리 음)
作(지을 작)
雜(섞일 잡)
傳(전할 전)
題(제목 제)
竹(대나무 죽)
創(비롯할 창)
特(특별할 특)
表(겉 표)
形(모양 형)
化(될 화)
和(화목할 화)
畫(그림 화)
花(꽃 화)
孝(효도 효)
訓(가르칠 훈)

## 四. 경제를 만나는 즐거움 167~216쪽

價(값 가)
加(더할 가)
降(내릴 강)
健(굳셀 건)
輕(가벼울 경)
告(알릴 고)
固(굳을 고)
顧(돌아볼 고)
果(열매 과)
廣(넓을 광)
橋(다리 교)
具(갖출 구)
根(뿌리 근)
近(가까울 근)
金(쇠 금)
給(줄 급)
基(터 기)
農(농사 농)
登(오를 등)
等(등급 등)
量(헤아릴 량)
勞(일할 로)
路(길 로)
綠(푸를 록)
料(헤아릴 료)
流(흐를 류)
利(이로울 리)
賣(팔 매)
倍(곱 배)
費(쓸 비)
産(낳을 산)
算(계산할 산)
商(장사 상)
選(가릴 선)
消(사라질 소)
失(잃을 실)
實(열매 실)
弱(약할 약)
業(일 업)
要(중요할 요)
運(옮길 운)
財(재물 재)
貯(쌓을 저)
店(가게 점)
操(잡을 조)
地(땅 지)
職(직책 직)
集(모을 집)
通(통할 통)
合(합할 합)

## 五. 과학을 익히는 행복 219~268쪽

角(뿔 각)
監(볼 감)
改(고칠 개)
計(셀 계)
鼓(북 고)
科(과목 과)
球(공 구)
技(재주 기)
氣(기운 기)
圖(그림 도)
冷(찰 랭)
練(익힐 련)
理(다스릴 리)
明(밝을 명)
物(물건 물)
發(필 발)
變(변할 변)
氷(얼음 빙)
素(본디 소)
寫(베낄 사)
線(줄 선)
設(베풀 설)
速(빠를 속)
術(재주 술)
植(심을 식)
約(묶을 약)
藥(약 약)
陽(태양 양)
養(기를 양)
魚(물고기 어)
熱(뜨거울 열)
葉(잎 엽)
溫(따뜻할 온)
完(완전할 완)
雲(구름 운)
雄(뛰어날 웅)
油(기름 유)
醫(의원 의)
材(재목 재)
災(재앙 재)
電(전기 전)
切(끊을 절)
製(만들 제)
調(고를 조)
種(씨 종)
終(끝 종)
草(풀 초)
平(평평할 평)
風(바람 풍)
海(바다 해)

## 六. 언어를 깨우치는 기쁨 271~320쪽

可(옳을 가)
更(고칠 경)
能(능할 능)
短(짧을 단)
當(마땅할 당)
對(대할 대)
到(이를 도)
落(떨어질 락)
無(없을 무)
別(다를 별)
不(아니 불)
鮮(고울 선)
說(말씀 설)
省(살필 성)
小(작을 소)
所(바 소)
數(셈 수)
樹(나무 수)
惡(악할 악)
語(말씀 어)
遠(멀 원)
願(원할 원)
越(넘을 월)
爲(할 위)
隱(숨을 은)
日(날 일)
子(아들 자)
自(스스로 자)
長(길 장)
典(법 전)
節(마디 절)
停(머무를 정)
政(정할 정)
精(찧을 정)
朝(아침 조)
卒(마칠 졸)
主(주인 주)
中(가운데 중)
重(무거울 중)
之(갈 지)
知(알 지)
直(곧을 직)
天(하늘 천)
春(봄 춘)
便(편할 편)
下(아래 하)
行(다닐 행)
向(향할 향)
話(말씀 화)
後(뒤 후)

# 인간에 대한 이해

'인간'이라는 단어의 뜻을 모르는 사람은 없을 거야. 바로 우리들 그 자체니까.
하지만 한자로 살펴본 인간의 뜻은 조금 더 심오해.
'사람 인(人), 사이 간(間)' 사람과 사람 사이에서 생활하는 존재라는 뜻으로 풀이할 수 있지.
이를 바탕으로 국어사전에는 인간을 '생각하고, 언어를 사용하며, 도구를 만들어 쓰고,
사회를 이루어 사는 동물'이라고 정의하고 있단다.

# 客 객

뜻 | 손님, 나그네

글자 형성 풀이 | 집 면(宀) + 각각 각(各)

집에 각각 찾아오는 사람은 손님이다.



**일상에서 어떻게 쓰일까?** 평가자 주관에 따른 평가의 차이가 없도록 정답의 객관성, 평가의 객관성 등이 보장되는 시험 방법을 '객관식'이라고 해. 시험을 치르는 사람이 어떤 문제에 대한 자기의 지식이나 생각을 서술하게 하는 시험은 '주관식'이라고 하지. '객관'은 **손님 객(客), 관점 관(觀)**으로 여러 손님의 관점이라는 뜻이야. '주관'은 **자기 주(主), 관점 관(觀)**으로 자기만의 관점이라는 뜻이지.

주관식에는 사정이나 과정 등을 차례대로 기술하는 **차례 서(敍), 펼칠 술(述)**의 '서술형'도 있고, 한 가지로 답을 하게 되어 있는 **홑 단(單), 답할 답(答)**의 '단답형'도 있단다.

## 한자 문해력 UP!

**하객**

축하할 하(賀) + 손님 객(客)
▶ 축하하는 손님

뜻 축하하러 온 손님
예문 결혼식장이 하객들로 가득 찼다.

**관객**

볼 관(觀) + 손님 객(客)
▶ 보러 온 손님

뜻 공연이나 전시회 등을 구경하는 사람
예문 연극은 관객과 등장인물이 직접 만나는 예술이다.

**고객**

돌아볼 고(顧) + 손님 객(客)
▶ 늘 돌아보는 손님

뜻 상점, 식당, 은행 등에서 물건을 사거나 서비스를 받는 사람
예문 점원이 친절하게 대하자 고객이 날로 늘었다.

## 쓰며 익히자

| 客 | | | | | | |
|---|---|---|---|---|---|---|
| 손님 객 | | | | | | |

# 決 결

**뜻** | **결단하다, 결정하다**

**글자 형성 풀이** | **물 수(氵=水) + 터놓을 쾌(夬)**

물을 터서 새로운 물길을 만들기 위해서는 결단이 필요하다.



**일상에서 어떻게 쓰일까?** '결승전'은 **결정할 결(決), 승자 승(勝), 싸움 전(戰)**으로 승자(勝者)를 결정하기 위한 싸움이야. '준할 준(準)'을 덧붙인 준결승전(準決勝戰)은 결승전에 준하는 싸움이지. '부장님 결재'가 맞을까? '부장님 결제'가 맞을까? '결재'가 맞아. 왜냐고? **결정할 결(決), 결단할 재(裁)**로 결정하여 결단을 내린다는 뜻이기 때문이야. 재판(裁判)의 '재'를 생각하면 헷갈리지 않아. 재판도 결단하는 일이니까. 반면, '카드 결재'는 틀리고 '카드 결제'가 옳아. 왜냐면 **결정할 결(決), 건널 제(濟)**로 돈이 건너가도록 결정하는 일이거든. 제주도의 제(濟)를 생각하면 헷갈리지 않을 거야.

## 한자 문해력 UP!

| | | |
|---|---|---|
| **해결** | 풀 해(解) + 결정할 결(決)<br>▶ 풀어서 결정하다 | 뜻 어떤 문제나 사건 등을 풀거나 잘 처리함<br>예문 모든 문제 해결에 부모가 나서는 것은 바람직하지 않다. |
| **결의** | 결정할 결(決) + 의논할 의(議)<br>▶ 의논하여 결정하다 | 뜻 회의에서 여러 사람의 의견을 모아 결정함<br>예문 이 안건은 학생회에서 결의를 거쳐야 한다. |
| **결렬** | 결정할 결(決) + 찢을 렬(裂)<br>▶ 결정이 찢어지다 | 뜻 교섭이나 회의 등에서 의견이 달라 합의를 이루지 못하고 깨짐<br>예문 서로 양보하여 협상이 결렬되지 않도록 하여야 한다. |

**쓰며 익히자**

| 決 | | | | | |
|---|---|---|---|---|---|
| 결단할 결 | | | | | |

뜻 | 생각하다, 살피다

글자 형성 풀이 | 늙을 노(耂) + 숨 내쉴 고(丂)

늙은 사람이 숨을 내쉬는 이유는 생각이 많기 때문이다.



**일상에서 어떻게 쓰일까?** 요즘 사고력이 중요하다고들 해. 수학능력시험이 사고력을 측정하는 시험이라고도 하지. **생각 사(思), 생각할 고(考), 힘 력(力)**의 '사고력'은 생각하고 생각하는 힘이야. 생각하는 힘은 그 어떤 힘보다도 중요하단다.

사고력은 어떻게 기르는 거냐고? 고기도 평소에 먹어 본 사람이 잘 먹는 것처럼 사고력 역시 평소에 생각을 많이 하면 잘 길러진단다. 어떤 사물의 현상이나 이치에 대해 오래 생각하는 연습은 공부뿐 아니라 인간의 삶에도 매우 중요하고 필요하지. 그러니 어떤 상황에서도 서두르지 말고 곰곰이 생각하는 습관을 들이면 좋겠어.

## 한자 문해력 UP!

| | | |
|---|---|---|
| **고찰** | 생각할 고(考) + 살필 찰(察)<br>▶ 생각하고 살피다 | 뜻 어떤 것을 깊이 생각하고 연구함<br>예문 인간의 삶을 이해하기 위해서는 문화에 대한 고찰이 필요하다. |
| **재고** | 다시 재(再) + 생각할 고(考)<br>▶ 다시 생각하다 | 뜻 어떤 대상이나 사실에 대하여 다시 생각함<br>예문 이 문제는 재고의 여지가 없다. |
| **고증** | 살필 고(考) + 증명할 증(證)<br>▶ 살펴보고 증명하다 | 뜻 옛 문헌이나 유물 등의 시대, 의미, 가치 등을 증거를 찾아 이론적으로 밝힘<br>예문 철저히 고증된 자료만 증거로 사용되어야 한다. |

## 쓰며 익히자

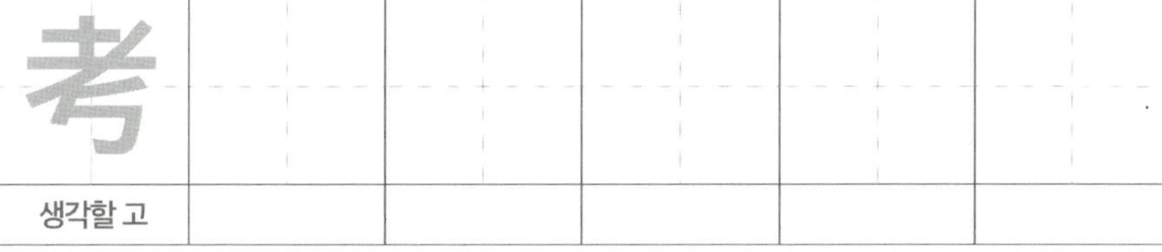

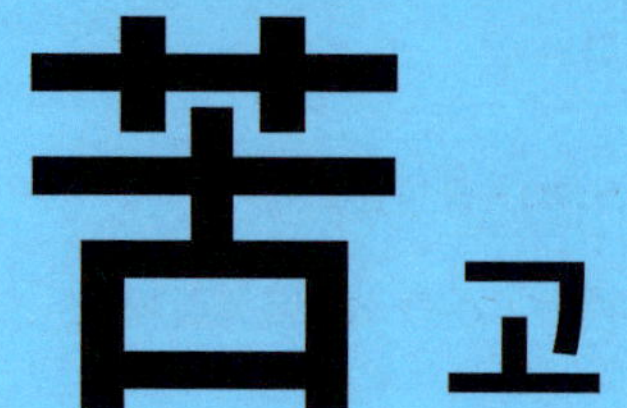

**뜻 | 쓰다, 괴롭다**

**글자 형성 풀이 | 풀 초(艹) + 옛 고(古)**

풀이 오래되면 쓴맛이 난다.

**일상에서 어떻게 쓰일까?** '감탄고토'라 하였어. **달 감(甘), 삼킬 탄(呑), 쓸 고(苦), 토할 토(吐)**로 달면 삼키고 쓰면 토한다는 뜻이지. 옳고 그름에 관계없이 자기 비위에 맞으면 좋아하고, 그렇지 않으면 싫어하는 인간의 이기심에 대한 표현이란다. 나는 한때 감탄고토하는 친구를 이기적이라 욕하고 비겁하다며 서운해했는데 지금은 생각이 바뀌었어. 정도의 차이가 있을 뿐 인간은 너나없이 이기적이고 비겁한 존재니까. 감탄고토하는 사람을 경계하라는 이야기로 해석할 수도 있지만, 그러한 사람을 봐도 괴로워하거나 비난하지 말라는 가르침으로 이해하면 더 좋을 것 같아.

## 한자 문해력 UP!

| | | |
|---|---|---|
| **고뇌** | 쓸 고(苦) + 괴로워할 뇌(惱)<br>▶ 쓰고 괴롭다 | 뜻 정신적인 괴로움에 시달림<br>예문 이상과 현실 사이에서 고뇌에 빠져들었다. |
| **고심** | 괴로울 고(苦) + 마음 심(心)<br>▶ 마음을 괴롭게 하다 | 뜻 몹시 애를 태우며 마음을 씀<br>예문 아버지께서는 나의 반항에 고심이 깊었다고 했다. |
| **인고** | 참을 인(忍) + 괴로울 고(苦)<br>▶ 괴로움을 참다 | 뜻 괴로움을 참고 견딤<br>예문 인고의 시간이 있었기에 지금의 행복도 있다. |

## 쓰며 익히자

| 苦 | | | | | |
|---|---|---|---|---|---|
| 쓸 고 | | | | | |

# 敎 교

뜻 | 가르치다, 본받다, 종교

글자 형성 풀이 | 본받을 효(爻) + 자식 자(子) + 채찍질할 복(攵)

본받을 수 있도록 자식을 채찍질하는 것을 교육이라고 한다.

인간 | 05

**일상에서 어떻게 쓰일까?** 교(敎)는 '가르칠 교'라고 읽지? 맞아. 가르친다는 의미로 많이 쓰이거든. 가르치고 배우는 과정에서 스승과 제자가 함께 성장함을 교학상장(敎學相長)이라고 하지. 교(敎)는 종교나 훈계의 의미로도 쓰인단다.

'종교'는 **근본 종(宗), 가르칠 교(敎)**야. 어떻게 살아야 할 것인가에 대한 근본적인 가르침인 거지. 기독교(基督敎)의 '기독'은 그리스도의 음차고, 불교(佛敎)의 '불'은 불타의 음차야. '그리스도의 가르침', '불타의 가르침'으로 이해하면 되지. 음차가 뭐냐고? **소리 음(音), 빌릴 차(借)**야. 뜻과 관계없이 음(소리)만 빌려 쓴 글자란다.

## 한자 문해력 UP!

| | | |
|---|---|---|
| **교재** | 가르칠 교(敎) + 재료 재(材)<br>▶ 가르치는 재료 | 뜻 교육에 필요한 내용을 담고 있어 가르치거나 배우는 데 쓰이는 여러 가지 재료<br>예문 이 교재는 사고력, 이해력, 표현력을 길러 준다. |
| **선교** | 펼칠 선(宣) + 종교 교(敎)<br>▶ 종교를 펼치다 | 뜻 종교를 선전하여 널리 폄<br>예문 선교사들은 선교를 목적으로 원주민들에게 생필품을 나누어 주었다. |
| **포교** | 펼 포(布) + 교리 교(敎)<br>▶ 교리를 폄 | 뜻 어떤 종교의 교리를 널리 알리고 교도를 모집하는 일<br>예문 최제우가 동학을 포교하자 많은 사람이 모여들었다. |

**쓰며 익히자**

| 敎 | | | | | |
|---|---|---|---|---|---|
| 가르칠 교 | | | | | |

# 貴 귀

**뜻 | 귀하다, 중요하다**

**글자 형성 풀이 | 벌레 충(虫) + 조개 패(貝)**

벌레와 조개도 귀중한 존재다.

**일상에서 어떻게 쓰일까?** '귀중품'은 몸에 지니고 다니지 않는 게 좋다고 해. 은행에는 귀중품을 보관하는 금고도 따로 있지. 귀중품은 **귀할 귀(貴), 중요할 중(重), 물건 품(品)**으로 귀하고 중요한 물품이라는 뜻이야. '귀중본'도 있어. 가치가 높아서 특별히 귀중하게 다루고 보관하는 책을 일컫는데 **귀할 귀(貴), 중요할 중(重), 책 본(本)**을 쓴단다. 귀하고 중요한 책이라는 뜻이야. '귀빈석'이라고 본 적 있지? 극장이나 경기장에서 지위가 높거나 소중한 손님을 위하여 특별히 마련된 자리인데 **귀할 귀(貴), 손님 빈(賓), 자리 석(席)**이란다.

## 한자 문해력 UP!

| | | |
|---|---|---|
| **부귀** | 부유할 부(富) + 귀할 귀(貴)<br>▶ 부유하고 귀하다 | 뜻 재산이 많고 지위가 높음<br>예문 인간의 행복은 부귀에만 있지 않다. |
| **희귀** | 드물 희(稀) + 귀할 귀(貴)<br>▶ 드물고 귀하다 | 뜻 드물어서 특이하거나 매우 귀함<br>예문 희귀 동물은 마땅히 보호해야 한다. |
| **품귀** | 물건 품(品) + 귀할 귀(貴)<br>▶ 물건이 귀하게 되다 | 뜻 물건을 구하기 어려움<br>예문 원자재의 품귀와 가격 폭등으로 수입상들의 부담이 가중되고 있다. |

## 쓰며 익히자

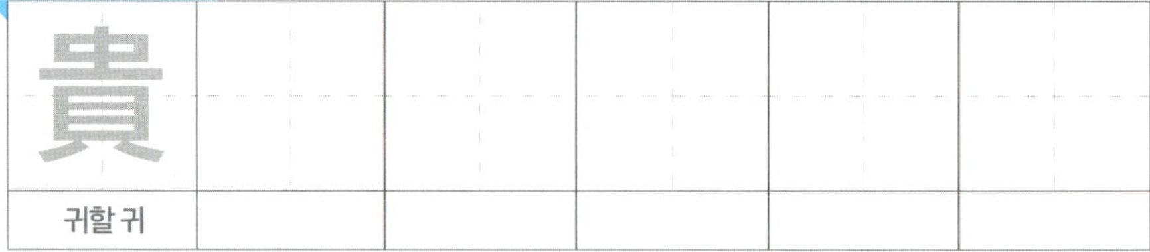

# 急 급

뜻 | 급하다, 재촉하다, 빠르다

글자 형성 풀이 | 꼴 추(刍) + 마음 심(心)

꼴을 베어 소를 먹여야겠다는 생각에 마음이 급하다.



**일상에서 어떻게 쓰일까?** 아주 다급한 상황에 놓일 때 우리는 '응급'이라는 말을 사용해. 응급은 **응할 응(應), 급할 급(急)**으로 급하게 응하다, 즉 급한 대로 우선 처리하거나 또는 급한 정황에 대처하는 일을 의미하지. 위급한 상황에 놓인 환자를 응급환자(應急患者)라 하고, 위급한 일을 우선 임시로 처리하는 것을 응급조치(應急措置)라고 하지. 상태가 매우 위태롭고 급한 환자를 처치하도록 시설이 갖춰진 방을 응급실(應急室)이라고 해.

## 한자 문해력 UP!

| | | |
|---|---|---|
| **급증** | 급할 급(急) + 더할 증(增)<br>▶ 급하게 더하다 | 뜻 수량이 갑자기 늘어남<br>예문 판매 부진으로 재고량이 급증하고 있다. |
| **급락** | 급할 급(急) + 떨어질 락(落)<br>▶ 급하게 떨어지다 | 뜻 물가나 시세가 갑자기 떨어짐<br>예문 환율이 급락하여 수출 기업들이 큰 충격에 휩싸였다. |
| **급진적** | 급할 급(急) + 나아갈 진(進) + 어조사 적(的)<br>▶ 급하게 나아가다 | 뜻 변화나 발전의 속도가 매우 빠르게 이루어지는 것<br>예문 우리나라는 급진적인 산업화를 이룩했다. |

## 쓰며 익히자

| 急 | | | | | |
|---|---|---|---|---|---|
| 급할 급 | | | | | |

뜻 | **몸, 자기**

글자 형성 풀이 | **몸 기(己)**

사람이 몸을 구부린 모습을 본떠 만들었다.



일상에서 어떻게 쓰일까? '기소불욕 물시어인'이라는 말이 있어. **자기 기(己), 바 소(所), 아니 불(不), 하고자 할 욕(欲), 말 물(勿), 베풀 시(施), 어조사 어(於), 사람 인(人)**이야. 무슨 의미일까? '기'는 '몸 기(己)'이지만 문장에서는 자기 자신이라는 뜻이고, '인'은 '사람 인(人)'이지만 문장에서는 다른 사람이라는 뜻으로 쓰여. 이제 해석이 되지? 그래. 자기가 하고 싶지 않은 바를 다른 사람에게 베풀지 말라는 뜻이야.

친한 친구를 일컫는 말 중에 '지기지우'도 있어. **알 지(知), 자기 기(己), 어조사 지(之), 벗 우(友)**로 자기의 가치나 속마음을 잘 알아주는 참다운 벗을 가리킨단다.

## 한자 문해력 UP!

| | | |
|---|---|---|
| **극기** | 이길 극(克) + 자기 기(己)<br>▶ 자기를 이기다 | 뜻 자신의 감정이나 욕심, 충동 등을 이성적 의지로 눌러서 이김<br>예문 극기 훈련을 통해 정신력을 키우기로 했다. |
| **이기적** | 이로울 이(利) + 자기 기(己) + 어조사 적(的)<br>▶ 자기를 이롭게 하다 | 뜻 자신의 이익만을 꾀하는 것<br>예문 이기적인 사람은 배려를 모른다. |
| **자기 긍정** | 스스로 자(自) + 자기 기(己) + 옳게 여길 긍(肯) + 정할 정(定)<br>▶ 자기를 옳다고 여겨서 정하다 | 뜻 자기를 스스로 옳다고 인정함<br>예문 이 시는 아픔을 승화시킬 수 있는 자기 긍정의 힘을 읽는 이들에게 전한다. |

## 쓰며 익히자

| 己 | | | | | | |
|---|---|---|---|---|---|---|
| 몸 기 | | | | | | |

# 吉 길

뜻 | 길하다, 좋다, 착하다

글자 형성 풀이 | 선비 사(士) + 입 구(口)

선비가 말을 잘하면 운이 좋아진다.



**일상에서 어떻게 쓰일까?** 우리나라 최초의 한글 소설은 『홍길동전』이야. 조선 광해군 때 허균이 지은 소설이지. 서얼로 태어난 탓에 천대를 받던 '홍길동'이 집을 나와 '활빈당'이라는 집단을 결성하여 관아와 해인사 등을 습격하다가 율도국을 건설한다는 내용이야. 부패한 정치를 개혁하고 신분 타파를 부르짖은 소설이었어.

홍길동은 **넓을 홍(洪), 좋을 길(吉), 아이 동(童)**으로 널리 세상을 좋게 만드는 아이라는 뜻이야. 활빈당은 **살릴 활(活), 가난할 빈(貧), 무리 당(黨)**으로 가난한 사람을 살리는 무리라는 뜻이고. 소설에서 이름을 지을 때 이렇게 주제를 반영하기도 한단다.

## 한자 문해력 UP!

| | | |
|---|---|---|
| **길일** | 길할 길(吉) + 날 일(日)<br>▶ 길한 날 | 뜻 운이 좋거나 좋은 일이 일어날 조짐이 있는 날<br>예문 길일을 잡아 결혼식을 하기로 했다. |
| **입춘대길** | 일어설 입(立) + 봄 춘(春) + 큰 대(大) + 좋을 길(吉)<br>▶ 봄이 일어서면서 크게 좋은 일이 생김 | 뜻 입춘을 맞이하여 길운을 기원한다는 뜻으로, 문이나 벽에 써 붙이는 글귀<br>예문 대문에 입춘대길이라 쓴 춘방을 붙였다. |
| **길흉화복** | 좋을 길(吉) + 흉할 흉(凶) + 재앙 화(禍) + 복 복(福)<br>▶ 좋은 일과 흉한 일, 재앙과 복 | 뜻 좋은 일과 나쁜 일, 행복한 일과 불행한 일을 아울러 이르는 말<br>예문 역학은 인간의 길흉화복을 알고 싶어했던 옛사람들이 만든 노력의 결과물이었다. |

## 쓰며 익히자

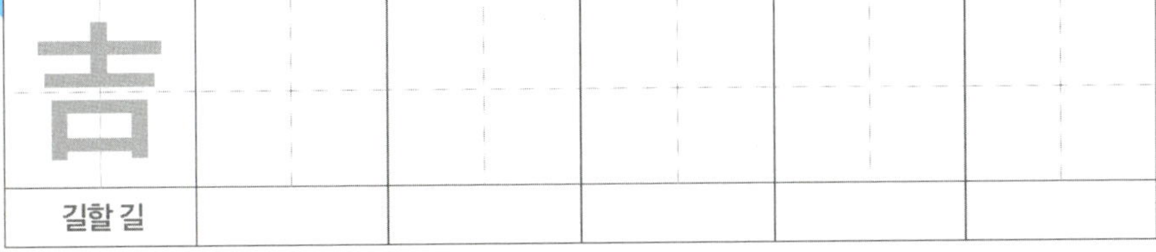

# 念 념

뜻 | 생각, 생각하다

글자 형성 풀이 | 지금 금(今) + 마음 심(心)

지금의 마음을 생각이라 한다.

**일상에서 어떻게 쓰일까?** "순국선열에 대한 묵념을 올리겠습니다. 일동 묵념."이라는 말, 참 많이 들었지. '순국선열'이 무슨 뜻인지, '묵념'이 무슨 말인지 모르는 친구들도 많을 것 같아. 순국선열은 **목숨 바칠 순(殉), 나라 국(國), 먼저 선(先), 열사 열(烈)**로 나라를 위해 목숨 바치고 먼저 가신 열사야. 그리고 묵념은 **말 없을 묵(默), 생각 념(念)**으로 말없이 생각하는 일이지.

떨쳐 버리려고 애써도 마음속에서 떠나지 않고 오히려 점점 더 심하게 일어나는 생각을 강박 관념이라 하는데 '강박'은 **굳셀 강(強), 다가올 박(迫)**으로 굳세게 다가온다는 뜻이야. 마음속에서 떨쳐지지 않는 억눌린 생각을 강박 관념이라고 하지.

## 한자 문해력 UP!

| | | |
|---|---|---|
| **개념** | 대개 개(槪) + 생각 념(念)<br>▶ 대개(일반적인)의 생각 | 뜻 공통적이고 일반적인 요소를 추출하고 종합하여 얻은 관념. 사물에 대한 일반적인 뜻이나 내용<br>예문 개념을 정확하게 아는 게 가장 중요하다. |
| **통념** | 보통 통(通) + 생각 념(念)<br>▶ 보통의 생각 | 뜻 일반적으로 널리 통하는 개념<br>예문 예술가는 사회 통념에 대항하는 사람이다. |
| **기념품** | 기억할 기(記) + 생각 념(念) + 물건 품(品)<br>▶ 기억하고 생각하기 위한 물건 | 뜻 뜻깊은 일을 기념하기 위해 주고받는 물품<br>예문 행사에 참가하신 모든 분께 기념품을 나누어 드리겠습니다. |

## 쓰며 익히자

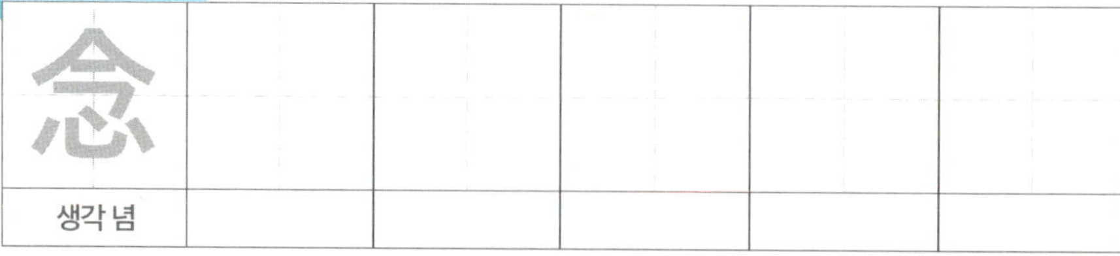

# 談 담

뜻 | **말씀, 이야기, 언론**

글자 형성 풀이 | **말씀 언(言) + 불꽃 염(炎)**

말할 때는 불꽃이 타는 것처럼 열정적으로 이야기해야 한다.



**일상에서 어떻게 쓰일까?** '속담' 많이 알고 있니? 인간의 삶을 이해하는 데 속담만 한 것도 없단다. 오랜 시간 많은 사람에게 공감을 얻었기에 지금까지 살아남았다고 이해하면 될 거야. 속담은 **세상 속(俗), 이야기 담(談)**으로 세상의 지혜를 담은 이야기야. 오랜 세월을 거쳐 삶에서 얻은 교훈이나 가치에 대한 견해를, 간결하고도 형상적인 언어로 표현한 말이 속담이지.

담(談)은 말씀이나 이야기를 의미하는데, 간담회(懇談會)나 상담(相談)처럼 서로 말을 주고받고 의논할 때도 쓰이고, 담판(談判)이나 담합(談合)처럼 논쟁과 합의가 필요할 때도 사용한단다.

## 한자 문해력 UP!

| | | |
|---|---|---|
| **담론** | 말씀 담(談) + 의논할 론(論)<br>▶ 말하고 의논하다 | 뜻 이야기를 주고받으며 논의함<br>예문 문화 예술에 대한 담론을 즐기다. |
| **농담** | 놀릴 농(弄) + 말씀 담(談)<br>▶ 놀리기 위한 말 | 뜻 실없이 놀리거나 장난으로 하는 말<br>예문 이렇게 농담이나 하고 있을 때가 아니다. |
| **상담** | 서로 상(相) + 이야기 담(談)<br>▶ 서로 이야기하다 | 뜻 어떤 일을 서로 의논하거나 그 방면의 전문가에게 의뢰함<br>예문 약은 의사나 약사와 상담 후에 복용해야 한다. |

## 쓰며 익히자

| 談 | | | | | | |
|---|---|---|---|---|---|---|
| 말씀 담 | | | | | | |

# 德 덕

뜻 | 덕, 크다, 선행

글자 형성 풀이 | 조금 걸을 척(彳) + 곧을 직(直) + 마음 심(心)

조금 걷더라도 곧은 마음으로 걸으면 덕 있는 사람이 된다.



**일상에서 어떻게 쓰일까?** 과분한 듯하여 아주 고맙게 여길 때 '감지덕지'라고 이야기해. 감지덕지는 **감사할 감(感), 그것 지(之), 은덕 덕(德), 그것 지(之)**로 그것에 감사하고 그것에 은덕을 느낀다는 뜻이야. 之를 '갈 지'라고 읽는데, '가다(go)'라는 뜻으로는 거의 쓰이지 않아. 관형격조사 '~의'나 대명사 '그것'으로 많이 쓰이지.

감지덕지와 반대의 뜻을 가진 말은 '배은망덕'인데 **배반할 배(背), 은혜 은(恩), 잊을 망(忘), 덕 덕(德)**이야. 은혜를 배반하고 은덕을 잊어버린다는 뜻이란다.

## 한자 문해력 UP!

| | | |
|---|---|---|
| **미덕** | 아름다울 미(美) + 덕 덕(德)<br>▶ 아름다운 덕행 | 뜻 도덕적으로 바르고 아름다운 일<br>예문 그녀는 겸양의 미덕을 발휘하여 난관을 잘 극복했다. |
| **덕담** | 덕 덕(德) + 말씀 담(談)<br>▶ 덕이 되는 말 | 뜻 남이 잘되기를 빌어 주는 말<br>예문 설날에 일가친척이 모여 덕담을 나누었다. |
| **공덕** | 공로 공(功) + 덕 덕(德)<br>▶ 공로로 쌓은 덕 | 뜻 착한 일로 쌓은 업적과 어진 덕<br>예문 공덕을 기리기 위해 비석을 세웠다. |

## 쓰며 익히자

| 德 | | | | | |
|---|---|---|---|---|---|
| 덕 덕 | | | | | |

# 道 도

뜻 | 길, 도리, 사상

글자 형성 풀이 | 쉬엄쉬엄 갈 착(辶) + 머리 수(首)

쉬엄쉬엄 가면서 머리를 쓰면 길을 찾을 수 있다.



**일상에서 어떻게 쓰일까?** '횡단보도'는 '횡단'에 '보도'가 더해진 단어야. 횡단은 **가로지를 횡(橫), 끊을 단(斷)**으로 가로질러 끊었다는 뜻이고, 보도는 **걸음 보(步), 길 도(道)**로 걸어 다니는 길이라는 의미란다. 도(道)는 길을 의미하지만, 이치나 도리, 근원, 사상이라는 뜻으로도 많이 쓰이지.

일정한 규율 아래 공동생활을 하면서 수행하는 곳을 수도원(修道院)이라 하는데 도를 닦는 집이라는 뜻이야. 교회에서 목사를 도와 전도의 임무를 맡은 사람을 전도사(傳道師)라고 하지? 기독교 사상을 전하는 스승 같은 사람이라고 이해하면 좋아.

## 한자 문해력 UP!

| | | |
|---|---|---|
| **복도** | 겹칠 복(複) + 길 도(道)<br>▶ 겹친 길, 여러 사람이 겹쳐서 걷는 길 | 뜻 건물 안의 긴 통로. 같은 층의 방들을 이어 주는 길<br>예문 그녀를 보고 싶어 쉬는 시간마다 복도를 어슬렁거리곤 했다. |
| **도의** | 도리 도(道) + 의로울 의(義)<br>▶ 도리와 의리 | 뜻 사람으로서 마땅히 행해야 할 도덕이나 의리<br>예문 도의에 어긋나는 그의 행동에 실망했다. |
| **중도** | 가운데 중(中) + 사상 도(道)<br>▶ 가운데 사상 | 뜻 어느 쪽으로도 치우치지 않은 사상(입장)<br>예문 그들의 언쟁에 나는 중도를 지키기로 했다. |

## 쓰며 익히자

| 道 | | | | | |
|---|---|---|---|---|---|
| 길 도 | | | | | |

# 動 동

뜻 | 움직이다, 옮기다

글자 형성 풀이 | 무거울 중(重) + 힘 력(力)

아무리 무거울지라도 힘을 쓰면 움직일 수 있다.



**일상에서 어떻게 쓰일까?** 재산을 '동산'과 '부동산'으로 분류한다는 것 알고 있니? 동산이란 **움직일 동(動), 재산 산(産)**으로 현금, 보석, 주식 등 움직일 수 있는 재산상의 가치를 지닌 물건이야. 아닐 부(不)가 덧붙여진 부동산은 움직일 수 없는 재산으로 땅과 그 땅 위에 정착해 움직이지 않는 물건을 가리키지. 선박, 항공기는 움직일 수 있지만 부동산으로 분류한다고 해.

움직이기에 '움직일 동(動)'을 써서 동물(動物)이고, 심어져 있기에 '심을 식(植)'을 써서 식물(植物)이야. 살아 있는 물체이기에 '살 생(生)'을 써서 생물(生物)이라 하지. 미생물은 뭐냐고? '작을 미(微)'이니까 아주 작은 생물이겠지.

## 한자 문해력 UP!

| | | |
|---|---|---|
| **활동** | 살 활(活) + 움직일 동(動)<br>▶ 살아서 움직이는 일 | 뜻 몸을 움직여 행동함<br>예문 다리를 다쳐서 활동을 자제해야 한다. |
| **파동** | 물결 파(波) + 움직일 동(動)<br>▶ 물결이 움직이다 | 뜻 물결의 움직임. 사회적인 현상이 퍼져 영향을 미침<br>예문 부정 선거의 파동으로 여론이 술렁이고 있다. |
| **원동력** | 근원 원(原) + 움직일 동(動) + 힘 력(力)<br>▶ 움직이는 힘의 근원 | 뜻 어떤 움직임의 근본이 되는 힘<br>예문 실패는 성공의 원동력이 되기도 한다. |

## 쓰며 익히자

動

움직일 동

# 頭 두

뜻 | 머리, 꼭대기, 처음

글자 형성 풀이 | 콩 두(豆) + 머리 혈(頁)

콩이 머리처럼 생겨서 머리가 되었다.
두(豆)는 음을 나타내고 혈(頁)은 뜻을 나타낸다.



**일상에서 어떻게 쓰일까?** 처음은 왕성했지만 끝은 부진한 현상을 '용두사미'라고 해. **용 용(龍), 머리 두(頭), 뱀 사(蛇), 꼬리 미(尾)**로 처음은 용의 머리 같았지만 끝은 뱀의 꼬리라는 말이야. 용의 머리는 대단한 것을, 뱀의 꼬리는 보잘것없는 것을 의미한단다.

그럴듯한 것을 내세우지만 실제로는 변변찮은 것을 '양두구육'이라고 해. **양 양(羊), 머리 두(頭), 개 구(狗), 고기 육(肉)**으로 양의 머리를 걸어 놓고 개고기를 판다는 뜻이지. 겉은 번지르르하게 해 놓고 남을 속이는 행태에 대해 비난할 때 많이 쓰는 말이란다.

## 한자 문해력 UP!

| | | |
|---|---|---|
| **염두** | 생각 염(念) + 머리 두(頭)<br>▶ 생각의 머리 | 뜻 생각의 시초, 마음의 속<br>예문 말할 때는 듣는 사람의 심정을 염두에 두어야 한다. |
| **두개골** | 머리 두(頭) + 덮을 개(蓋) + 뼈 골(骨)<br>▶ 머리를 덮는 뼈 | 뜻 척추동물의 머리를 이루는 뼈를 통틀어 이르는 말<br>예문 안전모를 쓰는 이유는 두개골 보호를 위해서다. |
| **교두보** | 다리 교(橋) + 머리 두(頭) + 언덕 보(堡)<br>▶ 다리 머리에 있는 언덕 | 뜻 어떤 일을 하기 위한 발판을 비유적으로 이르는 말<br>예문 일제는 한반도를 중국 침략의 교두보로 삼았다. |

## 쓰며 익히자

| 頭 | | | | | |
|---|---|---|---|---|---|
| 머리 두 | | | | | |

# 老 로

뜻 | 늙다, 익숙하다

글자 형성 풀이 | 늙을 로(耂) + 숟가락 비(匕)

늙어도 숟가락으로 먹어야 곱게 늙는다.



**일상에서 어떻게 쓰일까?** 부부가 평생을 함께 살며 늙어 감을 '해로'라고 하는데 **함께 해(偕), 늙을 로(老)**를 써. 함께 늙는다는 뜻이지. 사람은 누구나 늙는데, 늙는 일이 꼭 나쁜 것만은 아니란다. 왜냐하면 늙었다는 것은 오래되었다는 뜻이고, 오래되었다는 것은 익숙하고 노련하다는 이야기이기 때문이지. 로(老)가 익숙하다는 의미로도 쓰이는 이유야. 어떤 분야에 오래 종사하여 경험과 공로가 많은 사람을 '원로'라 하는데 **으뜸 원(元), 익숙할 로(老)**로 으뜸이 되는 익숙한 사람이라는 뜻이란다.

## 한자 문해력 UP!

| | | |
|---|---|---|
| **연로** | 나이 연(年) + 늙을 로(老)<br>▶ 나이가 늙다 | 뜻 나이가 많음<br>예문 연로한 부모님을 모시고 있다. |
| **경로당** | 공경할 경(敬) + 늙을 로(老) + 집 당(堂)<br>▶ 노인을 공경하는 집 | 뜻 노인을 공경하는 뜻에서, 노인들이 모여 여가를 즐길 수 있도록 마련한 집이나 방<br>예문 할머니는 매일 경로당에 나가 친구분들과 어울리셨다. |
| **노익장** | 늙을 노(老) + 더할 익(益) + 씩씩할 장(壯)<br>▶ 늙을수록 더 씩씩해지다 | 뜻 늙었지만 의욕이나 기력이 점점 좋아짐<br>예문 요즘은 노익장을 과시하는 분이 많다. |

## 쓰며 익히자

| 老 | | | | | |
|---|---|---|---|---|---|
| 늙을 로 | | | | | |

# 望 망

뜻 | 바라다, 기대하다, 바라보다, 나무라다

글자 형성 풀이 | 망할 망(亡) + 달 월(月) + 북방 임(壬)

망해 가는(작아지는) 달을 보며 북쪽에 있는 임과 만나기를 간절히 바라다.



**일상에서 어떻게 쓰일까?** 먼 곳의 물체를 확대하여 똑똑하게 보이도록 만든 광학 기계를 '망원경'이라 해. **바라볼 망(望), 멀 원(遠), 거울 경(鏡)**으로 멀리 있는 물체를 바라보기 위한 거울이라는 뜻이지. 천문학에서 많이 사용하지만, 군용 및 레저용으로도 많이 사용되고 있어. 망(望)은 바라다, 기대하다, 그리워하다, 나무라다라는 의미로 쓰인단다. 소망(所望), 망향(望鄕), 희망(希望), 책망(責望) 등이 그것이야.

작은 물체를 확대해서 볼 수 있게 장치가 되어 있는 기구를 '현미경'이라 하는데 **나타낼 현(顯), 작을 미(微), 거울 경(鏡)**이야. 작은 것을 나타내는 거울이라는 뜻이지.

## 한자 문해력 UP!

| | | |
|---|---|---|
| **야망** | 거칠 야(野) + 바랄 망(望)<br>▶ 거칠게 바라다 | 뜻 앞날에 큰일을 이루고자 하는 소망 또는 분수에 넘치는 야심을 품은 욕망<br>예문 그릇된 야망으로 괴로워하는 사람이 많다. |
| **책망** | 꾸짖을 책(責) + 나무랄 망(望)<br>▶ 꾸짖고 나무라다 | 뜻 잘못을 나무라거나 꾸짖으며 못마땅하게 여김<br>예문 제 잘못이니 친구들은 책망하지 말아 주십시오. |
| **유망주** | 있을 유(有) + 기대할 망(望) + 나무 주(株)<br>▶ 기대할 수 있는 나무 | 뜻 어떤 분야에서 성공하거나 발전할 가망성이 큰 사람을 비유적으로 이르는 말<br>예문 그는 전국 체전 우승 후 유망주로 부각되었다. |

## 쓰며 익히자

| 望 | | | | | |
|---|---|---|---|---|---|
| 바랄 망 | | | | | |

뜻 | **얼굴, 표면, 방향, 행정 구역**

글자 형성 풀이 | **얼굴 면(面)**

상투를 튼 머리와 얼굴, 특히 큰 눈을 본떠서 만든 글자다.



**일상에서 어떻게 쓰일까?** 면(面)은 얼굴의 생김새인 면상(面相), 얼굴의 또 다른 말인 안면(顔面)처럼 얼굴이라는 뜻을 가지고 있어. 면접(面接), 면담(面談), 대면(對面)에서도 얼굴이라는 뜻이지. 하지만 정면(正面), 측면(側面)에서는 표면을 뜻한단다. 그리고 군(郡) 아래의 행정 구역에 쓰이기도 해. ○○군 ○○면이라고 할 때의 면이 그것이야. 몇 개의 리(里)로 구성된 행정 단위라고 이해하면 될 것 같아.

얼굴은 타고난 것이기도 하지만 결국엔 자신이 만드는 것이라는 말, 들어 보았지? 선한 얼굴은 그 사람을 나타내는 가장 좋은 추천서라는 이야기도 있단다.

## 한자 문해력 UP!

| | | |
|---|---|---|
| **국면** | 판세 국(局) + 방향 면(面)<br>▶ 판세의 방향 | 뜻 일의 형세나 상황<br>예문 진정 국면에 들어서기를 기다리는 수밖에 없다. |
| **이면** | 속 리(裏) + 표면 면(面)<br>▶ 속에 있는 표면 | 뜻 물체의 뒤쪽 면. 겉으로 드러나지 않는 내부의 속사정<br>예문 이면에 숨겨진 의도를 알아낼 수 있어야 한다. |
| **지면** | 종이 지(紙) + 표면 면(面)<br>▶ 종이의 표면 | 뜻 기사나 글이 실린 인쇄물의 면<br>예문 지면에 발표된 작품이라고 다 훌륭한 건 아니다. |

## 쓰며 익히자

| 面 | | | | | |
|---|---|---|---|---|---|
| 얼굴 면 | | | | | |

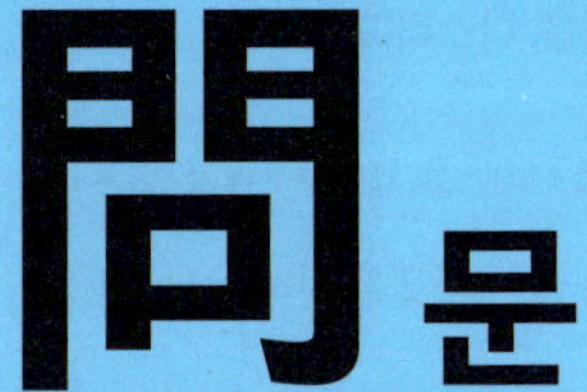

뜻 | **묻다, 질문하다**

글자 형성 풀이 | **문 문(門) + 입 구(口)**

문에 들어서면 입을 벌려 물어보아야 한다.
문(門)은 음을 나타내고 구(口)는 뜻을 나타낸다.



**일상에서 어떻게 쓰일까?** 공부의 또 다른 말이 '학문'이라는 사실 알고 있지? **배울 학(學), 의문 품을 문(問)**이야. 배우는 것과 의문을 품는 일이 공부라는 이야기지. 의문(疑問)을 품는 일은 매우 중요해. 앎의 시작이 되기 때문이지. 질문(質問)하는 일도 매우 중요해. 의사소통의 시작이니까. 의문을 품고 질문을 하게 되면 집중력이 높아지게 되고, 지식과 지혜를 키워 갈 수 있으며, 사람들 사이의 관계도 좋아진단다.

의사가 환자에게 환자 자신과 가족의 병력 및 발병 시기와 경과 등을 묻는 일을 '문진'이라 하는데 **물을 문(問), 진찰할 진(診)**으로 물어서 진찰한다는 뜻이란다.

## 한자 문해력 UP!

| | | |
|---|---|---|
| **탐문** | 찾을 탐(探) + 물을 문(問)<br>▶ 찾아내기 위해서 물어 봄 | 뜻 알려지지 않은 사실이나 소식을 알아내기 위하여 이리저리 찾아다니며 물음<br>예문 경찰은 탐문 수사를 벌여 범인을 검거하였다. |
| **고문** | 돌아볼 고(顧) + 물을 문(問)<br>▶ 돌아보면서 질문하는 직책이나 사람 | 뜻 어떤 분야에 대하여 전문적인 지식과 풍부한 경험을 가지고 자문에 응하여 의견을 제시하는 직책<br>예문 고문으로 일해 달라는 부탁에 흔쾌히 응했다. |
| **문책** | 물을 문(問) + 꾸짖을 책(責)<br>▶ 꾸짖으면서 물어 봄 | 뜻 일의 책임을 캐묻고 꾸짖음<br>예문 이번 사고에 대한 문책으로 장관이 경질되었다. |

### 쓰며 익히자

| 問 | | | | | | |
|---|---|---|---|---|---|---|
| 물을 문 | | | | | | |

# 辯 변

뜻 | **말을 잘하다, 말씀, 다스리다**

글자 형성 풀이 | **매울 신(辛) + 말 언(言) + 매울 신(辛)**

맵게 말하고 또, 맵게 말한다. 말을 잘하여 상대방을 설득한다는 뜻이다.



**일상에서 어떻게 쓰일까?** '변호사'는 무슨 뜻일까? **말 잘할 변(辯), 보호할 호(護), 전문가 사(士)**로 말을 잘하여 누군가를 보호하는 전문가라는 뜻이야. 피고나 원고를 변론하는 사람이 변호사인 거야. 변론은 **말 잘할 변(辯), 논리 론(論)**으로 논리적으로 말을 잘한다는 뜻이란다.

변사(辯士)라는 직업이 있었다는 사실, 알고 있니? 영화가 처음 나왔을 때 소리가 나오지 않았어. 이러한 영화를 **없을 무(無), 소리 성(聲)**을 써서 무성 영화라고 했지. 이때 누군가가 마이크를 잡고 대사를 말해 주고 설명도 덧붙여 주었는데 이 사람을 변사라고 했단다. 말을 잘하는 사람이라는 뜻이었지.

## 한자 문해력 UP!

| | | |
|---|---|---|
| **웅변** | 뛰어날 웅(雄) + 말 잘할 변(辯)<br>▶ 뛰어나게 말을 잘하다 | 뜻 청중에게 우렁찬 목소리로 유창하고 당당하게 말함<br>예문 그는 유창한 웅변으로 사람들을 감동시켰다. |
| **궤변** | 속일 궤(詭) + 말씀 변(辯)<br>▶ 속여서 말하다 | 뜻 형식적으로 타당해 보이는 논증을 이용해서 거짓인 주장을 참인 것처럼 보이게 하는 논법<br>예문 그 친구의 논리는 궤변에 불과하다. |
| **대변인** | 대신할 대(代) + 말 잘할 변(辯) + 사람 인(人)<br>▶ 대신하여 말을 잘하는 사람 | 뜻 사람이나 단체를 대신하거나 대표하여 의견이나 입장을 밝혀서 말하는 사람<br>예문 네가 그 사람의 대변인이라도 되니? |

## 쓰며 익히자

| 辯 | | | | | |
|---|---|---|---|---|---|
| 말 잘할 변 | | | | | |

# 病 병

뜻 | 질병, 앓다, 근심

글자 형성 풀이 | 병들어 기댈 녁(疒) + 남녘 병(丙)

'병들어 기댈 녁(疒)'을 부수로 하는 한자는 모두 질병과 관계가 깊다. 병(丙)은 음을 나타낸다.



**일상에서 어떻게 쓰일까?** 생로병사(生老病死)라고 했어. 사람이 태어나고 늙고 병들고 죽는 네 가지 고통을 말하지. 병(病)은 생물체의 전신이나 일부분에 이상이 생겨 정상적 활동이 이루어지지 않아 괴로움을 느끼게 되는 현상을 일컫고 있어.

병(病)은 일부 명사 뒤에 붙어 질병을 나타내는 말로 쓰여. 당뇨병, 백혈병, 전염병, 심장병, 성인병, 피부병, 난치병 등이 그것이지. 기온이 높은 여름에는 '병충해'가 유독 심하다고 하지? 병충해가 뭘까? **병 병(病), 벌레 충(蟲), 손해 해(害)**로 농작물 등 식물이 병균이나 벌레에 의하여 입는 손해란다.

## 한자 문해력 UP!

| | | |
|---|---|---|
| **투병** | 싸움 투(鬪) + 질병 병(病)<br>▶ 질병과 싸우다 | 뜻 병을 고치려고 질병과 싸움<br>예문 불굴의 의지로 투병해 암을 이겨 내다. |
| **병폐** | 질병 병(病) + 폐단 폐(弊)<br>▶ 질병 같은 폐단 | 뜻 어떤 사물의 내부에 있는 옳지 못한 경향이나 해로운 요소<br>예문 현대 사회의 병폐는 물질 숭배와 이기심이다. |
| **지병** | 가질 지(持) + 질병 병(病)<br>▶ 가지고 있는 질병 | 뜻 오래도록 낫지 않는 병<br>예문 아버지는 지병 끝에 얼마 전 돌아가셨습니다. |

## 쓰며 익히자

| 病 | | | | | | |
|---|---|---|---|---|---|---|
| 질병 병 | | | | | | |

# 福 복

뜻 | 복, 행복

글자 형성 풀이 | 보일 시(示) + 가득할 복(畐)

볼 때 가득하게 보이면 복을 받은 거다.

일상에서 어떻게 쓰일까? '소문만복래'라는 말 들어 보았지? **웃음 소(笑), 문 문(門), 모두 만(萬), 복 복(福), 올 래(來)**로 웃는 집의 문으로 모든 복이 들어온다는 말이잖아. 웃음이 행복을 만든다는 의미로 이해하면 좋을 것 같아. 행복해야 웃는 게 아니라 웃어야 행복해진다는 말도 생각나지?

좋지 않은 일을 만났을 때 '전화위복'이라는 말을 떠올리면 좋겠어. **구를 전(轉), 재앙 화(禍), 될 위(爲), 복 복(福)**으로 재앙이 굴러서 오히려 복이 된다는 말이거든. 좋지 않은 일이 생겨도 그 일이 나중에 좋은 일로 변할 거라고 생각하면 좋겠다는 이야기야.

## 한자 문해력 UP!

**축복**
기원할 축(祝) + 복 복(福)
▶ 복을 기원하다
뜻 행복을 빌거나 그것을 기뻐하여 축하함
예문 공부할 기회는 커다란 축복이다.

**복음**
복 복(福) + 소리 음(音)
▶ 복된 소리
뜻 기쁜 소식 또는 예수의 가르침
예문 그는 기독교의 복음을 전파하는 전도사다.

**음복**
마실 음(飮) + 복 복(福)
▶ 복을 마시다
뜻 제사를 지내고 난 뒤에 음식을 나누어 먹음
예문 음복은 유교의 전통적인 예법에서 비롯되었다.

## 쓰며 익히자

| 福 | | | | | |
|---|---|---|---|---|---|
| 복 복 | | | | | |

뜻 | 생각, 심정

글자 형성 풀이 | 밭 전(田) + 마음 심(心)

밭에 가서 마음 쓰는 일은 농사를 생각하는 일이다.



**일상에서 어떻게 쓰일까?** 누군가가 몹시 그리워서 죽는 병도 있단다. 그래, '상사병'이라고 하지. **서로 상(相), 생각 사(思), 질병 병(病)**으로 상대방을 생각하다가 생긴 병이라는 뜻이야. 짝사랑이라고도 하는데 한 쪽만 사랑한다고 이해하면 좋을 것 같아.

적절한 수준의 상사병은 오히려 자신을 성장시킬 수 있다고 해. 아픈 만큼 성숙해진다고 하잖아. 상사병에서 쉽게 벗어나려면 어떻게 해야 할까? 비슷한 경험이 있는 사람과 대화하면서 자신의 상황과 감정을 객관화하라고 권하고 싶어. 운동, 공부, 독서 등 쉽게 몰입할 수 있는 일에 집중하는 것도 추천할게.

## 한자 문해력 UP!

| | | |
|---|---|---|
| **사색** | 생각 사(思) + 찾을 색(索)<br>▶ 생각하여 찾다 | 뜻 어떤 것에 대하여 깊이 헤아려 생각함<br>예문 주말에는 사색과 독서로 시간을 보내려 한다. |
| **사상** | 생각 사(思) + 생각 상(想)<br>▶ 생각하고 생각하다 | 뜻 어떠한 사물에 대하여 가지고 있는 구체적인 생각<br>예문 이 책에는 우리 조상들의 사상이 담겨 있다. |
| **역지사지** | 바꿀 역(易) + 처지 지(地) + 생각 사(思) + 그것 지(之)<br>▶ 처지를 바꾸어서 그것을 생각함 | 뜻 남과 처지를 바꾸어 생각함<br>예문 역지사지의 마음만 있다면 갈등은 거의 일어나지 않을 것이다. |

## 쓰며 익히자

| 思 | | | | | |
|---|---|---|---|---|---|
| 생각 사 | | | | | |

# 善 선

뜻 | 착하다, 좋다, 잘하다, 훌륭하다

글자 형성 풀이 | 양 양(羊) + 풀 초(艹) + 입 구(口)

양이 풀을 입으로 먹으면 착하게 되고 훌륭하게 된다.

**일상에서 어떻게 쓰일까?** 『명심보감』에 '적선지가(積善之家) 필유여경(必有餘慶)이고 적불선지가(積不善之家) 필유여앙(必有餘殃)'이라는 말이 있어. 선(善)을 쌓는 집에는 반드시 경사로움의 남음이 있지만 불선(不善) 즉, 악(惡)을 쌓은 집에는 반드시 재앙이 있다는 말이지.

선(善)은 선행(善行), 선심(善心), 선도(善導), 위선(僞善)처럼 착하다는 의미로 많이 쓰여. 하지만 잘하다, 훌륭하다는 뜻도 있단다. 선전(善戰)은 잘 싸웠다, 선용(善用)은 잘 사용했다는 뜻이지. 최선(最善)은 가장 좋은 것, 차선(次善)은 두 번째 좋은 것이라는 뜻이야.

## 한자 문해력 UP!

**위선**
거짓 위(僞) + 착할 선(善)
▶ 거짓으로 착하다
뜻 겉으로만 착한 체를 하거나 거짓으로 꾸밈
예문 나는 위선 없이 진실한 삶을 살아왔는가?

**독선**
홀로 독(獨) + 훌륭할 선(善)
▶ 홀로 훌륭하다
뜻 자기 혼자만이 옳다고 믿고 행동함
예문 타인의 의견을 포용할 줄 알아야 독선에 빠지지 않는다.

**선처**
좋을 선(善) + 처리할 처(處)
▶ 좋게 처리하다
뜻 어떤 문제를 가장 좋은 방법으로 처리함
예문 학교에 계속 다닐 수 있도록 선처를 부탁드립니다.

## 쓰며 익히자

| 善 | | | | | |
|---|---|---|---|---|---|
| 착할 선 | | | | | |

# 性 성

뜻 | **성품, 성질, 본성, 성**

글자 형성 풀이 | **마음 심(忄=心) + 생겨날 생(生)**

마음에서 생겨나는 것은 성품과 본성이다.

**일상에서 어떻게 쓰일까?** '성선설'은 **성품 성(性), 착할 선(善), 말씀 설(說)**로 인간의 성품은 원래 착하다는 맹자의 주장이야. '성악설'은 **성품 성(性), 악할 악(惡), 말씀 설(說)**로 인간의 성품은 원래 악하다는 순자의 주장이지. 설(說)은 사실이나 진리가 아닌 개인의 생각이나 주장을 말해. 그러니까 '아무개 사망설'은 아무개가 사망했다는 것이 아니라 그런 소문을 말하지.

무엇이 옳고 무엇이 그르다고 이야기할 순 없어. 맹자는 교육을 통해 원래 가지고 있던 선한 성품을 계속 유지하기 위해 노력해야 한다고 생각하였고, 순자는 원래 가지고 태어난 악한 성품을 교육으로 착한 성품으로 바꾸어야 한다고 생각했던 것이지.



## 한자 문해력 UP!

| | | |
|---|---|---|
| **이성** | 다스릴 이(理) + 성품 성(性)<br>▶ 성품을 다스리다 | 뜻 개념적으로 사유하는 능력으로 감각적 능력에 상대하는 인간의 본질적 특성<br>예문 그는 이성과 합리가 종교를 대신할 수 있다고 믿었다. |
| **합리성** | 합당할 합(合) + 이치 리(理) + 성질 성(性)<br>▶ 이치에 합당한 성질 | 뜻 이치나 논리에 합당한 성질<br>예문 합리성과 효율성 없이는 사회가 발전할 수 없다. |
| **개연성** | 아마도 개(蓋) + 그러할 연(然) + 성질 성(性)<br>▶ 아마도 그러한 성질 | 뜻 확실치 않으나 아마 그럴 거라고 생각되는 성질<br>예문 이번 교통사고는 운전자의 부주의로 일어났을 개연성이 높다. |

## 쓰며 익히자

| 性 | | | | | |
|---|---|---|---|---|---|
| 성품 성 | | | | | |

# 洗 세

뜻 | 씻다, 다듬다

글자 형성 풀이 | 물 수(氵=水) + 먼저 선(先)

물을 먼저 가져가는 것은 씻겠다는 의사 표현이다.



**일상에서 어떻게 쓰일까?** 발을 씻는 의식인 '세족식', 해 본 적 있니? 세족식은 **씻을 세(洗), 발 족(足), 의식 식(式)**을 써. 발을 씻는 의식이라는 뜻이지. 세족식은 감사와 사랑을 전하는 의미 있는 의식이야. 아직 누군가의 발을 씻어 준 적 없다면 오늘이라도 씻어드리라고 권하고 싶어. 정해진 날은 없지만 생신이나 어버이날에 부모님께 세족식 해드리면 참 좋을 것 같아. 감사의 마음, 사랑의 마음을 전하는 데 세족식만큼 좋은 게 없기 때문이야. 세족식을 하면서 주고받는 진심의 대화는 덤이지만 덤 이상의 가치가 있단다.

## 한자 문해력 UP!

| | | |
|---|---|---|
| **세뇌** | 씻을 세(洗) + 머리 뇌(腦)<br>▶ 머리를 씻어 내다 | 뜻 사상, 주의, 신념을 머릿속에 받아들이도록 설득하여 본래 가지고 있던 생각이나 행동을 개조함<br>예문 세뇌되어 있는 친구는 설득이 쉽지 않다. |
| **세제** | 씻을 세(洗) + 약 제(劑)<br>▶ 씻어 내는 약 | 뜻 물에 풀어서 고체의 표면에 붙은 이물질을 씻어 내는 데 쓰는 물질<br>예문 세탁용 세제는 강한 알칼리성을 띠는 경우가 많다. |
| **세면대** | 씻을 세(洗) + 얼굴 면(面) + 대 대(臺)<br>▶ 얼굴을 씻는 대 | 뜻 얼굴과 손 등을 씻을 수 있도록 시설을 갖추어 놓은 대<br>예문 세면대 위에 할아버지의 틀니가 놓여 있었다. |

## 쓰며 익히자

| 洗 | | | | | |
|---|---|---|---|---|---|
| 씻을 세 | | | | | |

# 愁 수

뜻 | 근심, 걱정, 슬픔

글자 형성 풀이 | **벼 화(禾) + 불 화(火) + 마음 심(心)**

벼에 불이 붙는다는 것은 가을이 왔다는 뜻이다. 가을의 마음은 추운 겨울을 어찌 보내야 하나 걱정하는 근심의 마음이다.



**일상에서 어떻게 쓰일까?** '향수병'은 병원에서 치료받거나 약 복용으로 나을 수 있는 병이 아니야. **고향 향(鄕), 근심 수(愁), 병 병(病)**으로 고향을 그리워하여 생긴 마음의 병이기 때문이지. 향수병은 고향을 간절하게 그리워하는 것을 병에 비유한 표현이야.

우수(憂愁)에 잠겼노라 하고, 애수(哀愁) 어린 눈동자라 하며, 수심(愁心)이 가득하다고 해. 여수(旅愁)에 젖었다고도 하고, 향수(鄕愁)를 불러일으켰다고도 하지. 모두 '근심 수(愁)'가 쓰였어. '근심 수(愁)'가 많이 쓰인다는 것은 사람은 너나없이 근심을 가득 안고 살아가기 때문이라는 생각을 해 보았단다.

## 한자 문해력 UP!

**우수**

근심 우(憂) + 근심 수(愁)
▶ 근심하고 또 근심하다

뜻 마음이나 분위기가 시름에 싸인 상태
예문 온종일 우수에 잠겨 있다.

**수심**

근심 수(愁) + 마음 심(心)
▶ 근심하는 마음

뜻 매우 근심함 또는 그런 마음
예문 아픈 아이를 수심에 찬 얼굴로 바라보았다.

**애수**

슬플 애(哀) + 근심 수(愁)
▶ 슬퍼하며 근심하다

뜻 마음을 서글프게 하는 슬픈 시름
예문 얼굴에 짙은 애수의 그림자가 어리어 있다.

## 쓰며 익히자

| 愁 | | | | | |
|---|---|---|---|---|---|
| 근심 수 | | | | | |

뜻 | **머리, 우두머리, 으뜸**

글자 형성 풀이 | **풀 초(艹) + 스스로 자(自)**

풀도 스스로 자라야만 머리(우두머리)가 될 수 있다.



**일상에서 어떻게 쓰일까?** 시(詩)에서 처음과 끝이 서로 같거나 비슷한 구성을 '수미상관'이라고 하는 거 알지? **머리 수(首), 꼬리 미(尾), 서로 상(相), 관계 관(關)**으로 머리와 꼬리가 서로 관계 있다는 뜻이란다. 처음과 끝의 시구(詩句)가 같거나 비슷하다는 이야기지.

수(首)는 머리를 의미하기도 하지만 우두머리나 으뜸을 뜻하기도 해. 나쁜 짓을 하는 무리의 우두머리는 '수괴'라고 하지. **머리 수(首), 괴수 괴(魁)**로 괴수의 머리라는 뜻이야. 여러 제자 중 가장 배움이 뛰어난 제자는 수제자(首弟子)라고 하는데 이때의 수(首)는 으뜸이라는 뜻이란다.

## 한자 문해력 UP!

| | | |
|---|---|---|
| **선수** | 배 선(船) + 머리 수(首)<br>▶ 배의 머리 | 뜻 배의 앞부분<br>예문 폭풍 때문에 배는 선수를 돌려 항구로 돌아왔다. |
| **원수** | 으뜸 원(元) + 우두머리 수(首)<br>▶ 으뜸으로 우두머리가 되는 사람 | 뜻 국제법상 그 나라를 대표하는 자격을 갖는 사람<br>예문 국가 원수들이 모여 회담을 했다. |
| **수구초심** | 머리 수(首) + 언덕 구(丘) + 처음 초(初) + 마음 심(心)<br>▶ 머리가 처음의 언덕을 향하는 마음 | 뜻 여우가 죽을 때 제가 살던 굴이 있는 언덕 쪽으로 머리를 둔다는 뜻으로, 고향을 그리워하는 마음<br>예문 수구초심이라고, 나이가 들수록 고향 생각이 난다. |

### 쓰며 익히자

# 宿 숙

뜻 | 자다, 숙박하다, 오래되다

글자 형성 풀이 | 집 면(宀) + 사람 인(亻=人) + 일백 백(百)

집에서 사람이 백 번 넘게 하는 일은 잠자는 일이다.



**일상에서 어떻게 쓰일까?** 숙(宿)은 잠을 잔다는 뜻으로 많이 쓰여. '숙박'이란 **잠잘 숙(宿), 머무를 박(泊)**으로 잠자면서 머무르는 일을 뜻해. 함께 잠잔다 해서 합숙(合宿)이고, 주인집 아래에서 잠잔다 해서 하숙(下宿)이야. 잠자는 장소라 해서 숙소(宿所)고, 나그네가 잠자는 곳이라서 여인숙(旅人宿)이지. '노숙'은 길에서 자는 거냐고? 그렇지 않아. '드러낼 노(露)'로 몸을 드러내 놓고 잔다는 뜻이니까.

숙(宿)은 오래되다라는 뜻으로도 쓰이는데 오래된 적을 일컫는 숙적(宿敵), 오래된 변을 일컫는 숙변(宿便) 등이 있지.

## 한자 문해력 UP!

| | | |
|---|---|---|
| **숙제** | 머무는 집 숙(宿) + 과제 제(題)<br>▶ 머무는 집에서 하는 과제 | 뜻 복습과 예습을 목적으로 내주는 과제 또는 해결되지 않은 채 남겨진 묵은 문제<br>예문 밀린 숙제를 하느라 피곤하다. |
| **숙취** | 오랠 숙(宿) + 취할 취(醉)<br>▶ 오래 계속되는 술 취한 기운 | 뜻 다음 날까지 깨지 않은 술기운<br>예문 그는 간밤의 숙취로 온종일 고생했다. |
| **여인숙** | 나그네 여(旅) + 사람 인(人) + 잘 숙(宿)<br>▶ 나그네가 잠자는 곳 | 뜻 여관보다 작고 저렴한 규모의 숙박업소<br>예문 젊은 날에는 가난하여 주로 여인숙에서 잠을 잤다. |

### 쓰며 익히자

| 宿 | | | | | |
|---|---|---|---|---|---|
| 잘 숙 | | | | | |

# 勝 승

뜻 | 이기다, 뛰어나다

글자 형성 풀이 | 몸 육(月=肉) + 문서 권(劵)

몸에 문서(부적)를 붙이면 이길 수 있다.



**일상에서 어떻게 쓰일까?** 운동 경기나 내기 등에서, 이기지도 지지도 않고 서로 비기는 것을 '무승부'라 해. **없을 무(無), 이길 승(勝), 질 부(負)**로 서로 이기고 지는 게 없다는 뜻이야. 승자와 패자를 가를 수 없다는 이야기지.

승(勝)은 승리(勝利), 승패(勝敗), 우승(優勝), 결승(決勝), 승자(勝者), 승률(勝率), 낙승(樂勝)에서처럼 이긴다는 의미로 많이 쓰인단다. '낙승'이 뭐냐고? **즐거울 낙(樂), 이길 승(勝)**이니까 즐겁게 이겼다는 뜻이야. 힘들이지 않고 쉽게 이겼다는 이야기지. 하지만 명승지(名勝地), 경승지(景勝地), 동국여지승람(東國輿地勝覽) 등에서는 뛰어나다라는 뜻으로 쓰이지.

## 한자 문해력 UP!

| | | |
|---|---|---|
| **완승** | 완전할 완(完) + 이길 승(勝)<br>▶ 완전하게 이김 | 뜻 완전하게 또는 여유 있게 이김<br>예문 완승의 저쪽에는 완패의 아픔이 있다. |
| **신승** | 매울 신(辛) + 이길 승(勝)<br>▶ 매운맛을 보면서 이기다 | 뜻 힘들여 가까스로 이김<br>예문 힘들게 이기는 신승과 여유롭게 이기는 낙승 중 무엇이 더 큰 기쁨일까? |
| **자승자강** | 스스로 자(自) + 이길 승(勝) + 사람 자(者) + 강할 강(强)<br>▶ 자신을 이긴 사람이 강한 사람이다 | 뜻 자신을 이기는 사람이 강한 사람임을 뜻하는 말<br>예문 '자승자강'은 '자승 자강'으로 읽어서는 안 되고 '자승자 강'으로 읽어야 한다. |

**쓰며 익히자**

| 勝 | | | | | |
|---|---|---|---|---|---|
| 이길 승 | | | | | |

# 識 식

뜻 | **알다, 지식, 표시하다**

글자 형성 풀이 | **말씀 언(言) + 소리 음(音) + 창 과(戈)**

말하기와 소리 지르기와 창 던지기를 통해 사람의 능력을 알 수 있다.



**일상에서 어떻게 쓰일까?** '식자우환'이라는 말이 있어. **알 식(識), 글자 자(字), 근심 우(憂), 근심 환(患)**으로 글자를 아는 게 근심이라는 뜻이지. 학식이 있는 것이 도리어 근심을 일으키게 된다는 의미야. 정보가 너무 많아서 불필요한 걱정까지 하게 된다는 의미로도 많이 쓰여. 우리말 속담 '아는 것이 병이다'와 통하는 말이지.

물론 이 말이 진리는 아니야. 그런 상황이 있을 수 있다는 말일 뿐, 모든 상황에서 다 그런 건 아니니까. 무소유의 행복이 모든 사람, 모든 상황에 적용되는 것이 아닌 것처럼.

## 한자 문해력 UP!

| | | |
|---|---|---|
| **의식** | 뜻 의(意) + 알 식(識)<br>▶ 가지고 있는 뜻을 알다 | 뜻 깨어 있는 상태에서 자기 자신이나 사물에 대해 인식하는 작용<br>예문 마취가 깨어 의식이 돌아왔다. |
| **인식** | 인정할 인(認) + 알 식(識)<br>▶ 인정하여 알다 | 뜻 사물을 분별하고 판단하여 아는 일<br>예문 청소년에게 올바른 인식을 심어 주어야 한다. |
| **상식** | 보통 상(常) + 알 식(識)<br>▶ 보통 사람이라면 아는 내용 | 뜻 일반적인 사람이 다 가지고 있거나 가지고 있어야 할 지식 또는 판단력<br>예문 보통 사람의 상식으로는 이해할 수 없는 일이다. |

## 쓰며 익히자

| 識 | | | | | |
|---|---|---|---|---|---|
| 알 식 | | | | | |

# 食 식

**뜻** | **먹다, 밥, 음식**

**글자 형성 풀이** | **사람 인(人) + 좋을 양(良)**

사람에게 좋은 것은 밥이고, 사람에게 좋은 일은 먹는 일이다.



**일상에서 어떻게 쓰일까?** '식구'는 무슨 뜻일까? **먹을 식(食), 입 구(口)**로 함께 밥을 먹는 사람을 의미해. 한 조직에서 함께 일하는 사람을 비유적으로 이를 때 쓰이기도 하지. '간식'은 무슨 뜻일까? **사이 간(間), 먹을 식(食)**으로 끼니 사이에 먹는 간단한 음식이라는 뜻이란다.

사람이 먹고 마실 수 있도록 만든 모든 것을 '음식'이라 하는데 **마실 음(飮), 먹을 식(食)**으로 마시고 먹는 것이라는 뜻이야. '심부재언(心不在焉) 식이부지기미(食而不知其味)'라는 말이 있어. 마음이 없으면 먹어도 그 맛을 알지 못한다는 이야기야. 어떤 경우에도 마음이 중요하다는 의미를 담고 있지.

## 한자 문해력 UP!

| | | |
|---|---|---|
| **단식** | 끊을 단(斷) + 먹을 식(食)<br>▶ 먹는 것을 끊다 | 뜻 일정 기간 의식적으로 음식을 먹지 않음<br>예문 건강을 해치지 않으면서 다이어트를 하려면 단식보다는 소식이 좋다. |
| **식용유** | 먹을 식(食) + 쓸 용(用) + 기름 유(油)<br>▶ 먹는 데 쓰는 기름 | 뜻 먹을 수 있거나 음식을 만드는 데 사용하는 기름<br>예문 한 번 쓴 식용유는 재사용하지 않는 것이 좋다. |
| **식중독** | 음식 식(食) + 빠져들 중(中) + 독 독(毒)<br>▶ 음식으로 독에 빠져듦 | 뜻 섭취한 음식물 속에 있는 세균이나 독소에 의해 일어나는 급성 또는 만성의 건강 장애<br>예문 식중독에 걸린 사람들을 조사한 결과 싱싱하지 않은 회를 먹은 것으로 나타났다. |

## 쓰며 익히자

| 食 | | | | | |
|---|---|---|---|---|---|
| 먹을 식 | | | | | |

# 臣 신

**뜻 |** 신하, 하인

**글자 형성 풀이 |** 클 거(巨) + 뚫을 곤(丨) + 위아래로 통할 곤(丨)

큰사람과 위아래로 통하는 사람은 신하다.



**일상에서 어떻게 쓰일까?** '생육신'과 '사육신'에 대해 알고 있지? 조선 제6대 임금 단종을 몰아내고 세조가 왕위를 빼앗자 단종의 복위를 꾀하다가 실패하여 세조에게 죽임을 당한 여섯 명의 충신을 사육신이라고 하지. **죽을 사(死), 여섯 육(六), 신하 신(臣)**으로 죽은 여섯 명의 신하라는 뜻이야.

사육신처럼 죽임을 당하지는 않았지만 단종에 대한 절의를 지키기 위해 벼슬을 버린 여섯 명의 신하를 생육신이라고 했어. **살 생(生), 여섯 육(六), 신하 신(臣)**으로 벼슬을 버리고 절개를 지킨, 그러나 죽지 않은 여섯 명의 신하라는 뜻이지.

## 한자 문해력 UP!

| | | |
|---|---|---|
| **공신** | 공로 공(功) + 신하 신(臣)<br>▶ 공로를 세운 신하 | 뜻 나라를 위해 특별한 공을 세운 신하<br>예문 이기면 공신이요, 지면 역적으로 몰리는 게 세상의 이치이다. |
| **척신** | 친척 척(戚) + 신하 신(臣)<br>▶ 친척이 되는 신하 | 뜻 임금과 성(姓)이 다르나 일가인 신하<br>예문 임금의 가족인 척신의 세도에 왕권마저 흔들렸다. |
| **군신유의** | 임금 군(君) + 신하 신(臣) + 있을 유(有) + 의로울 의(義)<br>▶ 임금과 신하 사이에 의로움이 있다 | 뜻 임금과 신하 사이의 도리는 의리에 있음을 일컫는 말<br>예문 군신유의는 삼강오륜의 덕목 중 하나다. |

## 쓰며 익히자

| 臣 | | | | | | |
|---|---|---|---|---|---|---|
| 신하 신 | | | | | | |

뜻 | **아이, 어리다**

글자 형성 풀이 | **절구 구(臼) + 사람 인(人)**

臼는 위가 열려있는 머리의 모습이다. 아직 혈이 닫히지 않은 아이의 머리를 나타낸다.



**일상에서 어떻게 쓰일까?** 저출산이 심각한 사회 문제로 대두된 지 오래야. 출산율을 높이기 위해 정부는 다양한 '육아' 지원 제도를 적극 지원하고 있지. 육아가 무슨 뜻이냐고? **기를 육(育), 아이 아(兒)**로 아이를 기른다는 뜻이야.

아(兒)는 아이 혹은 어리다는 의미로 많이 사용되고 있어. 모체의 태 속에서 자라고 있는 아이라서 태아(胎兒)이고, 부모를 여의고 홀로된 아이라서 고아(孤兒)이며, 나이가 적은 아이라서 소아(小兒)야. 부모의 곁을 떠나 뚜렷한 거처 없이 떠돌아다니는 아이를 '부랑아'라 하는데 **뜰 부(浮), 물결 랑(浪), 아이 아(兒)**로 떠서 물결처럼 다니는 아이라는 뜻이란다.

## 한자 문해력 UP!

| | | |
|---|---|---|
| **유아** | 어릴 유(幼) + 아이 아(兒)<br>▶ 어린 아이 | 뜻 생후 1년부터 만 6세까지의 어린아이<br>예문 유치원에서 유아를 돌보는 선생님이 되고 싶다. |
| **아녀자** | 아이 아(兒) + 여자 녀(女) + 사람 자(子)<br>▶ 아이와 여자 | 뜻 어린이와 여자를 아울러 이르는 말<br>예문 아녀자와 노약자들을 우선 대피시켜야 한다. |
| **사생아** | 은밀할 사(私) + 날 생(生) + 아이 아(兒)<br>▶ 은밀하게 낳은 아이 | 뜻 혼인 관계가 아닌 남녀 사이에서 출생한 아이<br>예문 사생아라고 손가락질하는 사람이 오히려 나쁜 사람 아닌가? |

**쓰며 익히자**

| 兒 | | | | | |
|---|---|---|---|---|---|
| 아이 아 | | | | | |

# 愛 애

뜻 | **사랑, 사랑하다**

글자 형성 풀이 | **손톱 조(爪) + 덮을 멱(冖) + 마음 심(心) + 천천히 걸을 쇠(夊)**

손톱을 덮고 따뜻한 마음으로 천천히 걸으면 사랑이 싹튼다.



**일상에서 어떻게 쓰일까?** '연애'와 '연예'를 혼동하는 친구들이 있어. 연애는 **그리워할 연(戀), 사랑 애(愛)**로 그리워하고 사랑한다는 뜻이야. 서로 애틋하게 사랑하여 사귄다는 뜻으로 많이 쓰이지. 인간은 사랑 없이는 살 수 없다고 했어. 그래서인지 '사랑 애(愛)'가 쓰이는 단어도 꽤 많아. 나라를 사랑하는 일인 애국(愛國), 백성을 사랑하는 일인 애민(愛民), 사랑을 위해 죽음도 각오한다는 순애(殉愛), 한쪽만 치우치게 좋아하는 일인 편애(偏愛) 등이 그것이란다.

연예는 **펼 연(演), 재주 예(藝)**로 재주를 펼친다는 뜻이야. 대중적인 연기나 노래, 춤, 마술 등을 관중 앞에서 공연하는 일을 말한단다.

## 한자 문해력 UP!

| | | |
|---|---|---|
| **애정** | 사랑 애(愛) + 감정 정(情)<br>▶ 사랑하는 감정 | 뜻 사랑하는 정이나 마음<br>예문 어머니의 애정 어린 손길을 느끼며 잠이 들었다. |
| **우애** | 벗 우(友) + 사랑 애(愛)<br>▶ 벗의 사랑 | 뜻 형제간 또는 친구 사이의 사랑이나 정분<br>예문 아버지의 유언은 형제간의 우애였다. |
| **애증** | 사랑 애(愛) + 미워할 증(憎)<br>▶ 사랑과 미움 | 뜻 사랑과 미움을 아울러 이르는 말<br>예문 그는 나에게 애증의 대상이었다. |

## 쓰며 익히자

| 愛 | | | | | |
|---|---|---|---|---|---|
| 사랑 애 | | | | | |

# 勇 용

뜻 | 용감하다, 용기, 날래다

글자 형성 풀이 | 솟아오를 용(甬) + 힘 력(力)

솟아오를 만큼의 힘은 용기에서 나온다.



**일상에서 어떻게 쓰일까?** 나쁜 사람을 멋지게 물리친 '무용담'을 들어 본 적 있니? 무용담은 **굳셀 무(武), 용감할 용(勇), 이야기 담(談)**으로 굳세고 용감하게 싸워 공을 세운 이야기야.

용(勇)은 보통 용감하다는 의미로 많이 쓰여. '용기'는 **용감할 용(勇), 기운 기(氣)**로 씩씩하고 굳센 기운이야. 용감한 병사는 용사(勇士), 용감하고 사나운 기운은 용맹(勇猛), 용기 있는 결단은 용단(勇斷)이라고 하지.

사람이 씩씩하고 두려움이 없으며 기운참을 '용감무쌍'이라 하는데 **용감할 용(勇), 감히 감(敢), 없을 무(無), 견줄 쌍(雙)**으로 용감함을 감히 견줄 수 없다는 뜻이란다.

## 한자 문해력 UP!

| | | |
|---|---|---|
| **용퇴** | 용감할 용(勇) + 물러날 퇴(退)<br>▶ 용감하게 물러나다 | 뜻 조금도 꺼리지 않고 용기 있게 물러남<br>예문 후진 양성을 위해 용퇴할 의사를 밝혔다. |
| **만용** | 업신여길 만(蠻) + 용기 용(勇)<br>▶ 남을 업신여기는 용기 | 뜻 분별없이 함부로 날뛰는 용기<br>예문 의로움을 벗어난 용기는 만용이다. |
| **겸인지용** | 겸할 겸(兼) + 사람 인(人) + ~의 지(之) + 용기 용(勇)<br>▶ 여러 사람을 겸할 수 있는 용기 | 뜻 혼자서 능히 몇 사람을 당해 낼 만한 용기<br>예문 친구의 겸인지용에 박수를 보냈다. |

## 쓰며 익히자

| 勇 | | | | | |
|---|---|---|---|---|---|
| 용감할 용 | | | | | |

# 友 우

뜻 | 벗, 우애

글자 형성 풀이 | 열 십(十) + 또 우(又)

열 번 만나고 또 만나도 좋으면 친구라 할 수 있다.



**일상에서 어떻게 쓰일까?** 선천적으로 혈액 응고 인자가 부족하거나 결핍되어 발생하는 질환을 '혈우병'이라고 해. 상처가 났을 때 혈액응고인자가 없어 피가 멎는 데 시간이 오래 걸리는 병이지. **피 혈(血), 벗 우(友), 병 병(病)**을 쓰는데, 피를 친구 삼는 병, 피를 좋아하는 병이라는 뜻으로 이해하면 좋을 것 같아.

서로 우호적인 관계를 맺고 있는 나라를 '우방'이라 하는 것 알지? **친구 우(友), 나라 방(邦)**으로 친구처럼 친한 나라라는 뜻이야. 개인 간이나 국가 간에 서로 친하고 사이가 좋음을 '우호'라 하는데 **벗 우(友), 좋을 호(好)**를 쓴단다.

## 한자 문해력 UP!

| | | |
|---|---|---|
| **죽마고우** | 대나무 죽(竹) + 말 마(馬) + 옛 고(故) + 벗 우(友)<br>▶ 대나무 말을 타고 놀던 옛 친구 | 뜻 어릴 때부터 같이 놀며 자란 친한 벗<br>예문 십 년 만에 죽마고우를 만나 매우 기뻤다. |
| **지기지우** | 알 지(知) + 자기 기(己) + ~의 지(之) + 벗 우(友)<br>▶ 자기를 알아주는 친구 | 뜻 자기의 속마음을 잘 알아주는 참다운 벗<br>예문 그와 나는 지기지우다. |
| **문방사우** | 글 문(文) + 방 방(房) + 넉 사(四) + 벗 우(友)<br>▶ 글 짓는 방의 네 친구 | 뜻 종이와 붓, 먹, 벼루의 네 가지 문방구<br>예문 옛 선비들은 늘 문방사우를 곁에 두었다. |

## 쓰며 익히자

| 友 | | | | | |
|---|---|---|---|---|---|
| 벗 우 | | | | | |

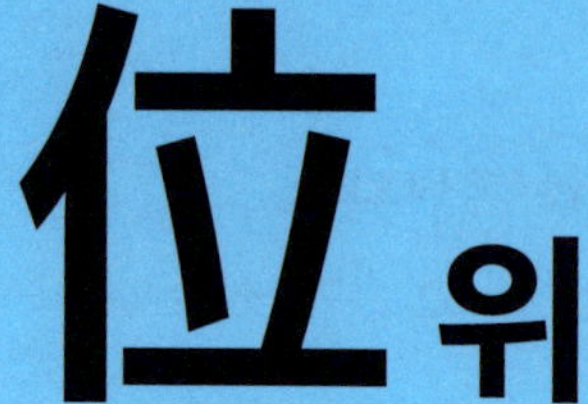

뜻 | **자리, 장소, 지위**

글자 형성 풀이 | **사람 인(亻=人) + 설 립(立)**

사람이 서 있는 곳이 곧 자리이고 위치이다.



**일상에서 어떻게 쓰일까?** 위(位)는 자리를 뜻하는데 장소나 지위라는 의미로 많이 쓰인단다. 차례를 나타내는 자리인 순위(順位), 제한이 없는 모든 방향인 전방위(全方位), 전문적으로 연구하여 일정한 과정을 거친 사람에게 수여하는 학문적 지위인 학위(學位)가 그것이야.

'삼위일체'는 **석 삼(三), 자리 위(位), 하나 일(一), 몸 체(體)**로 세 가지가 조화롭게 하나의 몸을 이룬다는 뜻이야. 교육학에서는 학교, 가정, 사회가 삼위일체로 되어야 올바른 교육을 할 수 있다고 해. 기독교 핵심 교리 중에도 삼위일체가 있어. 하나님은 성부(하나님), 성자(예수), 성령으로 존재하지만 본질상 하나의 하나님이라는 교리란다.

## 한자 문해력 UP!

| | | |
|---|---|---|
| **품위** | 품격 품(品) + 자리 위(位)<br>▶ 품격의 자리 | 뜻 사람이 갖추어야 할 위엄이나 기품<br>예문 가난했지만 품위를 잃은 적은 없었다. |
| **고위급** | 높을 고(高) + 자리 위(位) + 등급 급(級)<br>▶ 높은 자리의 등급 | 뜻 높은 정도의 지위 또는 그 지위에 있는 사람<br>예문 양국은 고위급으로 구성된 실무 협상을 시작했다. |
| **위계질서** | 자리 위(位) + 계급 계(階) + 차례 질(秩) + 차례 서(序)<br>▶ 자리와 계급의 차례 | 뜻 관등이나 직책의 상하 관계에서 생기는 차례와 순서<br>예문 군대에서는 위계질서를 엄격하게 지킨다. |

**쓰며 익히자**

| 位 | | | | | | |
|---|---|---|---|---|---|---|
| 자리 위 | | | | | | |

# 僞 위

뜻 | 거짓, 속이다

글자 형성 풀이 | 사람 인(亻=人) + 할 위(爲)

사람이 하는 말 중에는 거짓도 있다.



**일상에서 어떻게 쓰일까?** 주관식 문제가 있고 객관식 문제가 있어. 객관식에는 사지선다형이 있고 오지선다형도 있지만 '진위형' 문제도 있지. **참 진(眞), 거짓 위(僞)**를 쓰는 진위형은 참인지 거짓인지를 구별하는 문제라는 뜻이란다. OX문제라고도 하지.

거짓이 많은 세상이라 마음이 아프다고? 그래. 거짓으로 착한 척하는 사람을 **거짓 위(僞), 착할 선(善), 사람 자(者)**를 써서 '위선자'라고 해. 거짓으로 만든 종이돈은 '위조지폐'라고 하지. **거짓 위(僞), 만들 조(造), 종이 지(紙), 돈 폐(幣)**를 쓴단다.

## 한자 문해력 UP!

|  |  |  |
| --- | --- | --- |
| **위장** | 거짓 위(僞) + 꾸밀 장(裝)<br>▶ 거짓으로 꾸미다 | 뜻 본래의 정체나 모습이 드러나지 않도록 거짓으로 꾸밈<br>예문 카멜레온은 위장의 명수다. |
| **위계** | 거짓 위(僞) + 계획할 계(計)<br>▶ 거짓으로 계획하다 | 뜻 거짓으로 계략을 꾸밈 또는 그러한 계략<br>예문 그는 위계에 의한 공무 집행 방해죄로 구속되었다. |
| **위악** | 거짓 위(僞) + 악할 악(惡)<br>▶ 거짓으로 악하다 | 뜻 일부러 악한 척을 함<br>예문 본심과 다르게 위악을 부렸다. |

## 쓰며 익히자

| 僞 | | | | | | |
| --- | --- | --- | --- | --- | --- | --- |
| 거짓 위 | | | | | | |

# 育 육

뜻 | 기르다, 자라다

글자 형성 풀이 | 자식 자(子) + 몸 육(月=肉)

子를 거꾸로 표현하고 있다. 자식은 엄마의 몸에서 거꾸로 태어나 잘 자란다.



**일상에서 어떻게 쓰일까?** 육(育)은 기른다는 뜻이야. 보호하고 기르는 일은 보육(保育), 가르치고 기르는 일은 교육(教育), 몸을 기르는 일은 체육(體育)이라고 하지. 선수를 기르거나 기업을 키우는 일을 '육성'이라고 하는 것 알지? **기를 육(育), 성장할 성(成)**으로 길러서 성장하도록 만든다는 뜻이란다.

육(育)은 자라게 한다는 뜻도 있어. 보살펴서 자라게 하는 일을 '기를 양(養)'을 써서 양육(養育)이라 하고, 생물체가 발달하여 자라는 것을 '발달할 발(發)'을 써서 발육(發育)이라고 해. 동물에게 먹이를 주어 자라게 하는 일은 '먹일 사(飼)'를 써서 사육(飼育)이라고 한단다.

## 한자 문해력 UP!

| | | |
|---|---|---|
| **육영** | 기를 육(育) + 영재 영(英)<br>▶ 영재를 길러냄 | 뜻 인재를 교육하여 길러냄<br>예문 나라가 어려울수록 육영 사업에 힘쓰며 미래를 준비해야 한다. |
| **보육** | 보호할 보(保) + 기를 육(育)<br>▶ 보호하고 기름 | 뜻 어린아이를 보호하고 기름<br>예문 상시 여성 근로자 3백 명 이상을 둔 사업장은 직장 보육 시설을 갖추어야 한다. |
| **공교육** | 공적 공(公) + 가르칠 교(教) + 기를 육(育)<br>▶ 공적으로 가르치고 기르다 | 뜻 공적인 재원(財源)에 의하여 관리, 운영되는 교육<br>예문 공교육 활성화 방안에 대한 고민이 필요하다. |

## 쓰며 익히자

| 育 | | | | | |
|---|---|---|---|---|---|
| 기를 육 | | | | | |

# 義 의

뜻 | 옳다, 의롭다, 뜻

글자 형성 풀이 | 양 양(羊) + 나 아(我)

양처럼 나를 착하게 만드는 일은 옳은 일이고 바른 일이다.



**일상에서 어떻게 쓰일까?** 사회나 공동체를 위한 옳고 바른 도리를 '정의'라 하는데 **바를 정(正), 옳을 의(義)**로 바르고 옳다는 뜻이야. 어떤 단어나 사물의 뜻을 명백히 밝혀 규정하는 일도 '정의'라고 하는데 이때는 **정할 정(定), 뜻 의(義)**를 쓴단다.

의(義)는 옳음을 의미하지만, 뜻을 나타내기도 해. 대의(大義), 도의(道義), 의거(義擧)에서는 옳다는 의미로 해석되고, 강의(講義), 광의(廣義), 어의(語義)에서는 뜻이라고 해석되지. 의족(義足), 의수(義手), 의치(義齒)에서는 실물의 대용물을 의미한단다.

## 한자 문해력 UP!

| | | |
|---|---|---|
| **의무** | 옳을 의(義) + 힘쓸 무(務)<br>▶ 옳은 일에 힘쓰다 | 뜻 당연히 해야 할 일<br>예문 언론은 국민에게 진실을 알려야 할 의무가 있다. |
| **의사** | 의로울 의(義) + 선비 사(士)<br>▶ 의로운 선비 | 뜻 의협심이 있고 절의를 지키는 사람<br>예문 윤봉길 의사의 기념관을 가다. |
| **강의** | 사리를 풀어 밝힐 강(講) + 뜻 의(義)<br>▶ 뜻을 풀어 밝히다 | 뜻 학문이나 기술 등의 내용을 체계적으로 설명하여 가르침<br>예문 선생님의 강의를 들으며 많은 배움을 얻었다. |

## 쓰며 익히자

| 義 | | | | | | |
|---|---|---|---|---|---|---|
| 옳을 의 | | | | | | |

# 情 정

뜻 | **뜻, 감정**

글자 형성 풀이 | **마음 심(忄=心) + 푸를 청(靑)**

마음에서 푸르게 솟구쳐 만들어지는 게 감정이다.



**일상에서 어떻게 쓰일까?** 초코파이 좋아하니? 60여 나라로 뻗어 나가 세계 무대를 휘젓는 빵과자. 50년 동안 전 세계인의 입맛을 사로잡은 우리나라의 대표 간식. 초코파이가 오랜 세월 사랑받아 온 이유 중 하나는 情이라는 글자 때문 아닐까? 초코파이에서의 情은 인정(人情)이고 인정은 사람을 사랑하는 마음, 불쌍한 사람을 가엾이 여기는 마음이니까.

사랑하는 감정이나 마음은 **사랑 애(愛), 감정 정(情)**을 써서 '애정'이라고 해. 어떤 일에 열렬한 감정으로 열중하는 마음은 **뜨거울 열(熱), 감정 정(情)**의 '열정'이지. 격렬하고 갑작스러워 억누르기 어려운 감정은 **물결 부딪쳐 흐를 격(激), 감정 정(情)**의 '격정'이란다.

## 한자 문해력 UP!

| | | |
|---|---|---|
| **정열** | 감정 정(情) + 뜨거울 열(熱)<br>▶ 감정이 뜨겁다 | 뜻 가슴속에서 일어나는 열렬한 감정<br>예문 그의 정열에 나도 가슴이 뜨거워지는 걸 느꼈다. |
| **동정** | 같을 동(同) + 감정 정(情)<br>▶ 감정을 같게 만들다 | 뜻 남의 어려운 처지를 자기 일처럼 알아주거나 가엾게 여기는 마음<br>예문 불쌍한 사람을 동정하는 것은 사람의 당연한 마음 아닐까요? |
| **선정적** | 부추길 선(煽) + 감정 정(情) + 어조사 적(的)<br>▶ 감정을 부추기는 일 | 뜻 감정이나 성적인 욕구를 북돋우어 일으키는 일<br>예문 선정적인 표현으로 소비자의 관심을 끌려고 하는 광고가 많다. |

## 쓰며 익히자

| 情 | | | | | | |
|---|---|---|---|---|---|---|
| 뜻 정 | | | | | | |

# 罪 죄

**뜻 | 허물, 죄, 잘못**

**글자 형성 풀이 | 그물망 망(罒) + 아닐 비(非)**

그물망에 걸리지 않았다고 죄가 없어지는 것은 아니다.



**일상에서 어떻게 쓰일까?** 요즘 친구들은 잘생기거나 예쁜 친구에게 '유죄 인간'이라 하더구나. 훌륭한 미모로 사람의 마음을 훔쳤으니 죄가 있는 것이라 익살맞게 표현한 거겠지. 그렇다면 죄가 없는 사람은 뭐라고 할까? 그래 맞아. **없을 무(無), 죄 죄(罪)**를 써서 '무죄'라고 해.

죄(罪)는 남의 허물이나 범죄를 의미할 때 많이 쓰여. 죄를 저지른 사람은 죄인(罪人)이고 그 죄의 성질은 죄질(罪質)이라고 하지. 교도소에 수감된 사람은 죄수(罪囚)라 하고, 죄를 물건이나 다른 공로로 비겨 없애는 것을 속죄(贖罪)라 해. 죄를 아예 면해 주는 것을 면죄(免罪)라 하지.

## 한자 문해력 UP!

| | | |
|---|---|---|
| **사죄** | 용서를 빌 사(謝) + 허물 죄(罪)<br>▶ 허물에 대해 용서 빌다 | 뜻 지은 죄나 잘못에 대하여 용서를 빎<br>예문 잘못을 반성하며 사죄를 드린다. |
| **단죄** | 처단할 단(斷) + 죄 죄(罪)<br>▶ 죄를 처단하다 | 뜻 죄를 심판하여 처단함<br>예문 흉악한 범죄에 대해서는 준엄한 단죄가 있어야 합니다. |
| **경범죄** | 가벼울 경(輕) + 범할 범(犯) + 죄 죄(罪)<br>▶ 가볍게 범한 죄 | 뜻 일상생활에서 저지를 수 있는 죄질이 가벼운 죄<br>예문 쓰레기 무단 투기는 경범죄에 해당된다. |

## 쓰며 익히자

| 罪 | | | | | |
|---|---|---|---|---|---|
| 허물 죄 | | | | | |

# 察 찰

뜻 | 살피다, 조사하다

글자 형성 풀이 | 집 면(宀) + 제사 제(祭)

집에서 제사를 지낼 때는 조상의 고마움을 잘 살펴야 한다.



일상에서 어떻게 쓰일까? 민중의 지팡이로 우리의 안전과 재산을 보호해 주는 사람을 '경찰'이라고 하지. **경계할 경(警), 살필 찰(察)**로 경계하고 살피는 사람이라는 뜻이야. '경호'는 무슨 뜻일까? **경계할 경(警), 보호할 호(護)**로 경계하고 보호해 준다는 뜻이지. '검찰'의 뜻도 알고 싶다고? **검사할 검(檢), 살필 찰(察)**이야. 죄가 있는지 없는지 검사하고 살핀다는 뜻이란다.

'중오필찰중호필찰(衆惡必察衆好必察)'이라는 말이 있어. 많은 사람이 미워하더라도 반드시 살펴야 하고, 많은 사람이 좋아하더라도 반드시 살펴야 한다는 뜻이야. 부화뇌동(附和雷同)하지 말고 자신이 직접 살펴서 판단해야 한다는 이야기란다.

## 한자 문해력 UP!

**순찰**
돌 순(巡) + 살필 찰(察)
▶ 돌면서 살피다
뜻 두루 돌아다니며 사정을 살핌
예문 경비원은 손전등을 비추면서 아파트 주위를 순찰했다.

**성찰**
깨달을 성(省) + 살필 찰(察)
▶ 깨닫고 살피다
뜻 자기의 일을 반성하며 깊이 살핌
예문 깨달음은 오랜 성찰을 통해서만 가능하다.

**사찰**
조사할 사(査) + 살필 찰(察)
▶ 조사하기 위하여 살피다
뜻 조사하여 살피는 일
예문 주민들에 대한 동향 사찰이 공공연히 행해지곤 했다.

## 쓰며 익히자

| 察 | | | | | |
|---|---|---|---|---|---|
| 살필 찰 | | | | | |

# 責 책

뜻 | 꾸짖다, 책임, 빚

글자 형성 풀이 | 주인 주(主) + 조개 패(貝)

주인은 조개(돈)를 준다는 이유로 책임을 지운다.



일상에서 어떻게 쓰일까? 우리 헌법은 "국회 의원은 국회에서 직무상 행한 발언과 표결에 관하여 국회 외에서 책임을 지지 아니한다."라고 규정하여 '면책 특권'을 부여하고 있어. **벗을 면(免), 책임 책(責), 특별할 특(特), 권리 권(權)**의 면책 특권은 책임을 벗을 수 있는 특별한 권리를 말해. 의회의 독립과 자율을 보장하고 부당한 간섭과 탄압에 대한 방어책으로 작용하지.

책(責)은 책임이라는 뜻으로 많이 쓰이지만, 꾸짖다는 뜻으로도 쓰인단다. 잘못을 꾸짖어 나무라는 질책(叱責), 일의 책임을 캐묻고 꾸짖는 문책(問責), 잘못된 점을 따져서 꾸짖는 힐책(詰責) 등이 그것이야.

## 한자 문해력 UP!

| | | |
|---|---|---|
| **자책** | 스스로 자(自) + 꾸짖을 책(責)<br>▶ 스스로 꾸짖다 | 뜻 자신의 결함이나 잘못을 스스로 꾸짖고 책망함<br>예문 그는 자신이 너무 비겁했다며 자책했다. |
| **책무** | 책임 책(責) + 의무 무(務)<br>▶ 책임과 의무 | 뜻 당연히 맡아서 해야 할 책임이나 의무<br>예문 진실을 증언하는 것은 시민으로서의 책무다. |
| **죄책감** | 허물 죄(罪) + 책임 책(責) + 느낄 감(感)<br>▶ 죄에 대한 책임을 느끼다 | 뜻 저지른 잘못에 대하여 책임을 느끼는 마음<br>예문 죄책감이 그의 마음을 괴롭혔다. |

## 쓰며 익히자

| 責 | | | | | | |
|---|---|---|---|---|---|---|
| 꾸짖을 책 | | | | | | |

# 聽 청

뜻 | 듣다, 받아들인다

글자 형성 풀이 | 귀 이(耳) + 임금 왕(王) + 곧을 직(直) + 마음 심(心)

귀를 열어 둔 임금은 곧은 마음으로 더 잘 듣는다.

**일상에서 어떻게 쓰일까?** 듣기 위해 모인 사람들을 뭐라고 할까? **들을 청(聽), 무리 중(衆)**을 써서 '청중'이라고 해. 의견이나 음악이나 방송 등을 듣는 일을 '청취'라 하는데 **들을 청(聽), 취할 취(取)**를 쓴단다. 들어서 취한다는 뜻이지.

'청문회' 본 적 있지? 국가 기관에서 어떤 문제에 관한 내용을 듣고 물어보기 위한 자리를 말해. **들을 청(聽), 들을 문(聞), 모임 회(會)**로 듣기 위한 모임이야. '공청회'는 또 무슨 뜻이냐고? **공적 공(公), 들을 청(聽), 모임 회(會)**란다. 국회나 행정 기관이나 공공 단체가 관련자에게 의견을 듣는 공개적인 자리라고 이해하면 돼.

## 한자 문해력 UP!

| | | |
|---|---|---|
| **도청** | 훔칠 도(盜) + 들을 청(聽)<br>▶ 훔쳐서 듣다 | 뜻 타인의 대화나 전화 내용 등을 몰래 엿들음<br>예문 누군가 도청을 하는지 통화의 감이 좋지 않구나. |
| **경청** | 기울 경(傾) + 들을 청(聽)<br>▶ 귀 기울여서 듣다 | 뜻 남의 말을 귀 기울여 주의 깊게 들음<br>예문 대화에서 가장 중요한 것은 경청이다. |
| **보청기** | 도울 보(補) + 들을 청(聽) + 기구 기(器)<br>▶ 듣는 걸 도와주는 기구 | 뜻 청력이 약해 잘 들리지 않는 사람이 잘 들을 수 있게 도와주는 기구<br>예문 귀가 어두운 아버지는 보청기를 사용하신다. |

## 쓰며 익히자

| 聽 | | | | | |
|---|---|---|---|---|---|
| 들을 청 | | | | | |

# 體 체

뜻 | 몸, 신체, 근본, 물질

글자 형성 풀이 | 뼈 골(骨) + 풍성할 풍(豊)

뼈가 풍성하게 갖추어진 것이 몸이다.



일상에서 어떻게 쓰일까? '체육'은 **몸 체(體), 기를 육(育)**으로 몸을 건강하게 기르는 일을 말해. 옥체(玉體)는 옥처럼 귀하고 아름다운 몸이라는 뜻인데 옛날에는 임금의 몸을 일컬었고, 편지에서 남의 몸을 높여 이르는 말로도 쓰였지.

체(體)는 단순히 사람의 몸이나 신체의 의미를 넘어서 근본이나 물질, 물체를 의미하기도 해. 사물의 작용이나 어떤 행동의 주가 되는 것을 주체(主體)라 하고, 목적을 같이하는 두 사람 이상의 조직을 공동체(共同體)라 하지. 단체 등을 흩어지게 하는 것을 해체(解體)라 하고, 전기를 전하는 성질이 도체와 부도체의 중간인 물질을 반도체(半導體)라 한단다.

## 한자 문해력 UP!

|  |  |  |
|---|---|---|
| **항체** | 막을 항(抗) + 물질 체(體)<br>▶ 막아 내는 기능을 가진 물질 | 뜻 항원(抗原)의 침입을 받은 생체가 거기에 반응하여 만들어 내는 단백질<br>예문 엄마의 젖에는 아기를 보호하는 항체가 있다. |
| **유기체** | 있을 유(有) + 기능 기(機) + 물질 체(體)<br>▶ 기능을 가지고 있는 물체 | 뜻 생물처럼 물질이 유기적으로 구성되어 생활 기능을 가지게 된 조직체<br>예문 인간은 수많은 세포로 구성된 유기체이다. |
| **전체주의** | 모두 전(全) + 몸 체(體) + 주인 주(主) + 뜻 의(義)<br>▶ 전체가 개인보다 중요하다는 정치사상 | 뜻 개인의 자유와 권리를 억압하고 정부나 지도자의 권위를 절대화하는 정치사상<br>예문 전체주의는 집단을 위한 개인의 희생을 당연시한다. |

## 쓰며 익히자

| 體 | | | | | |
|---|---|---|---|---|---|
| 몸 체 | | | | | |

# 虛 허

뜻 | 비다, 없다, 모자라다

글자 형성 풀이 | 호랑이 호(虍) + 쌍상투 관(丱) + 하나 일(一)

호랑이가 쌍상투 하나를 쓰고 있으면 사람들이 도망쳐버려서 마을이 텅 비게 된다.



**일상에서 어떻게 쓰일까?** 소설은 개연성 있는 '허구'야. 허구는 **빌 허(虛), 얽을 구(構)**로 빈 상태로(거짓으로) 얽었다는 뜻이지. 소설은 사실이 아닌 일을 사실처럼 꾸며서 만든 이야기를 말해.

"허풍이 세다."라고 하고, "허풍을 친다."고도 해. 지나치게 과장하여 실속이나 믿음이 없는 말이나 행동을 '허풍'이라 하는데 **빌 허(虛), 바람 풍(風)**으로 비어 있고 바람만 들었다는 뜻이야. 그렇다면 '허무'는 무슨 뜻일까? **빌 허(虛), 없을 무(無)**로 아무것도 없이 텅 비었다는 뜻이지. 세상의 진리나 인생 등이 공허하고 무의미할 때 쓰는 표현이라고 이해하면 돼.

## 한자 문해력 UP!

| | | |
|---|---|---|
| **허언** | 빌 허(虛) + 말 언(言)<br>▶ 진실이 비어 있는 말 | 뜻 사실이 아닌 것을 사실인 것처럼 꾸며 말함 또는 그 말<br>예문 어른들 말씀을 허언으로 듣지 말아야 한다. |
| **허위** | 없을 허(虛) + 거짓 위(僞)<br>▶ 진실이 없고 거짓된 상태 | 뜻 진실이 아닌 것을 진실인 것처럼 조작하는 일<br>예문 그는 성적을 허위로 조작하였다. |
| **허약** | 모자랄 허(虛) + 약할 약(弱)<br>▶ 모자라고 약하다 | 뜻 기력이 튼튼하지 못하고 약함<br>예문 몸이 허약하면 면역력도 떨어지게 마련이다. |

**쓰며 익히자**

| 虛 | | | | | |
|---|---|---|---|---|---|
| 빌 허 | | | | | |

# 活 활

**뜻 |** **살다, 생존하다, 살리다**

**글자 형성 풀이 |** **물 수(氵=水) + 혀 설(舌)**

혀에 물기가 있음은 살아 있다는 증거다.



**일상에서 어떻게 쓰일까?** 옛날에는 금속활자(金屬活字)로 책이나 신문을 만들었어. 네모기둥의 금속 윗면에 문자나 기호를 볼록 튀어나오게 새긴 것을 금속활자라 했는데, 금속으로 만든 살아 있는 글자라는 뜻이었지. 이전의 목판(木版)이 한 번 사용하면 다시 쓸 수 없었던 것에 비해 금속활자는 여러 번 사용할 수 있기에 '살 활(活)'을 써서 활자라고 이름 붙였던 거야.

'재활용'이 중요하다는 사실 다들 알고 있지? 재활용은 **다시 재(再), 살 활(活), 사용할 용(用)**으로 다시 살려서 활용한다는 뜻이야. 낡거나 못 쓰게 된 물건을 용도를 바꾸거나 손질을 가하여 다시 이용하는 일을 일컫는단다.

## 한자 문해력 UP!

| | | |
|---|---|---|
| **활어** | 살 활(活) + 고기 어(魚)<br>▶ 살아 있는 물고기 | 뜻 살아 있는 물고기<br>예문 활어의 공급이 원활하지 않아 횟값이 올랐다. |
| **사활** | 죽을 사(死) + 살 활(活)<br>▶ 죽고 사는 일 | 뜻 죽기와 살기라는 뜻으로, 죽음과 삶의 갈림이 될 만한 중대한 문제를 비유적으로 이르는 말<br>예문 각 기업은 고객 확보에 사활을 걸고 있다. |
| **활성화** | 살 활(活) + 성질 성(性) + 될 화(化)<br>▶ 살아 있는 성질이 되다 | 뜻 사회나 조직 등의 기능이 활발하게 됨<br>예문 경제 활성화를 위한 정책이 요구되고 있다. |

**쓰며 익히자**

| 活 | | | | | | |
|---|---|---|---|---|---|---|
| 살 활 | | | | | | |

# 休 휴

뜻 | 쉬다, 그만두다

글자 형성 풀이 | 사람 인(亻=人) + 나무 목(木)

사람이 나무 옆에서 휴식을 취한다.



**일상에서 어떻게 쓰일까?** 우리가 보통 빨간날이라고 부르는 '공휴일'은 일요일이나 국경일처럼 국가나 사회가 정한 휴일을 이야기하지. 여기서 공휴일은 **공적 공(公), 쉴 휴(休), 날 일(日)**로 공적으로 쉬는 날이라는 뜻이야. 달력에 빨간색으로 표시되어 있어 빨간날이라고도 하지.

학생이 기다리는 게 방학(放學)이라면 직장인이 기다리는 건 '휴가' 아닐까? 휴가는 **쉴 휴(休), 여유있게 지낼 가(暇)**로 쉬면서 여유있게 지낸다는 뜻이란다.

휴전 협정에 따라서 결정된 쌍방의 군사상의 분계선을 '휴전선'이라 하는데 **쉴 휴(休), 전쟁 전(戰), 줄 선(線)**으로 전쟁을 쉬면서 만든 선이라는 뜻이야.

## 한자 문해력 UP!

|  |  |  |
|---|---|---|
| **연휴** | 이을 연(連) + 쉴 휴(休)<br>▶ 이어서 쉬다 | 뜻 이틀 이상 잇달아 이어지는 휴일<br>예문 연휴 동안 여행을 다니며 즐겁게 시간을 보냈다. |
| **휴양** | 쉴 휴(休) + 기를 양(養)<br>▶ 쉬면서 건강을 기르다 | 뜻 편안히 쉬면서, 지치거나 병든 몸과 마음을 회복하고 활력을 되찾음<br>예문 어머니는 퇴직 후 시골 별장에서 휴양하고 계신다. |
| **휴게소** | 쉴 휴(休) + 쉴 게(憩) + 장소 소(所)<br>▶ 쉬는 장소 | 뜻 잠깐 머물러 쉬도록 마련한 장소<br>예문 휴게소에서 간식을 먹으며 잠시 쉬었다. |

## 쓰며 익히자

| 休 | | | | | |
|---|---|---|---|---|---|
| 쉴 휴 | | | | | |

# 사회를 알기 위한 노력

사회생활을 잘하려면 규칙을 잘 지키고, 항상 다른 사람을 배려하는 마음을 지녀야 해.
'사회'란 정확히 어떤 뜻일까? 국어사전에서는 이렇게 정의하고 있어.
'같은 무리끼리 모여 이루는 집단 또는 공동생활을 영위하는 모든 형태의 인간 집단.'
그 예로 가족, 마을, 조합, 계급, 정당, 회사 등을 들고 있지.
'모일 사(社), 모일 회(會)' 사람들이 모여서 웃고 우는 모임이라는 뜻으로 이해하면 어떨까?

# 間 간

뜻 | **사이, 틈, ~하는 동안**

글자 형성 풀이 | **문 문(門) + 태양 일(日)**

문 사이에서 태양을 볼 수 있는 이유는 사이가 벌어져 있기 때문이다.

**일상에서 어떻게 쓰일까?** "순식간에 벌어졌다."라는 표현 쓰지? 어떤 일이 눈 깜짝할 사이에 벌어질 때 이런 표현을 쓰는데, '순식간'은 **눈 깜짝할 순(瞬), 숨 쉴 식(息), 사이 간(間)**으로 눈 한 번 깜짝할 시간, 또는 숨 한 번 쉴 만한 아주 짧은 사이라는 뜻이야. '별안간'도 비슷한 뜻이냐고? 맞아. **언뜻 볼 별(瞥), 눈 안(眼), 사이 간(間)**으로 눈으로 언뜻 볼 수 있는 시간의 사이라는 뜻이니까.

"미간을 찌푸렸다."라고 할 때 '미간'은 **눈썹 미(眉), 사이 간(間)**으로 눈썹 사이라는 뜻이야. '간발의 차이'에서 간발은 **사이 간(間), 머리털 발(髮)**로 머리털 사이라는 뜻이란다.



## 한자 문해력 UP!

| | | |
|---|---|---|
| **간첩** | 사이 간(間) + 염탐할 첩(諜)<br>▶ 사이에서 염탐하다 | 뜻 단체나 국가의 비밀을 몰래 탐지, 수집하여 대립 관계에 놓여 있는 단체나 국가에 제공하는 사람<br>예문 그가 간첩이라는 사실을 믿을 수가 없었다. |
| **세간** | 세상 세(世) + 사이 간(間)<br>▶ 세상 사이 | 뜻 사람들이 살고 있는 사회 또는 사회적 활동을 하는 영역 또는 세상 일반<br>예문 장애인들의 사랑 이야기가 세간의 이목을 끌고 있다. |
| **조만간** | 이를 조(早) + 늦을 만(晩) + 사이 간(間)<br>▶ 이르고 늦은 사이 | 뜻 머지않아, 앞으로 곧<br>예문 조만간 연락을 드리겠습니다. |

## 쓰며 익히자

| 間 | | | | | |
|---|---|---|---|---|---|
| 사이 간 | | | | | |

# 去 거

뜻 | 가다, 버리다, 떠나다

글자 형성 풀이 | 흙 토(土) + 사사로울 사(厶)

흙을 사사롭게 사용하면 그 땅에서 떠나야 한다.



**일상에서 어떻게 쓰일까?** 지위가 높은 사람이나 존경하는 사람의 죽음을 '서거'라고 해. **갈 서(逝), 갈 거(去)**로 저세상으로 간다는 뜻이지. 이 외에도 죽음을 일컫는 말은 다양하단다. '별세'는 **헤어질 별(別), 세상 세(世)**이고, '타계'는 **다를 타(他), 세상 계(界)**야. '운명'은 **죽을 운(殞), 목숨 명(命)**이고, '영면'은 **오래 영(永), 잠잘 면(眠)**으로 오래 잠들게 되었다는 뜻이란다.

'거두절미'라는 말 들어 본 적 있니? 부차적인 설명은 빼어 버리고 사실의 요점만 말할 때 쓰는 표현이야. **버릴 거(去), 머리 두(頭), 끊을 절(截), 꼬리 미(尾)**로 머리(앞부분)를 버리고 꼬리(뒷부분)는 끊어 버린다는 뜻이지.

## 한자 문해력 UP!

| | | |
|---|---|---|
| **거취** | 갈 거(去) + 나아갈 취(就)<br>▶ 가는 일과 나아가는 일 | 뜻 사람이 어디로 가거나 다니거나 하는 움직임의 상태<br>예문 어떤 상황에서든 부모님께 거취를 알려야 한다. |
| **철거** | 거둘 철(撤) + 버릴 거(去)<br>▶ 거두어 없애 버리다 | 뜻 설치되어 있는 건물이나 시설 등을 치움<br>예문 내력벽을 철거하면 안전상의 문제가 생길 수 있다. |
| **분리수거** | 나눌 분(分) + 떼놓을 리(離) + 거둘 수(收) + 갈 거(去)<br>▶ 나누고 떼어서 거두어 가다 | 뜻 쓰레기 재활용품 등을 종류별로 나누어 거두어 감<br>예문 분리수거는 이제 자연스러운 생활이 되었다. |

## 쓰며 익히자

| 去 | | | | | |
|---|---|---|---|---|---|
| 갈 거 | | | | | |

# 擧 거

뜻 | 들다, 들어 올리다, 일으키다

글자 형성 풀이 | 더불 여(與) + 손 수(手)

더불어 손을 합하면 물건을 들 수 있고 어떤 일도 일으킬 수 있다.

일상에서 어떻게 쓰일까? 찬성과 반대의 의사 표시를 하기 위하여 손을 위로 들어 올리는 일을 '거수'라고 해. 오른손을 들어 올려서 하는 경례인 '거수경례'의 '거수'와 같은 뜻이야. **들 거(擧), 손 수(手)**로 손을 들어 올리는 것을 말하지.

옛날 중국과 우리나라에서 관리 채용 시험 제도로서 보던 시험을 '과거'라고 했어. **과목 과(科), 들어 올릴 거(擧)**야. 시험 과목을 정해서 인재를 뽑아 관리로 들어 올린다는 뜻이었지. 과거제 이전에는 천거제였어. **추천할 천(薦), 들어 올릴 거(擧), 제도 제(制)**로 신분과 혈통으로 추천을 받아 관리를 선발한 제도였단다.

## 한자 문해력 UP!

| | | |
|---|---|---|
| **일거** | 하나 일(一) + 들 거(擧)<br>▶ 한 번에 들어 올리다 | 뜻 한 번의 동작 또는 한 번 일을 벌임<br>예문 문제를 일거에 해결하려는 욕심을 버려야 한다. |
| **거사** | 들 거(擧) + 일 사(事)<br>▶ 일을 들어 올리다 | 뜻 큰일을 일으킴<br>예문 이 돈은 거사 자금이니 잘 관리해야 합니다. |
| **열거** | 여러 열(列) + 들 거(擧)<br>▶ 여러 가지를 들어 올리다 | 뜻 여러 가지 예나 사실 등을 죽 늘어놓음<br>예문 단순한 열거만으로는 설득하기 어렵다. |

## 쓰며 익히자

| 擧 | | | | | |
|---|---|---|---|---|---|
| 들 거 | | | | | |

# 結 결

뜻 | 맺다, 묶다, 매듭

글자 형성 풀이 | 실 사(糸) + 길할 길(吉)

길한 것은 실로 묶어 두어야 한다.



**일상에서 어떻게 쓰일까?** '결자해지'라는 말 들어 본 적 있지? **맺을 결(結), 사람 자(者), 풀 해(解), 그것 지(之)**를 쓴단다. 맺은 사람이 그것을 풀어야 한다는 뜻이지. 일을 저지른 사람이 그 일을 해결해야 한다는 이야기야. 시작한 사람이 마땅히 끝까지 책임을 져야 한다는 의미로 사용되고 있어.

결(結)은 맺고, 모으고, 묶는 일에 많이 쓰여. 말이나 글의 끝을 맺는다는 결론(結論), 어떤 일에 대한 마무리를 일컫는 결말(結末), 식물이 열매를 맺거나 어떤 일의 결과가 잘 맺어짐을 일컫는 결실(結實), 완전하게 끝을 맺는 일인 완결(完結) 등이 그것이란다.

## 한자 문해력 UP!

**결연**
맺을 결(結) + 인연 연(緣)
▶ 인연을 맺음
뜻 서로 인연을 맺음 또는 그런 관계
예문 우리 회사는 섬마을 학교와 결연되어 있다.

**결탁**
맺을 결(結) + 맡길 탁(託)
▶ 약속을 맺고 맡김
뜻 주로 나쁜 일을 꾸미려고 서로 짜고 한통속이 됨
예문 부정한 권력과의 결탁은 비난받아 마땅하다.

**응결**
엉길 응(凝) + 맺을 결(結)
▶ 엉겨서 맺힘
뜻 한데 엉겨서 맺힘
예문 나의 팔목에 흐르던 피가 응결되어 굳었다.

## 쓰며 익히자

| 結 | | | | | |
|---|---|---|---|---|---|
| 맺을 결 | | | | | |

# 敬 경

뜻 | **공경, 예, 정중하다**

글자 형성 풀이 | **풀 초(艹) + 글귀 구(句) + 攵(칠 복)**

풀(막대)로 글귀를 쳐서 가리키면 공경하는 마음이 생긴다.

일상에서 어떻게 쓰일까? "경의를 표한다."는 말 들어 봤을 거야. '경의'는 **공경 경(敬), 뜻 의(意)**로 공경의 뜻을 의미해. 존경심을 나타낼 때 쓰이지. '공경'이 무슨 뜻이냐고? **공손할 공(恭), 정중할 경(敬)**으로 공손하고 정중하게 받들어 모시는 것을 말해. '경례'는 알고 있지? **공경 경(敬), 예절 례(禮)**로 공경을 표현하는 예절이야. 상대방 또는 대상에게 경의를 표하기 위해 사용하는 동작인 거지.

'불경죄'라는 말이 있어. **아니 불(不), 공경할 경(敬), 죄 죄(罪)**로 공경하지 아니한 죄라는 뜻이야. 존경해야 할 사람이나 사물에 대해 불손한 말이나 행동을 한 죄를 말한단다.

사회 | 05

## 한자 문해력 UP!

|  |  |  |
|---|---|---|
| **경어** | 공경 경(敬) + 말 어(語)<br>▶ 공경을 담은 말 | 뜻 공경의 뜻을 나타내기 위해 사용하는 말<br>예문 경어 사용은 상대방에 대한 존경의 표현이다. |
| **경외감** | 공경 경(敬) + 두려워할 외(畏) + 감정 감(感)<br>▶ 공경하고 두려워하는 감정 | 뜻 공경하고 두려워하는 마음<br>예문 친구의 행동은 경외감마저 느끼도록 하였다. |
| **경천애인** | 공경할 경(敬) + 하늘 천(天) + 사랑할 애(愛) + 사람 인(人)<br>▶ 하늘을 공경하고 사람을 사랑함 | 뜻 하늘을 숭배하고 사람을 사랑함<br>예문 옛 선비들은 경천애인의 태도를 지도자의 기본적인 자질로 삼았다. |

## 쓰며 익히자

| 敬 | | | | | |
|---|---|---|---|---|---|
| 공경 경 | | | | | |

# 競 경

뜻 | 다투다, 겨루다

글자 형성 풀이 | 설 립(立) + 맏 형(兄) + 설 립(立) + 맏 형(兄)

형이 서고 또 다른 형이 서면 다투게 된다.

**일상에서 어떻게 쓰일까?** 선의의 '경쟁' 좋아하니? 삶에서 경쟁은 피할 수 없는 것이기도 하지. 경쟁은 **다툴 경(競), 다툴 쟁(爭)**으로 서로 이기기 위해 다투고 겨루는 것을 의미해.

경(競)은 이렇게 서로 겨루는 일에 많이 쓰여. 노래 경연대회, 미술 경연대회, 요리 경연대회 등등 예술이나 기능 등을 겨루는 일을 '경연'이라 하는데 **다툴 경(競), 펼칠 연(演)**으로 실력을 펼쳐서 다툰다는 뜻이야. 또 둘 이상의 후보가 경쟁하는 선거를 '경선'이라고 하지. **다툴 경(競), 가릴 선(選)**으로 다투어서 가린다는 뜻을 가지고 있어.



## 한자 문해력 UP!

| | | |
|---|---|---|
| **경매** | 다툴 경(競) + 팔 매(賣)<br>▶ 다투도록 만들어서 판매하다 | 뜻 어떤 물건을 사려는 사람이 여럿일 때, 값을 제일 높게 부른 사람에게 파는 일<br>예문 경매로 땅의 처분은 쉽게 이루어졌다. |
| **경합** | 겨룰 경(競) + 합할 합(合)<br>▶ 모두 모여서 겨루는 일 | 뜻 서로 맞서 겨룸<br>예문 입주자 대표 선출에 여러 후보가 경합하였다. |
| **경기** | 겨룰 경(競) + 재주 기(技)<br>▶ 재주를 겨루는 일 | 뜻 일정한 규칙을 정한 후 운동이나 기술, 기량 등을 겨루어 누가 잘하는지 우열을 가림<br>예문 구경하는 것보다 경기에 참여하는 게 더 재밌다. |

## 쓰며 익히자

| 競 | | | | | |
|---|---|---|---|---|---|
| 다툴 경 | | | | | |

뜻 | **함께, 모두**

글자 형성 풀이 | **함께 공(共)**

어떤 물건을 두 사람이 함께 들고 있는 모습을 본뜬 글자다. 두 사람이 물건을 드는 것은 다 같이 함께한다는 뜻이다.

**일상에서 어떻게 쓰일까?** 공산주의에서 '공산'은 **함께 공(共), 낳을 산(産)**으로 함께 생산한다는 뜻이야. 모든 재산과 생산 수단을 함께 소유하여 고르게 분배하자는 정치 이념이지. 이렇게 하면 불평등한 계급의 차이를 없앨 수 있다고 생각했지만, 인간의 이기심과 부패한 권력, 평등보다 자유를 추구하는 인간의 심리 때문에 결국 실패하고 말았어.

'공공장소', '공공요금'에서 '공공'은 **공평할 공(公), 함께 공(共)**이야. 국가나 사회 구성원 모두에게 관계된 것을 뜻하지. 아파트를 공동 주택이라고 하는데 '공동'은 **함께 공(公), 같을 동(同)**이야. 둘 이상의 사람이 같은 조건이나 자격으로 관계를 가진다는 뜻이지.

## 한자 문해력 UP!

| | | |
|---|---|---|
| **공존** | 함께 공(共) + 있을 존(存)<br>▶ 함께 있다 | 뜻 두 가지 이상의 사물이나 현상이 함께 존재함<br>예문 이스탄불은 동서양 문화의 공존을 볼 수 있는 곳이다. |
| **공범** | 함께 공(共) + 범할 범(犯)<br>▶ 함께 죄를 범하다 | 뜻 두 사람 이상이 짜거나 다른 사람을 도와 함께 범죄를 저지르는 일<br>예문 방관자도 공범이라고 볼 수 있을까? |
| **공모** | 함께 공(共) + 꾀할 모(謀)<br>▶ 함께 꾀하다 | 뜻 두 사람 이상이 공동으로 불법적인 행위를 합의하거나 범죄의 실행을 모의하는 일<br>예문 경찰은 두 사람의 공모 여부를 집중 조사하고 있다. |

**쓰며 익히자**

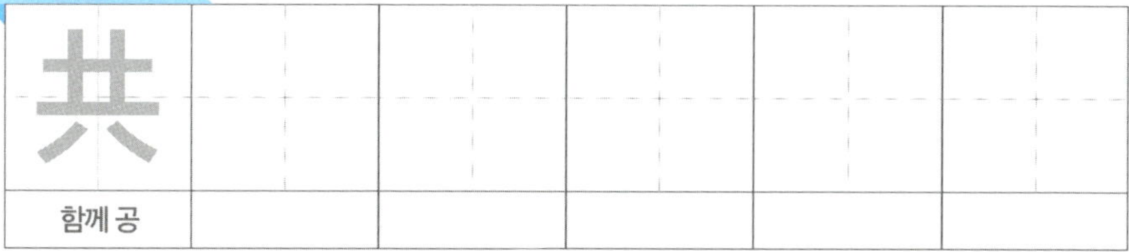

# 課 과

뜻 | **공부하다, 매기다, 부과하다**

글자 형성 풀이 | **말씀 언(言) + 열매 과(果)**

말의 열매는 공부다.

**일상에서 어떻게 쓰일까?** 과외 수업을 받으면 성적이 오를 거라 기대하는 학생들이 많아. 과연 그럴까? 학습은 배우고 익히는 일인데 과외를 받게 되면 익힘의 시간이 줄어들게 되어 실력을 쌓을 수 없게 될지도 몰라. 학교의 정규 수업 외에 행하는 배움이나 가르침을 '과외'라 하는데 **공부할 과(課), 바깥 외(外)**로 정규 교육 바깥에서 공부한다는 뜻이야.

과(課)에는 매긴다는 뜻도 있는데, 세금을 매기는 것을 '세금 세(稅)'를 써서 과세(課稅)라고 해. 날마다 규칙적으로 하는 일은 '날 일(日)'을 써서 일과(日課)라고 하지. 하여야 하는 일이나 임무는 '일 업(業)'을 써서 과업(課業)이라 한단다.



## 한자 문해력 UP!

| | | |
|---|---|---|
| **과정** | 매길 과(課) + 정도 정(程)<br>▶ 매겨진(주어진) 정도 | 뜻 일정 기간에 교육하거나 학습해야 할 과목의 내용과 분량<br>예문 중학교 과정을 잘 마쳐야 고등학교 과정도 잘할 수 있다. |
| **공과금** | 공적 공(公) + 부과할 과(課) + 돈 금(金)<br>▶ 공적으로 부과되는 돈 | 뜻 국가나 공공 단체가 국민에게 공적(公的)으로 부과하는 금전적 부담<br>예문 주민들의 납부 편의를 위해서는 각종 공과금의 고지서를 통합해야 한다. |
| **중과세** | 무거울 중(重) + 부과할 과(課) + 세금 세(稅)<br>▶ 무겁게 부과되는 세금 | 뜻 보통 세금의 비율보다 더 많이 부과하는 세금<br>예문 정부는 불로소득에 대하여 중과세하여 공평 과세와 재정 확보를 기하겠다고 발표했다. |

## 쓰며 익히자

| 課 | | | | | |
|---|---|---|---|---|---|
| 공부할 과 | | | | | |

# 關 관

뜻 | 관계하다, 빗장, 관문

글자 형성 풀이 | 문 문(門) + 실 사(絲) + 쌍상투 관(丱)

문에 실을 걸어 쌍상투를 만드는 것은 관계를 맺기 위함이다.

**일상에서 어떻게 쓰일까?** '관계'는 **관계할 관(關), 이을 계(係)**야. 관계하여 이어 준다는 뜻이지. 둘 또는 여러 대상이 서로 연결되어 얽혀 있다는 뜻으로도 쓰이고, 사람들 사이의 연결성이라는 뜻으로도 쓰여. 여러 대상이 서로 연결되는 구체적인 양상이라는 뜻으로도 쓰인단다.

건물의 주된 출입구나 문간, 또는 그곳에 있는 문을 '현관'이라 하지? **검을 현(玄), 관문 관(關)**이란다. 현(玄)은 깊고 오묘하다는 뜻으로도 쓰여. 관(關)은 관문, 출입구, 경계라는 의미로 쓰였지. 그러니까 현관은 깊고 오묘한 곳으로 들어가는 출입구라는 뜻이야. 새로운 공간으로 들어가는 문이라고 이해하면 좋을 것 같아.



## 한자 문해력 UP!

| | | |
|---|---|---|
| **관절** | 관계할 관(關) + 마디 절(節)<br>▶ 관계를 맺어 주는 마디 | 뜻 두 개 또는 그 이상의 서로 인접한 뼈가 움직일 수 있도록 연결되어 있는 부분<br>예문 관절 질환을 예방하려면 꾸준한 운동을 해야 한다. |
| **난관** | 어려울 난(難) + 관문 관(關)<br>▶ 어려운 관문 | 뜻 넘기기 어려운 일이나 고비<br>예문 누구나 살면서 많은 난관과 역경에 처하게 된다. |
| **관세** | 관문 관(關) + 세금 세(稅)<br>▶ 관문을 통과하기 위한 세금 | 뜻 국경을 통과해 들어오는 상품에 대해 부과하는 조세<br>예문 정부는 수입 상품에 높은 관세를 부과하여 수입을 제한하기로 하였다. |

## 쓰며 익히자

| 關 | | | | | |
|---|---|---|---|---|---|
| 관계할 관 | | | | | |

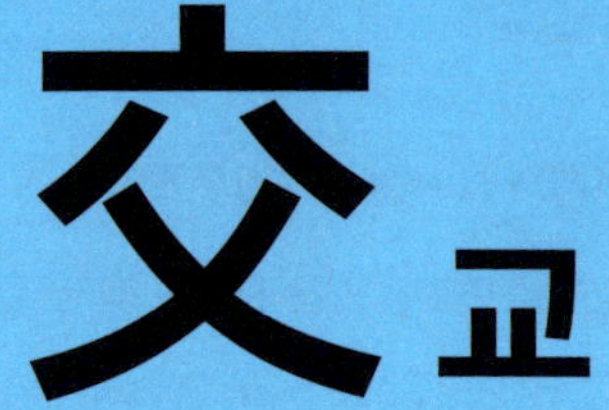

뜻 | **사귀다, 오가다, 주고받다, 섞이다**

글자 형성 풀이 | **사귈 교(交)**

양다리를 꼬고 앉아 있는 모습을 그린 글자다.
양다리를 꼬고 서로 마주 앉아 대화를 나누는 것이 사귀는 일이다.

**일상에서 어떻게 쓰일까?** "갑과 을이 서로 사귄다."를 "갑과 을이 서로 교제한다."라고도 하지? '교제'는 **사귈 교(交), 만날 제(際)**로 사귀고 만난다는 뜻이야. 남녀의 사귐을 이성 교제라 하는데 '이성'은 **다를 이(異), 성 성(性)**으로 성별이 다르다는 뜻이지.

'교감 신경' 에서 '교감'은 **사귈 교(交), 느낄 감(感)**인데 사귄다는 의미보다는 오고 가며 느낀다는 뜻으로 이해하면 좋아. '신경'은 **정신 신(神), 지날 경(經)**으로 정신이 지나간다는 뜻이야. 몸의 각종 변화를 중추에 전달하고 중추로부터의 자극을 몸의 각 부분으로 전달하는 기관을 의미할 때도 쓰이지. 부교감 신경의 '부'는 '버금 부(副)'를 사용한단다.



## 한자 문해력 UP!

| | | |
|---|---|---|
| **수교** | 닦을 수(修) + 사귈 교(交)<br>▶ 닦으며 사귀다 | 뜻 나라와 나라 사이에 교제를 맺음<br>예문 이번 수교를 계기로 외교의 새 지평이 열렸다. |
| **교섭** | 주고받을 교(交) + 건널 섭(涉)<br>▶ 주고받으며 건너가다 | 뜻 어떤 일을 이루기 위해 서로 의논하고 절충함<br>예문 분쟁 해결을 위한 최고의 방법은 당사자 간 직접 교섭이다. |
| **교향곡** | 섞일 교(交) + 울림 향(響) + 가락 곡(曲)<br>▶ 섞여서 울리는 가락 | 뜻 관현악으로 연주되며 여러 악장으로 된 소나타 형식의 규모가 큰 악곡<br>예문 나는 느리면서도 장중한 교향곡을 좋아한다. |

### 쓰며 익히자

| 交 | | | | | |
|---|---|---|---|---|---|
| 사귈 교 | | | | | |

# 矯 교

뜻 | 바로잡다

글자 형성 풀이 | 화살 시(矢) + 높을 교(喬)

화살을 사용하면 높은 곳에 있는 것도 바로잡을 수 있다.

**일상에서 어떻게 쓰일까?** 죄지은 사람을 가두어 두는 장소를 '교도소'라고 하지. **바로잡을 교(矯), 이끌 도(導), 장소 소(所)**로 잘못을 저지른 사람을 바로잡아서 좋은 길로 이끄는 장소라는 뜻이란다. 교도소는 단순히 죄의 대가를 치르도록 하는 장소가 아니라 새로운 사람으로 거듭나도록 도와주는 장소라고 이해하면 좋아. 교도소에서 일을 맡아보는 공무원을 교도관(矯導官)이라고 하지.

지금의 교도소는 예전에 '형무소'라고 불렀어. **형벌 형(刑), 의무 무(務), 장소 소(所)**로 형벌을 받아야 하는 의무를 이행하는 장소라는 뜻이었지.

사회 | 11

## 한자 문해력 UP!

|  |  |  |
|---|---|---|
| **교정** | 바로잡을 교(矯) + 바를 정(正)<br>▶ 바르게 바로잡다 | 뜻 틀어지거나 잘못된 것을 바로잡음<br>예문 내 교정 시력은 좌는 1.0이고 우는 0.8이다. |
| **교각살우** | 바로잡을 교(矯) + 뿔 각(角) + 죽일 살(殺) + 소 우(牛)<br>▶ 뿔을 바로잡으려다 소를 죽이다 | 뜻 흠을 고치려다가 정도가 지나쳐 오히려 일을 그르침<br>예문 그것은 교각살우의 어리석은 행동이야. |
| **교왕과직** | 바로잡을 교(矯) + 굽을 왕(枉) + 그르칠 과(過) + 곧을 직(直)<br>▶ 굽은 것을 바로잡으려다 곧은 것을 그르치다 | 뜻 잘못을 바로잡으려다가 지나쳐서 오히려 더 나쁘게 됨<br>예문 교왕과직이라 했으니 이 정도에서 만족하자. |

## 쓰며 익히자

| 矯 | | | | | |
|---|---|---|---|---|---|
| 바로잡을 교 | | | | | |

# 救 구

뜻 | **구원하다, 건지다**

글자 형성 풀이 | **구할 구(求) + 칠 복(攵)**

자신을 구하기 위하여 쳐서 반성하면 구원을 받을 수 있다.

**일상에서 어떻게 쓰일까?** 배에 탑승할 때는 만약의 사태를 대비하여 반드시 구명동의를 착용해야 해. '구명동의'는 **구원할 구(救), 목숨 명(命), 몸통 동(胴), 옷 의(衣)**로 목숨을 구하기 위하여 몸통에 입은 옷이라는 뜻이야. 사고로 인해 물에 빠졌을 때, 그 부력에 의해 사람이 물 위에 뜰 수 있도록 만들어진 인명의 안전을 위한 기구지.

사람을 구하고 돕는 일을 '구조'라 하는데 **구원할 구(救), 도울 조(助)**로 구해 주고 도와준다는 뜻이야. '자구책'이 필요하다는 말 들어 보았지? **자신 자(自), 구원할 구(救), 꾀 책(策)**으로 자신을 구하는 꾀라는 의미란다.



## 한자 문해력 UP!

| | | |
|---|---|---|
| **구국** | 구원할 구(救) + 나라 국(國)<br>▶ 나라를 구하다 | 뜻 위태롭게 된 나라를 구함<br>예문 전봉준은 각 지방의 동학 조직을 통해 구국의 항전을 펼쳤다. |
| **구호** | 구원할 구(救) + 보호할 호(護)<br>▶ 구해 주고 보호하다 | 뜻 재난이나 재해로 어려움을 만난 사람을 도와 보호함<br>예문 이것은 국제 구호 기관에서 보내온 구제품이다. |
| **제폭구민** | 없앨 제(除) + 사나울 폭(暴) + 구원할 구(救) + 백성 민(民)<br>▶ 사나움을 물리치고 백성을 구하다 | 뜻 포악한 것을 물리치고 어려움에 처한 백성을 구함<br>예문 동학 농민군의 봉기는 제폭구민을 위한 것이었다. |

## 쓰며 익히자

# 舊 구

뜻 | **옛날, 오래**

글자 형성 풀이 | **풀 초(艹) + 새 추(隹) + 절구 구(臼)**

풀밭에서 새가 절구질하는 것은 옛날부터의 습관이다.

**일상에서 어떻게 쓰일까?** 이전의 세대를 구세대(舊世代)라고 하고 예전의 방식을 구식(舊式)이라고 해. 묵은해를 보내고 새해를 맞이하는 일은 **보낼 송(送), 옛 구(舊), 맞이할 영(迎), 새로울 신(新)**을 써서 '송구영신'이라고 하지.

옛것을 버리고 새것을 맞이하는 것은 좋은 일이지만 오래될수록 좋은 것도 있어. 친구라는 존재가 그렇지. 옷은 새것이 좋지만 사람은 오래 사귄 친구가 좋다고 하잖아. '친구'는 **친할 친(親), 오랠 구(舊)**야. 친하게 오랫동안 함께 지낸 사람이라는 뜻이지. 친한 친구를 일컫는 말에는 관포지교(管鮑之交), 지란지교(芝蘭之交), 금란지교(金蘭之交) 등이 있단다.



## 한자 문해력 UP!

| | | |
|---|---|---|
| **복구** | 돌아올 복(復) + 옛 구(舊)<br>▶ 옛것으로 돌아오다 | 뜻 손상되기 이전의 상태로 회복되게 함<br>예문 컴퓨터 시스템 복구가 쉽지 않았다. |
| **수구** | 지킬 수(守) + 옛 구(舊)<br>▶ 옛날의 것을 지키다 | 뜻 옛 제도나 관습을 그대로 지키고 따름<br>예문 수구 세력은 기득권을 지키기 위해 개혁을 거부한다. |
| **구한말** | 옛 구(舊) + 대한제국 한(韓) + 끝 말(末)<br>▶ 옛날 대한제국의 끄트머리 | 뜻 대한제국의 시기. 1897년에서 1910년까지를 이름<br>예문 커피가 우리나라에 처음 들어온 것은 구한말이라고 알려져 있다. |

## 쓰며 익히자

| 舊 | | | | | | |
|---|---|---|---|---|---|---|
| 옛 구 | | | | | | |

# 軍 군

뜻 | **군사, 군대**

글자 형성 풀이 | **덮을 멱(冖) + 수레 거(車)**

수레를 덮어 군사력을 숨길 수 있어야 진정한 군사라 할 수 있다.



일상에서 어떻게 쓰일까? 이순신 장군이 '백의종군'했다는 사실은 알고 있지? '백의'는 **흰 백(白), 옷 의(衣)**로 흰옷이라는 뜻이야. 옛날 평민들이 흰옷을 입어서 백의는 평민을 상징한단다. '종군'은 **좇을 종(從), 군대 군(軍)**으로 군대를 쫓아다니면서 전쟁에 참여한다는 뜻이야. 그러니까 직위 없이 군대를 따라 싸움터로 나가는 일이 백의종군인 거지. 종군기자(從軍記者)는 뭐냐고? 참혹한 전쟁터에 가서 전쟁 상황을 널리 알리는 기자를 종군기자라고 해.

의로운 마음으로 용감하게 싸우는 군대라서 의용군(義勇軍)이고, 전쟁에 대비하여 미리 준비된 군대라서 예비군(豫備軍)이며, 반란을 일으킨 군대라서 반군(叛軍)이라고 해.

## 한자 문해력 UP!

| | | |
|---|---|---|
| **군정** | 군사 군(軍) + 정사 정(政)<br>▶ 군인이 정사를 보다 | 뜻 전쟁이나 사변 중에 점령 지역의 군사령관이 임시로 행하는 통치 행위<br>예문 군정의 종식이 당시 지식인들의 열망이었다. |
| **군축** | 군사 군(軍) + 오그라들 축(縮)<br>▶ 군사를 오그라들게 하다 | 뜻 '국비 축소'를 줄여 쓰는 말. 국가 간 평화를 유지하고 부담을 덜기 위해 군사 시설이나 장비를 줄이는 일<br>예문 양측은 전문가를 배석하여 군축 문제에 대해 논의했다. |
| **의용군** | 옳을 의(義) + 용감할 용(勇) + 군사 군(軍)<br>▶ 의롭고 용감한 군사 | 뜻 국가나 사회의 위급 상황에서 민간인의 자발적 참여로 조직되는 군대 또는 그런 군대의 군인<br>예문 많은 백성이 의용군에 자발적으로 참여하기 시작했다. |

## 쓰며 익히자

| 軍 | | | | | |
|---|---|---|---|---|---|
| 군사 군 | | | | | |

# 權 권

**뜻 |** 권세, 권력, 권리, 저울추

**글자 형성 풀이 |** 나무 목(木) + 황새 관(雚)

나무 위에 황새가 앉아 있다. 아름답고 당당한 자태로 기품 있는 새로 알려진 황새는 권력과 권리를 나타낸다.

**일상에서 어떻게 쓰일까?** 권(權)의 원래 뜻은 저울추였다고 해. '저울추'는 저울대 한쪽에 걸거나 저울판에 올려놓는 일정한 무게의 쇠야. 양쪽이 같은 무게일 때 평형을 유지하기 때문에 권력의 형평성을 상징하는 말로도 쓰이고 있지. 권력은 저울추처럼 언제 어디서나 누구에게나 일정하고 공정하게 적용되어야 한다는 의미로 이해하면 좋을 것 같아.

'삼권분립'에서 삼권(三權)은 입법, 사법, 행정의 세 가지 권력이야. 세 가지 권력을 분리하여 서로 견제하게 함으로써 권력의 남용을 막고, 국민의 권리와 자유를 보장하는 국가 조직의 원리란다.



## 한자 문해력 UP!

| | | |
|---|---|---|
| **정권** | 정사 정(政) + 권력 권(權)<br>▶ 정사를 이끌어 가는 권력 | 뜻 정부를 구성하여 나라를 경영할 수 있는 권력<br>예문 그들의 목표는 정권을 잡는 것이었다. |
| **복권** | 회복할 복(復) + 권리 권(權)<br>▶ 권리를 회복하다 | 뜻 법률상 일정한 자격이나 권리를 한 번 상실한 사람에게 그 자격이나 권리를 회복하게 함<br>예문 복권을 받게 되면 새롭게 시작해야 한다. |
| **유권자** | 있을 유(有) + 권리 권(權) + 사람 자(者)<br>▶ 권리가 있는 사람 | 뜻 선거권을 가진 사람<br>예문 나라의 미래는 유권자들의 선택에 달려 있다. |

## 쓰며 익히자

| 權 | | | | | | |
|---|---|---|---|---|---|---|
| 권세 권 | | | | | | |

# 規 규

뜻 | **법, 규정, 법칙**

글자 형성 풀이 | **대장부 부(夫) + 볼 견(見)**

대장부가 바르게 보아야 하는 것은 법과 규정이다.



일상에서 어떻게 쓰일까? '정규직'과 '비정규직'의 차이를 알고 있니? 정식으로 맡은 직위나 직책을 정규직이라 하고, 근로 방식, 근로 시간, 고용의 지속성 등에서 정식으로 채용되지 않은 직업을 비정규직이라 해. 정규직은 **정식 정(正), 규정 규(規), 직책 직(職)**으로 정식 규정에 따른 직책이라는 뜻이고, 비정규직은 여기에 '아닐 비(非)'를 덧붙이고 있지.

규(規)는 법이나 규정, 법칙이라는 뜻으로 많이 쓰인단다. 어떤 일을 고정된 규칙이나 방침으로 정한 것을 규정(規定)이라 하고, 어떤 일이나 현상이 일정한 규칙이나 질서에 따라 나타나는 것을 규칙적(規則的)이라고 해.

## 한자 문해력 UP!

| | | |
|---|---|---|
| **규제** | 법 규(規) + 누를 제(制)<br>▶ 법으로 누르다 | 뜻 규칙이나 법령, 관습 등으로 일정한 한도를 정하여 그 이상을 넘지 못하도록 제한함<br>예문 부정부패를 근절하기 위해서는 법을 개정해서라도 강력한 규제를 가해야 한다. |
| **규율** | 규정 규(規) + 법 율(律)<br>▶ 규정으로 만든 법 | 뜻 한 사회나 조직체의 질서와 제도를 유지하기 위하여 정해 놓은 행위의 준칙<br>예문 국가는 국민에게 일정 정도의 질서와 규율을 힘으로 강제한다. |
| **규격품** | 규정 규(規) + 바로잡을 격(格) + 물건 품(品)<br>▶ 규정으로 통일되게 바로잡아 놓은 물건 | 뜻 치수, 모양, 질 등을 통일된 규격에 맞추어 만든 물품<br>예문 손으로 빚은 도자기에 동일한 규격품이란 있을 수가 없다. |

## 쓰며 익히자

| 規 | | | | | | |
|---|---|---|---|---|---|---|
| 법 규 | | | | | | |

# 期 기

뜻 | **기약하다, 때, 기간**

글자 형성 풀이 | **그 기(其) + 달 월(月)**

그 달을 보면서 약속하고 기다린다.

**일상에서 어떻게 쓰일까?** "사춘기에 들어섰다."고 말하지. '사춘기 소녀'라고도 하고. 신체적으로는 2차 성징이 나타나고, 정신적으로는 자아의식이 높아지는 시기. 그러니까 심신 양면으로 성숙기에 접어드는 시기를 '사춘기'라고 해.

사춘기는 **생각 사(思), 봄 춘(春), 기간 기(期)**로 봄을 생각하는 시기라고 이해하는 사람도 있는데, 여기서 쓰이는 춘(春)은 봄이 아닌, 남녀의 연정을 뜻해. 사춘기는 남녀가 사랑을 느끼기 시작하는 시기인 거야. 사춘기를 잘 보내려면 부모님이나 선생님과 소통을 자주하고, 일기도 쓰면서 독서와 운동을 하는 게 좋단다.



## 한자 문해력 UP!

| | | |
|---|---|---|
| **만기** | 꽉 찰 만(滿) + 때 기(期)<br>▶ 때가 꽉 차다 | 뜻 정해진 기한이 다 참 또는 그 기한<br>예문 형은 육군에서 만기 복무를 하고 예비역으로 전역했다. |
| **연기** | 늘일 연(延) + 때 기(期)<br>▶ 때를 늘이다 | 뜻 정해진 기한을 뒤로 미룸<br>예문 더 이상의 연기는 안 됩니다. |
| **획기적** | 그을 획(劃) + 기간 기(期) + 어조사 적(的)<br>▶ 기간을 구별하는 줄을 긋다 | 뜻 새로운 시기를 열어 놓을 만큼 이전의 것과 뚜렷이 구분되거나 두드러짐<br>예문 인공 지능의 개발은 우리 생활을 획기적으로 변화시키고 있다. |

## 쓰며 익히자

| 期 | | | | | |
|---|---|---|---|---|---|
| 기약할 기 | | | | | |

# 團 단

뜻 | 둥글다, 모이다, 단체, 통치하다

글자 형성 풀이 | 나라 국(囗) + 오로지 전(專)

나라가 오로지 힘써야 하는 것은 국민이 둥글게 모여 한 덩어리가 되는 일이다.

**일상에서 어떻게 쓰일까?** 4차 산업 혁명 관련 기술 사절단이 우리나라를 방문했다는 뉴스 봤니? 문화 사절단이 유럽 순회공연을 마치고 돌아왔다는 뉴스는? '사절단'은 **사명 사(使), 행사 절(節), 단체 단(團)**을 써. 주어진 사명을 띠고 행사를 진행하는 단체라는 뜻이지. 국가나 정부를 대표하여 일정한 사명을 띠고 외국에 파견되는 사람들로 이루어진 단체를 일컫는단다.

단(團)은 집단(集團), 공단(工團), 재단(財團), 극단(劇團), 단원(團員), 합창단(合唱團) 등에서는 단체라는 뜻이지만, 규칙이나 법령, 명령 등을 어기지 않게 통제한다는 단속(團束)에서는 통치한다는 뜻이란다.



## 한자 문해력 UP!

|  |  |  |
|---|---|---|
| **단지** | 모일 단(團) + 지역 지(地)<br>▶ 모인 지역 | 뜻 주택, 공장, 작물 재배지 등을 계획적이고 집단적으로 만들어 놓은 곳<br>예문 단지 내에 상가가 많아서 시장까지 갈 필요가 없다. |
| **단속** | 통치할 단(團) + 묶을 속(束)<br>▶ 통치하고 묶다 | 뜻 규칙, 법령, 명령 등을 어기지 않게 통제함<br>예문 단속도 중요하지만, 예방이 더 중요한 것 아닌가요? |
| **이적단체** | 이로울 이(利) + 적 적(敵) + 모일 단(團) + 몸 체(體)<br>▶ 적을 이롭게 하는 모임 | 뜻 국가의 존립이나 안전 등의 민주적인 기본 질서를 위태롭게 하는 단체<br>예문 그 집단을 이적단체로 규정하는 것은 잘못이다. |

## 쓰며 익히자

| 團 | | | | | |
|---|---|---|---|---|---|
| 둥글 단 | | | | | |

# 待 대

뜻 | **기다리다, 대접하다, 대우하다**

글자 형성 풀이 | **조금 걸을 척(彳) + 절 사(寺)**

조금씩 걸으면서 절에 가는 이유는 기다리는 사람이 있기 때문이다.

**일상에서 어떻게 쓰일까?** 대합실에 앉아 기차나 버스를 기다려 본 적 있을 거야. 병원이나 역, 공항 등에서 손님이나 승객이 편하게 기다리도록 마련해 둔 곳을 '대합실'이라고 해. **기다릴 대(待), 합할 합(合), 집 실(室)**이란다. 기다리는 사람들이 모여 있는 집이라는 뜻이지. '대기실'도 있는데 **기다릴 대(待), 기회 기(機), 집 실(室)**로 기회를 기다리는 집이라는 뜻이야.

대(待)는 대접하다는 뜻으로도 쓰인단다. 불러서 대접함을 '부를 초(招)'를 써서 초대(招待)라 하고 특별히 잘 대우함을 '넉넉할 우(優)'를 써서 우대(優待)라고 하지. 반갑게 맞아 후하게 대접함은 '기쁠 환(歡)'을 써서 환대(歡待)라고 한단다.

사회 | 19

## 한자 문해력 UP!

|  |  |  |
|---|---|---|
| **학대** | 사나울 학(虐) + 대우할 대(待)<br>▶ 사납게 대우하다 | 뜻 몹시 괴롭히고 가혹하게 대우함<br>예문 어린 시절 당한 학대가 그를 괴물로 만든 것 같았다. |
| **냉대** | 찰 냉(冷) + 대우할 대(待)<br>▶ 차갑게 대하다 | 뜻 정이 없이 차갑게 대함 또는 그러한 대접<br>예문 조선시대 서얼은 사회적 냉대를 받았기 때문에 반란이나 당쟁에 가담하는 경우가 많았다. |
| **박대** | 엷을 박(薄) + 대우할 대(待)<br>▶ 엷게 대하다 | 뜻 정성을 들이지 않고 아무렇게나 맞이함<br>예문 찾아온 손님에 대한 박대는 언젠가 자신에게 재앙으로 돌아올 수 있다. |

## 쓰며 익히자

| 待 | | | | | |
|---|---|---|---|---|---|
| 기다릴 대 | | | | | |

# 獨 독

뜻 | 홀로, 혼자, 오직

글자 형성 풀이 | 개 견(犭) + 애벌레 촉(蜀)

개와 애벌레는 홀로 생활한다.

**일상에서 어떻게 쓰일까?** 고독을 느껴 본 적 있니? 고독을 즐길 수 있어야 성장이 빠르단다. 오롯이 집중할 수 있고, 주변 방해 요소에 신경 쓰지 않을 수 있기 때문이지. 세상에 홀로 떨어져 있는 듯 매우 외롭고 쓸쓸한 감정을 '고독'이라 하는데 **외로울 고(孤), 홀로 독(獨)**을 쓴단다.

독(獨)은 주로 혼자 하는 것을 의미해. 혼자 사는 것을 독거(獨居)라 하고, 선생님에게 배우지 않고 혼자 하는 공부를 독학(獨學)이라 하지. 혼자 하는 말은 독백(獨白)이라고 하는데, 보통 연극 무대에서 배우가 상대역 없이 혼자 말하는 행위를 말해. 단독(單獨)은 단 하나, 오직 하나를 의미할 때 쓴단다.



## 한자 문해력 UP!

| | | |
|---|---|---|
| **독재** | 홀로 독(獨) + 결정할 재(裁)<br>▶ 홀로 결정하다 | 뜻 특정한 개인이나 집단, 계급 등이 모든 권력을 쥐고 일을 마음대로 처리하고 지배함<br>예문 대통령의 독재는 국민의 저항을 불러왔다. |
| **독립심** | 홀로 독(獨) + 설 립(立) + 마음 심(心)<br>▶ 혼자 서려는 마음 | 뜻 남에게 기대지 않고 살아가려는 마음<br>예문 독립심이 부족한 사람은 성공하기 힘들다. |
| **독과점** | 홀로 독(獨) + 적을 과(寡) + 차지할 점(占)<br>▶ 혼자나 적은 수가 차지하다 | 뜻 하나의 기업이 시장을 점유하는 독점과 두서너 개의 기업이 시장을 장악하는 과점을 아울러 이르는 말<br>예문 물가 안정과 독과점 체제 개선이 시급하다. |

## 쓰며 익히자

| 獨 | | | | | | |
|---|---|---|---|---|---|---|
| 홀로 독 | | | | | | |

# 領 령

**뜻 | 거느리다, 다스리다, 받다**

**글자 형성 풀이 | 명령할 령(令) + 머리 혈(頁)**

명령을 내리는 머리가 있어야 집단을 거느리고 다스리게 된다.

**일상에서 어떻게 쓰일까?** 국가의 최고 지도자로서 외국에 대해 국가를 대표하는 국가원수(國家元首)를 '대통령'이라 해. **큰 대(大), 다스릴 통(統), 다스릴 령(領)**으로 큰 지역을 다스리는 사람이라는 뜻이란다. '원수'는 **으뜸 원(元), 우두머리 수(首)**로 으뜸이 되는 우두머리라는 뜻이야. 군인 계급에 소령, 중령, 대령이 있는데 이때의 '령'도 '다스릴 영(領)'을 사용하지.

헌법 제3조는 "대한민국의 영토는 한반도와 그 부속 도서로 한다."라고 규정하고 있어. '영토'는 **다스릴 영(領), 땅 토(土)**로 다스릴 권한이 있는 땅이라는 뜻이야. 그 나라의 주권이 미치는 해역은 영해(領海)고, 국토의 상공에 해당하는 공간은 영공(領空)이란다.



## 한자 문해력 UP!

|  |  |  |
| --- | --- | --- |
| **점령** | 차지할 점(占) + 거느릴 령(領)<br>▶ 차지하고 거느리다 | 뜻 무력이나 조직된 힘을 동원하여 일정한 지역을 차지함<br>예문 그들은 혈전 끝에 적의 요새를 점령했다. |
| **횡령** | 가로지를 횡(橫) + 받을 령(領)<br>▶ 가로질러서 받다 | 뜻 공금이나 남의 재물을 불법으로 차지하여 가짐<br>예문 그는 회사 공금 횡령으로 해고당했다. |
| **수령증** | 받을 수(受) + 받을 령(領) + 증서 증(證)<br>▶ 받았음을 나타내는 증서 | 뜻 물건이나 돈 등을 받았다는 표로 주는 증서<br>예문 물건을 주었다면 수령증을 받아 와야 한다. |

## 쓰며 익히자

| 領 | | | | | | |
| --- | --- | --- | --- | --- | --- | --- |
| 거느릴 령 | | | | | | |

# 放 방

뜻 | **놓다, 놓이다, 내쫓다**

글자 형성 풀이 | **네모 방(方) + 칠 복(攵)**

네모난 것으로 치면 물건이 부수어져서 잡았던 것을 놓게 되고 하던 일을 그만두게 된다.

**일상에서 어떻게 쓰일까?** 학생들이 가장 기다리는 것은 '방학'이겠지? 방학을 '공부를 하지 않는 것'으로 잘못 알고 있는 친구들이 많은데, 그렇지 않아. **놓을 방(放), 배울 학(學)**으로 배움을 놓아버린다는 뜻이지만, 공부를 쉬는 게 아니라 배우는 일만 잠시 쉰다는 의미거든.

공부는 학교에서만 하는 게 아니야. 그리고 국어, 영어, 수학, 사회, 과학만이 공부인 것도 아니지. 독서하고 여행하고 경험하면서 스스로 깨치는 것이 더 중요한 공부란다. 방학에는 선생님에게 배우는 일만 쉬고, 책을 스승 삼아서 스스로 깨치고, 여기저기 돌아다니면서 이런저런 생각도 하면 좋겠어. 다양한 경험도 하면서 말이야.



## 한자 문해력 UP!

| | 형성 | 뜻 / 예문 |
|---|---|---|
| **해방** | 풀 해(解) + 놓을 방(放)<br>▶ 풀어서 놓다 | 뜻 속박하거나 가두어 두었던 것을 풀어서 자유롭게 함<br>예문 일본의 항복으로 우리는 해방을 맞이했다. |
| **방화** | 놓을 방(放) + 불 화(火)<br>▶ 불을 놓다 | 뜻 일부러 불을 지르거나 놓음<br>예문 상가 건물에 방화로 추정되는 불이 났다. |
| **추방** | 쫓을 추(追) + 내쫓을 방(放)<br>▶ 쫓아내고 내쫓다 | 뜻 어떤 좋지 않은 사회 현상이나 습관을 몰아내어 없앰<br>예문 사회의 모든 부조리를 추방하고 싶다. |

## 쓰며 익히자

| 放 | | | | | |
|---|---|---|---|---|---|
| 놓을 방 | | | | | |

# 法 법

뜻 | **법, 법률, 방법**

글자 형성 풀이 | **물 수(氵=水) + 갈 거(去)**

물이 위에서 아래로 흘러가는 것은 법과 같이 당연한 이치다.

**일상에서 어떻게 쓰일까?** 헌법은 한 나라의 법질서와 정치 질서의 기본 틀을 정하는 가장 중요한 법이야. **법 헌(憲), 법 법(法)**으로 법 중의 법이라는 뜻이지. 헌법은 모든 국가 질서의 바탕이 되고 한 국가 사회의 최고의 가치 체계이기 때문에 입법, 행정, 사법 등 모든 국가 권력은 헌법에 어긋나지 않게 행사되어야 해.

법(法)은 법원(法院), 민법(民法), 형법(刑法), 선거법(選擧法), 합법적(合法的) 등에서는 국가의 강제력을 수반하는 온갖 사회 규범을 의미하고 있어. 하지만 기법(技法), 문법(文法), 치료법(治療法) 등에서는 방법과 방식이라는 뜻으로 쓰이지.



## 한자 문해력 UP!

| | | |
|---|---|---|
| **법안** | 법 법(法) + 안건 안(案)<br>▶ 법으로 만들겠다는 안건 | 뜻 법률의 바탕이 되는 원안이나 초안 또는 그 사항을 조목별로 정리하여 국회에 제출하는 문서<br>예문 새 법안을 국회에서 깔아뭉개고 있다. |
| **입법** | 세울 입(立) + 법 법(法)<br>▶ 법을 세우다 | 뜻 법을 제정함<br>예문 국회는 이 문제에 대한 입법 조치들을 최대한 빨리 마련해야 한다. |
| **요법** | 병 고칠 요(療) + 방법 법(法)<br>▶ 병을 고치는 방법 | 뜻 병을 치료하는 방법<br>예문 적당한 운동과 식이 요법으로 건강을 회복하였다. |

## 쓰며 익히자

| 法 | | | | | |
|---|---|---|---|---|---|
| 법 법 | | | | | |

# 兵 병

뜻 | **병사, 군사, 무기**

글자 형성 풀이 | **도끼 근(斤) + 받들 공(廾)**

도끼를 받들고 있는 사람은 병사다.

**일상에서 어떻게 쓰일까?** 병역 제도에는 '징병제'와 '모병제'가 있어. '병역'은 **병사 병(兵), 부릴 역(役)**으로 병사로 부린다는 뜻이야. 국민으로서 수행해야 하는 군사적 의무지. 징병제는 **불러들일 징(徵), 병사 병(兵), 제도 제(制)**로 병역 의무자를 불러서 병사로 부린다는 뜻이야. 모병제는 '모집할 모(募)'로 병사 되기를 희망하는 사람만 모집하는 제도야.

이(二)가 일(一)보다 크니까 이병이 높다고 생각할 수 있는데, 그렇지 않아. 일병은 일등 병사인 일등병(一等兵)의 줄임말이고, 이병은 이등 병사인 이등병(二等兵)의 줄임말이거든. 상병은 '위 상(上)'으로 위에 있는 병사고, 병장은 '대장 장(長)'으로 병사 중 대장이라는 뜻이지.



## 한자 문해력 UP!

| | | |
|---|---|---|
| **장병** | 장수 장(將) + 병사 병(兵)<br>▶ 장수와 병사 | 뜻 장교와 사병을 아울러 이르는 말<br>예문 수해 지역 복구 작업에 인근 부대의 장병들이 동원되었다. |
| **복병** | 엎드릴 복(伏) + 병사 병(兵)<br>▶ 엎드려 숨어 있는 병사 | 뜻 뜻밖의 걸림돌로 나타난 경쟁자나 장애물을 비유적으로 이르는 말<br>예문 뜻밖의 복병을 만나 고전을 면치 못했다. |
| **병무청** | 군사 병(兵) + 일 무(務) + 관청 청(廳)<br>▶ 군사의 일을 맡아보는 관청 | 뜻 국방부 소속으로, 군사에 관계된 사무 행정을 맡아보는 관청<br>예문 징집이나 소집 등은 병무청에서 관장한다. |

## 쓰며 익히자

| 兵 | | | | | |
|---|---|---|---|---|---|
| 병사 병 | | | | | |

뜻 | **낮다, 천하다**

글자 형성 풀이 | **낮을 비(卑)**

부채를 들고 있는 모습을 본떠 만든 글자다. 부채를 들고 주인을 모시는 사람은 신분이 낮고 천하다.

**일상에서 어떻게 쓰일까?** '아닐 비(非)'도 있지만 '낮을 비(卑)'도 있어. 나무, 스티로폼, 천, 플라스틱 등은 '아닐 비(非)'를 쓰는 비금속(非金屬)이야. 금속이 아니라는 뜻이지. 알루미늄, 납, 구리, 아연 등 공기 중에서 쉽게 산화하는 쇠붙이는 '낮을 비(卑)'를 써서 비금속(卑金屬)이라고 해. 낮은 가치의 금속이라는 뜻이야. 비금속(非金屬)의 반대는 금속(金屬)이고, 비금속(卑金屬)의 반대는 귀금속(貴金屬)이란다.

'등고자비'라는 말이 있어. **오를 등(登), 높을 고(高), ~부터 자(自), 낮을 비(卑)**로 높은 곳에 오르려면 낮은 곳부터 시작한다는 말이지. 일은 순서대로 해야 한다는 뜻을 담고 있어.



## 한자 문해력 UP!

**비굴**

낮을 비(卑) + 굽을 굴(屈)
▶ 낮은 자세로 굽히다

뜻 용기나 줏대가 없이 남에게 굽힘
예문 권력자에게 꼽실거리는 모습은 비굴하게 보인다.

---

**비겁**

낮을 비(卑) + 무서워할 겁(怯)
▶ 자신을 낮추며 무서워하다

뜻 떳떳하지 못하고 겁이 많음
예문 그는 자신이 너무 비겁했다고 자책했다.

---

**남존여비**

사내 남(男) + 높을 존(尊) + 여자 여(女) + 낮을 비(卑)
▶ 남자는 높고 여자는 낮다

뜻 남자는 높고 귀하며, 여자는 낮고 천하다는 말
예문 남존여비 같은 낡은 사상은 더 이상 존재해서는 안 된다.

---

**쓰며 익히자**

| 卑 | | | | | | |
|---|---|---|---|---|---|---|
| 낮을 비 | | | | | | |

# 事 사

뜻 | **일, 섬기다**

글자 형성 풀이 | **일 사(事)**

여러 가지 물건을 쌓아 놓은 후에 갈고리로 꿰어 놓은 모습이다. 갈고리로 고정해야 일이 시작되고 누군가를 섬길 수도 있다.

**일상에서 어떻게 쓰일까?** 인사(人事)는 글자대로 해석하면 사람의 일이라는 뜻이야. 사람의 일이란 무엇일까? 만나거나 헤어질 때 예의를 표하는 것, "안녕하세요."라는 인사가 사람이 해야 하는 일이지. 인사는 또 다른 의미로도 쓰이기도 해. '낙하산 인사', '인사 담당자' 이런 말 들어 봤지? 관리나 직원을 채용하거나 해임, 평가할 때 관계되는 행정적인 일도 인사라고 해.

사(事)는 사실(事實), 사건(事件), 사업(事業), 사고(事故), 사태(事態) 등에서 어떠한 일을 뜻해. 그러나 주체성 없이 세력이 강한 나라를 받들어 섬기는 태도를 일컫는 사대주의(事大主義)에서는 섬기다라는 뜻으로 쓰인단다.



## 한자 문해력 UP!

| | | |
|---|---|---|
| **이사** | 처리할 이(理) + 일 사(事)<br>▶ 일을 처리하는 사람 | 뜻 법인의 담당 사무를 집행하는 직위 또는 그 직위에 있는 사람<br>예문 이사로 승진했다면 책임감을 더 가져야 한다. |
| **도지사** | 행정구역 도(道) + 알 지(知) + 일 사(事)<br>▶ 도의 일을 아는 사람 | 뜻 도(道)의 행정 사무를 총괄하는 광역 자치 단체장<br>예문 도지사는 명예로운 자리가 아닌 일하는 자리다. |
| **불상사** | 아니 불(不) + 상서로울 상(祥) + 일 사(事)<br>▶ 상서롭지 않은 일 | 뜻 상서롭지 못한 일<br>예문 불상사가 생겼을 때 중요한 것은 침착성 유지다. |

**쓰며 익히자**

| 事 | | | | | |
|---|---|---|---|---|---|
| 일 사 | | | | | |

뜻 | **역사, 사기, 사관, 벼슬아치**

글자 형성 풀이 | **가운데 중(中) + 점 주(丶)**

가운데에 점을 찍는 이유는 역사에 기록될 만큼 중요하기 때문이다.

**일상에서 어떻게 쓰일까?** 역사(歷史)는 단순한 과거 이야기가 아니야. 우리 삶의 뿌리이며, 현재를 이해하고 미래를 준비하는 거울이지. 역사를 공부하는 이유는 과거를 통해 현재를 이해하고, 교훈을 얻어야 하기 때문이란다. 역사야말로 미래를 준비하는 나침반인 셈이지.

사(史)는 한국사(韓國史), 세계사(世界史), 서양사(西洋史), 사학자(史學者)처럼 대부분 역사의 의미로 쓰여. 그러나 여자를 높여 부르는 말인 여사(女史)에서는 화사하다는 뜻이고, 암행어사(暗行御史)에서는 벼슬아치라는 뜻으로 쓰인단다. '암행어사'는 **몰래 암(暗), 다닐 행(行), 임금 어(御), 벼슬아치 사(史)**로 임금의 명령을 받아 몰래 다니는 벼슬아치라는 뜻이야.



## 한자 문해력 UP!

|  |  |  |
|---|---|---|
| **선사** | 먼저 선(先) + 역사 사(史)<br>▶ 먼저의 역사 | 뜻 역사 시대 이전<br>예문 선사 시대의 유물 발굴에 참여하였다. |
| **유사** | 있을 유(有) + 역사 사(史)<br>▶ 역사가 있는 때 | 뜻 인류 문명의 역사가 시작됨<br>예문 유사 이래의 기록을 통해 우리 민족의 발자취를 돌이켜 보았다. |
| **과학사** | 과목 과(科) + 학문 학(學) + 역사 사(史)<br>▶ 과학에 관한 역사 | 뜻 자연 과학의 변천과 발달에 관한 역사<br>예문 다윈의 진화론은 과학사에 길이 남을 업적이다. |

## 쓰며 익히자

| 史 | | | | | |
|---|---|---|---|---|---|
| 역사 사 | | | | | |

# 相 상

뜻 | 서로, 모양

글자 형성 풀이 | 나무 목(木) + 눈 목(目)

나무도 눈이 있어 서로를 살핀다.

**일상에서 어떻게 쓰일까?** 둘 이상의 사물이나 현상이 서로 원인과 결과가 되는 작용인 상호작용(相互作用), 헤어졌던 사람들이 서로 만나는 일인 상봉(相逢)에서 상(相)은 서로를 의미해. 하지만 실제의 모양이나 상태를 일컫는 실상(實相), 사람의 얼굴 생김새와 골격을 일컫는 인상(人相) 등에서는 모양을 뜻한단다.

"관상을 본다."는 말이 있어. **볼 관(觀), 모양 상(相)**으로 겉으로 드러난 모양을 본다는 뜻이지만, 생김새로 사람의 성격과 기질을 파악하는 점(占)을 뜻하는 말로 더 많이 쓰인단다. 관상을 맹신하지 말고 스스로 인생을 만들어 가겠다는 의지가 더 중요하지 않을까?



## 한자 문해력 UP!

|  |  |  |
| --- | --- | --- |
| **상관** | 서로 상(相) + 관계 관(關)<br>▶ 서로의 관계 | 뜻 서로 관련을 가짐 또는 그런 관계<br>예문 그 사고는 나와 상관 없는 일이다. |
| **상대적** | 서로 상(相) + 대할 대(對) + 어조사 적(的)<br>▶ 서로 대하는 관계 | 뜻 다른 것과 서로 맞서거나 비교되는 관계에 있는 것<br>예문 어떤 일이든 상대적 가치를 무시해서는 안 된다. |
| **상부상조** | 서로 상(相) + 도울 부(扶) + 서로 상(相) + 도울 조(助)<br>▶ 서로 돕고 서로 돕다 | 뜻 서로서로 도움<br>예문 상부상조의 미덕을 발휘하여 불우이웃돕기 행사에 참여합시다. |

## 쓰며 익히자

| 相 | | | | | |
| --- | --- | --- | --- | --- | --- |
| 서로 상 | | | | | |

뜻 | **차례, 질서, 처음**

글자 형성 풀이 | **집 엄(广) + 나 여(予)**

집에 나 혼자 있더라도 차례를 지켜야 한다.

일상에서 어떻게 쓰일까? '죽는 날까지 하늘을 우러러 / 한 점 부끄럼이 없기를, / 잎새에 이는 바람에도 / 나는 괴로워했다.' 윤동주의 「서시」 일부야. '서시'는 무슨 뜻일까? **처음 서(序), 시 시(詩)**로 처음으로 보여주는 시라는 뜻이야. 책의 첫머리에는 머리말 또는 서문(序文)을 쓰는데, 윤동주 시인은 시집을 엮으면서 머리말 대신에 서시를 쓴 거지.

서(序)는 서문(序文)이나 서곡(序曲), 서두(序頭), 서론(序論)에서는 처음이라는 의미로 쓰여. 하지만 순서(順序), 질서(秩序), 서수사(序數詞)에서는 차례라는 뜻이란다.



## 한자 문해력 UP!

| | | |
|---|---|---|
| **순서** | 차례 순(順) + 차례 서(序)<br>▶ 차례차례 | 뜻 여럿을 선후로 구분하여 나열한 것 또는 그러한 구분에 따라 어떤 일을 이루거나 행하는 차례<br>예문 일을 순서대로 진행해야 매끄럽다. |
| **질서** | 순서 질(秩) + 차례 서(序)<br>▶ 순서와 차례 | 뜻 사물들의 규칙적인 배치나 배열<br>예문 동물의 세계에도 엄격한 질서가 있다. |
| **서열** | 차례 서(序) + 벌일 열(列)<br>▶ 차례로 벌리다 | 뜻 일정한 기준에 따라 순서대로 늘어섬 또는 그 순서<br>예문 그는 지금껏 오르지 못한 서열에 올랐다. |

## 쓰며 익히자

| 序 | | | | | |
|---|---|---|---|---|---|
| 차례 서 | | | | | |

# 席 석

뜻 | **자리, 깔다**

글자 형성 풀이 | **집 엄(广) + 스물 입(廿) + 수건 건(巾)**

집에 스무 개의 수건을 깔면 훌륭한 자리가 된다.

**일상에서 어떻게 쓰일까?** "전 종목을 석권하였다.", "세계 시장을 석권하였다."라는 말 들어 봤니? '석권'이란 **자리 석(席), 말 권(捲)**으로 (돗)자리를 만다는 뜻이야. 돗자리를 말아 그 위의 모든 것을 남김없이 차지한다는 이야기지. 빠른 기세로 영토를 휩쓸거나 세력 범위를 넓히는 것을 의미해. 휩쓴다는 뜻으로 이해하면 좋을 것 같아.

석(席)은 자리를 의미하는 한자야. 앉을 수 있게 마련된 자리인 좌석(座席), 관람하기 위한 자리인 관람석(觀覽席), 노인을 공경하는 뜻으로 마련한 자리인 경로석(敬老席), 앉을 때 밑에 까는 작은 깔개인 방석(方席) 등에서도 쓰이지.



## 한자 문해력 UP!

| | | |
|---|---|---|
| **결석** | 사라질 결(缺) + 자리 석(席)<br>▶ 자리에서 사라지다 | 뜻 수업이나 모임 등에 참석하지 않음<br>예문 지각 한번 없었던 친구가 오늘 결석하였다고? |
| **합석** | 합할 합(合) + 자리 석(席)<br>▶ 자리를 합하다 | 뜻 한자리에 함께 앉음<br>예문 합석이 누군가에게는 불편함일 수 있지만 누군가에게는 행운일 수 있다. |
| **수석** | 머리 수(首) + 자리 석(席)<br>▶ 맨 앞머리의 자리 | 뜻 석차 등에서 제일 으뜸<br>예문 수석 합격이 수석 졸업으로 이어지는 경우는 드물다. |

## 쓰며 익히자

| 席 | | | | | |
|---|---|---|---|---|---|
| 자리 석 | | | | | |

# 順 순

뜻 | 순하다, 따르다

글자 형성 풀이 | 내 천(川) + 머리 혈(頁)

냇물이 머리를 감으면 순한 마음으로 변한다.

**일상에서 어떻게 쓰일까?** "어느 곳을 향해서 배를 저어야 할지 모르는 사람에게는 어떤 바람도 순풍이 아니다."라는 말이 있어. 세기도 중요하지만 방향이 더 중요하다는 이야기야. 목적지가 어디인지를 잊지 않는 것이 중요하다는 의미를 담고 있지.

'순풍에 돛을 단 배'라는 표현도 있어. 나아갈 방향으로 돛을 다니 배가 빨리 달린다는 뜻이야. 일이 뜻한 바대로 순조로이 진행됨을 비유적으로 일컫는 말이란다. 순풍은 **순할 순(順), 바람 풍(風)**으로 순하게 부는 바람이라는 뜻인데 가고자 하는 쪽으로 부는 바람을 말해. 반대는 '거스를 역(逆)'의 역풍(逆風)이 되겠지.

사회 | 31

## 한자 문해력 UP!

| | | |
|---|---|---|
| **순항** | 순할 순(順) + 건널 항(航)<br>▶ 순하게 건너가다 | 뜻 경기나 회의 등이 순조롭게 진행됨을 비유적으로 이르는 말<br>예문 회담의 순항 여부는 우리 자신에 달려 있다. |
| **순응** | 순할 순(順) + 응할 응(應)<br>▶ 순하게 응하다 | 뜻 상황의 변화나 주위 환경에 잘 맞추어 부드럽게 대응함<br>예문 나는 그의 말에 순응하기로 했다. |
| **귀순** | 돌아갈 귀(歸) + 따를 순(順)<br>▶ 돌아가서 따르다 | 뜻 반항심이나 반역하려는 마음을 버리고 어떤 체제에 복종하거나 순종함<br>예문 귀순을 가장하여 적진에 침투하는 경우도 있다. |

## 쓰며 익히자

| 順 | | | | | |
|---|---|---|---|---|---|
| 순할 순 | | | | | |

# 時 시

뜻 | 때, 시간, 기한

글자 형성 풀이 | 태양 일(日) + 사(寺)

태양은 사찰에서 시계 역할을 하여 때를 알려 준다.

**일상에서 어떻게 쓰일까?** 상시 할인 매장에 가본 적 있지? '상시'란 **항상 상(常), 때 시(時)**로 임시가 아닌 보통의 때를 의미해. 그러니까 날마다 할인해 주는 매장인 거지. '임시'는 **임할 임(臨), 때 시(時)**로 미리 정하지 않고 그때그때 임하는 것을 의미한단다.

검사가 일정 기간 공소를 제기하지 않는 경우, 국가의 소추권 및 형벌권을 소멸시키는 것을 '공소 시효'라고 해. **공적 공(公), 소송 소(訴), 때 시(時), 효과 효(效)**로 공적 소송에 효과가 있는 시간이라는 뜻이지. 농불실시(農不失時)라는 말이 있어. 농사짓는 일은 때를 놓치지 말아야 한다는 뜻이야. 세상 어떤 일이든 놓치지 말아야 할 때가 있단다.



## 한자 문해력 UP!

|  |  |  |
|---|---|---|
| **시사** | 때 시(時) + 일 사(事)<br>▶ 현재의 때에 일어나는 일 | 뜻 그 당대 사회에서 일어난 일<br>예문 정보가 범람하는 시대인데 왜 아이들의 시사 상식은 부족한 걸까? |
| **시한** | 때 시(時) + 한계 한(限)<br>▶ 정해진 때의 한계 | 뜻 일정한 동안의 끝을 정한 때<br>예문 그는 시한에 쫓기어 간신히 일을 마무리했다. |
| **유사시** | 있을 유(有) + 일 사(事) + 때 시(時)<br>▶ 일이 있는 때 | 뜻 뜻밖의 아주 급한 일이 생겼을 때<br>예문 유사시에 대비하여 식량을 확보해야 한다. |

## 쓰며 익히자

| 時 | | | | | |
|---|---|---|---|---|---|
| 때 시 | | | | | |

# 信 신

**뜻 |** **믿다, 소식, 신호**

**글자 형성 풀이 |** **사람 인(亻=人) + 말 언(言)**

사람의 말은 믿어야 한다.

**일상에서 어떻게 쓰일까?** '자신감'은 우리 삶을 이끌어가는 강력한 원동력이기도 해. 자신감은 어려움을 극복하고 목표를 달성하는 데 중요한 역할을 하지. 자신감이 무슨 뜻이냐고? **자신 자(自), 믿을 신(信), 느낄 감(感)**으로 자기 자신을 믿는 느낌이야.

신(信)은 믿는다는 의미로 많이 쓰여. 신앙(信仰), 신념(信念), 확신(確信) 등이 그것이지. 그런데 신호나 소식이라는 뜻으로도 쓰인단다. 전기로 신호를 보내는데 사용하는 기둥이기에 전신주(電信柱)이고, 외국에서 보내온 소식이기에 외신(外信)인 거야. 신호를 받는 일은 수신(受信)이고 신호를 보내는 일은 발신(發信)이지.



## 한자 문해력 UP!

| | | |
|---|---|---|
| **신앙** | 믿을 신(信) + 우러를 앙(仰)<br>▶ 믿고 우러러 모심 | 뜻 신과 같은 성스러운 존재를 신뢰하고 복종함<br>예문 민간 신앙에 대한 경시 현상은 더 심해질 거다. |
| **신용** | 믿을 신(信) + 사용할 용(用)<br>▶ 믿고 사용함 | 뜻 어떤 말이나 행동을 믿을 만한 것으로 받아들임<br>예문 신용 카드가 소비를 부추긴다는 이야기도 있다. |
| **신념** | 믿을 신(信) + 생각 념(念)<br>▶ 믿는 생각 | 뜻 어떤 사상이나 생각을 굳게 믿으며 그것을 실현하려는 의지<br>예문 자신의 신념만 중요하다고 생각해선 안 된다. |

## 쓰며 익히자

| 信 | | | | | |
|---|---|---|---|---|---|
| 믿을 신 | | | | | |

# 夜 야

**뜻** | **밤, 새벽, 한밤중**

**글자 형성 풀이** | **돼지해머리 두(亠) + 사람 인(亻=人) + 저녁 석(夕)**

사람의 머리만 보이는 저녁을 밤이라고 한다.

**일상에서 어떻게 쓰일까?** '야반도주'를 '야밤도주'라고 하는 친구들이 가끔 있어. 규범 표기는 야반도주가 맞단다. 야반도주는 **밤 야(夜), 절반 반(半), 도망할 도(逃), 달릴 주(走)**야. 밤의 절반, 즉 한밤중에 도망쳐 달린다는 뜻이지. "불야성을 이룬다."라고 하지? **없을 불(不), 밤 야(夜), 성 성(城)**으로 밤이 없는 성이라는 뜻이야. 밤에도 대낮처럼 번화한 곳을 비유적으로 이르는 말이지.

밤에 자다가 자기도 모르게 오줌을 싸는 증상은 **밤 야(夜), 오줌 뇨(尿), 증세 증(症)**을 써서 '야뇨증'이라고 해. 야뇨증은 대부분 크면서 저절로 없어지게 되니 걱정하지 않아도 된단다.

사회 | 34

## 한자 문해력 UP!

|  |  |  |
|---|---|---|
| **철야** | 뚫을 철(徹) + 밤 야(夜)<br>▶ 밤을 아침까지 뚫다 | 뜻 어떤 일을 하느라고 잠을 자지 않고 밤을 새우는 것<br>예문 철야 근무에 몸이 녹초가 되었다. |
| **심야** | 깊을 심(深) + 밤 야(夜)<br>▶ 깊은 밤 | 뜻 깊은 밤<br>예문 심야 버스를 타고 집으로 돌아왔다. |
| **열대야** | 더울 열(熱) + 이을 대(帶) + 밤 야(夜)<br>▶ 더위가 밤까지 이어지다 | 뜻 최저 기온이 섭씨 25도 이하로 내려가지 않는 더운 밤<br>예문 열대야가 지속된다는 뉴스는 근심을 안겨 주었다. |

## 쓰며 익히자

| 夜 | | | | | |
|---|---|---|---|---|---|
| 밤 야 | | | | | |

# 野 야

뜻 | **들, 들판, 변두리**

글자 형성 풀이 | **마을 리(里) + 줄 여(予)**

마을 사람들에게 먹을거리를 제공해 주는 곳이 들판이다.

**일상에서 어떻게 쓰일까?** 정당 정치에서, 현재 정권을 잡고 있지 않은 정당을 '야당'이라 하고 현재 정권을 잡고 있는 정당을 '여당'이라 해. 그런데 왜 야당이고 왜 여당인지 아니? 야당은 **들 야(野), 무리 당(黨)**이야. 들판에서 비바람 맞으며 고생하는 정당이기 때문에 야당이지. 여당은 **더불 여(與), 무리 당(黨)**으로 정부, 대통령과 더불어 정치하는 정당이라는 뜻이야.

야(野)는 들판이나 변두리의 의미로 많이 쓰이지만 촌스럽다, 거칠다, 서투르다, 길들지 않다는 의미로 쓰이기도 해. 야심(野心), 야만(野蠻), 야수(野獸), 야욕(野慾), 야생마(野生馬) 등이 그것이란다.



## 한자 문해력 UP!

| | | |
|---|---|---|
| **야인** | 들 야(野) + 사람 인(人)<br>▶ 들판에서 생활하는 사람 | 뜻 아무 곳에도 소속하지 않은 채 지내는 사람<br>예문 야인으로 사는 것도 멋진 일 아닌가? |
| **야심** | 들 야(野) + 마음 심(心)<br>▶ 들판에서 고생하면서 품은 마음 | 뜻 무엇을 이루고자 마음속에 품고 있는 욕망<br>예문 그의 눈빛은 야심으로 이글거렸다. |
| **야영장** | 들 야(野) + 경영할 영(營) + 장소 장(場)<br>▶ 들판에서 생활을 경영할 수 있도록 만든 장소 | 뜻 야외에서 천막 등을 치고 잠을 자거나 머무를 수 있는 곳<br>예문 야영장 아닌 곳에서의 취사 행위는 삼가야 한다. |

**쓰며 익히자**

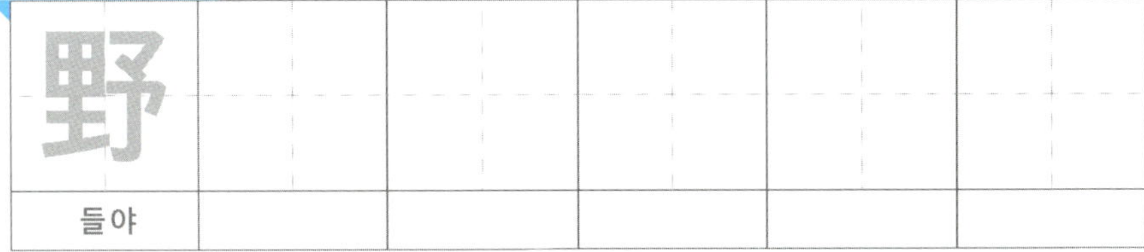

# 議 의

뜻 | 의논하다

글자 형성 풀이 | **말씀 언(言) + 옳을 의(義)**

옳은 것을 말하기 위해서는 서로 의논해야만 한다.

**일상에서 어떻게 쓰일까?** '국회'는 **나라 국(國), 모일 회(會)**로 나랏일을 위해 모인다는 뜻이야. '의원'은 **의논할 의(議), 사람 원(員)**으로 의논하는 사람이라는 뜻이지. 그런데 이상하지 않니? 나랏일보다는 자신의 지역을 위해 일하는 사람으로 착각하는 국회 의원이 적지 않으니까. 지역 일은 시 의원, 도 의원, 군 의원에게 맡기고 국회 의원은 이름에 걸맞게 나랏일을 해야 마땅하다고 생각해 보았어.

'회의'는 **모일 회(會), 의논할 의(議)**로 여럿이 모여서 어떤 사항을 의논하는 일이야. '문의'는 **물을 문(問), 의논할 의(議)**로 모르거나 궁금한 것을 상대에게 물어서 의논한다는 뜻이란다.

사회 | 36

## 한자 문해력 UP!

**동의**
일으킬 동(動) + 의논할 의(議)
▶ 의논할 일을 일으키다
뜻 회의 중에 토의할 안건을 제의함
예문 방금 투표를 연기하자는 동의가 있었습니다.

**항의**
막을 항(抗) + 의논할 의(議)
▶ 의논한 결과를 막다
뜻 어떤 일에 대한 그 부당함을 따지고 반대 의견을 밝힘
예문 일본에 독도 문제에 대한 항의 서한을 보냈다.

**이의**
다를 이(異) + 의논할 의(議)
▶ 의논한 내용과 다르다
뜻 다른 의견이나 논의
예문 이의가 없으면 다음 안건으로 넘어가겠습니다.

## 쓰며 익히자

| 議 | | | | | |
|---|---|---|---|---|---|
| 의논할 의 | | | | | |

뜻 | **인하다, 말미암다**

글자 형성 풀이 | **나라 국(口) + 큰 대(大)**

나라가 커야만 그것으로 말미암은 게 많다.

**일상에서 어떻게 쓰일까?** 무슨 일이든 '원인'이 있게 마련이야. 원인을 정확히 분석해야 올바른 방향으로 나아갈 수 있지. 원인이란 **근원 원(原), 말미암을 인(因)**으로 근원으로 말미암은 것이라는 뜻이야. 어떤 사물이나 현상을 일으키거나 변화시키는 근본이 된 일을 말하지.

합성수를 소수의 곱으로 나타내는 일을 소인수 분해(素因數分解)라 하는데 소인수로 나누었다는 뜻이야. 30을 소인수 분해하면 2×3×5가 되지. 소인수(素因數)는 소수로 된 인수라는 뜻이야. '소수'는 **바탕 소(素), 셈 수(數)**로 바탕이 되는 수라는 뜻이지. '인수'는 **원인 인(因), 셈 수(數)**로 원인(근본)이 되는 수라는 뜻이란다.



## 한자 문해력 UP!

| | | |
|---|---|---|
| **인자** | 근본 인(因) + 접미사 자(子)<br>▶ 근본이 되는 것 | 뜻 생명 현상에 있어서 어떤 작용의 원인이 되는 요소<br>예문 고혈압은 유전적인 인자나 체질, 환경이나 식사, 스트레스 등에 의해 발병한다. |
| **심인성** | 마음 심(心) + 말미암을 인(因) + 성질 성(性)<br>▶ 마음으로 말미암아 생긴 성질 | 뜻 어떤 병이나 증세가 정신적·심리적 원인으로 생기는 성질<br>예문 너의 배앓이는 심인성 소화불량인 것 같다. |
| **인과응보** | 원인 인(因) + 결과 과(果) + 응할 응(應) + 보답할 보(報)<br>▶ 원인이 있으면 결과가 있고 응하면 보답이 있다 | 뜻 선(善)을 행하면 선의 결과가, 악(惡)을 행하면 악의 결과가 반드시 뒤따름<br>예문 인과응보는 만고불변의 진리다. |

**쓰며 익히자**

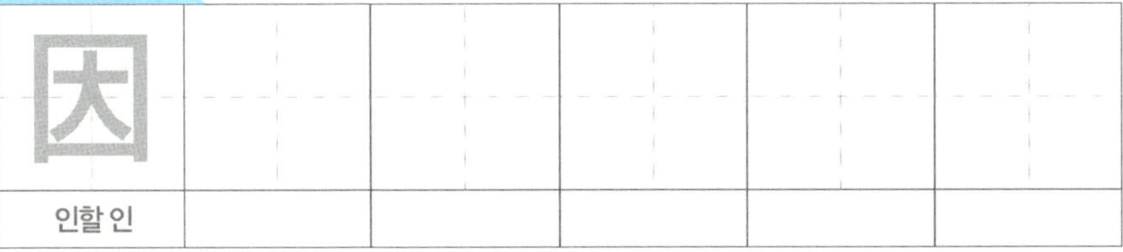

**뜻** | 맡기다, 책임을 지다, 책무

**글자 형성 풀이** | 사람 인(亻=人) + 짊어질 임(壬)

사람이 짊어져야 하는 것은 맡겨진 일이다.

**일상에서 어떻게 쓰일까?** 주어진 '임무' 잘 해내고 있니? 임무란 **맡길 임(任), 일 무(務)**로 맡은 일을 의미해. 임무를 맡으면 '책임감'을 가지게 되지. 책임감은 **임무 책(責), 맡을 임(任), 느낄 감(感)**으로 해야 할 임무를 맡았을 때 그것을 중요하게 여기는 마음이란다.

'배임 혐의', '업무상 배임죄', '배임 횡령'이라는 말 들어 본 적 있을 거야. '배임'은 **배반할 배(背), 책무 임(任)**으로 책무를 배반했다는 뜻이야. 공무원 또는 회사원이 자기의 이익을 위하여 임무를 수행하지 않고 국가나 회사에 재산상의 손해를 입힐 때 쓰는 말이지. '횡령'은 **가로 횡(橫), 받을 령(領)**으로 가로질러 받았다, 가로챘다는 뜻이야.



## 한자 문해력 UP!

| | | |
|---|---|---|
| **임원** | 맡길 임(任) + 사람 원(員)<br>▶ 일을 맡긴 사람 | **뜻** 어떤 단체의 운영과 감독 등을 맡아서 처리하는 사람<br>**예문** 사장은 무능력한 임원 모두를 면직하였다. |
| **임용** | 맡길 임(任) + 쓸 용(用)<br>▶ 맡기기 위해 쓰다 | **뜻** 어떤 일을 맡기기 위해 사람을 뽑아 씀<br>**예문** 서울대를 나와도 교사 자격증이 없거나 임용 시험에 합격하지 못하면 교사가 될 수 없다. |
| **담임** | 맡을 담(擔) + 책임질 임(任)<br>▶ 맡아서 책임지다 | **뜻** 학급이나 학년 등을 책임지고 맡음 또는 그런 사람<br>**예문** 진학 문제는 담임 선생님과 상의하는 게 낫다. |

### 쓰며 익히자

# 場 장

뜻 | **마당, 장소**

글자 형성 풀이 | **흙 토(土) + 볕 양(昜)**

볕이 드는 땅은 활동하는 장소가 되고 마당이 된다.

**일상에서 어떻게 쓰일까?** 원료나 재료를 가공하여 물건을 만들어 내는 설비를 갖춘 곳을 '공장'이라 하는데 **만들 공(工), 장소 장(場)**으로 만드는 장소라는 뜻이야. 가축을 다스리는 곳이기에 '다스릴 목(牧)'의 목장(牧場)이고, 넓은 마당이기에 '넓을 광(廣)'의 광장(廣場)이며, 연극이 공연되는 곳이기에 '연극 극(劇)'의 극장(劇場)이란다.

여러 사람이 어지러이 뒤섞여 떠들어 대거나 뒤엉켜 뒤죽박죽된 곳을 난장(亂場), 또는 난장판이라고 하지? '어지러울 난(亂)'으로 어지럽게 된 마당이라는 뜻이야. 일의 가닥이 잡히지 않고 뒤죽박죽인 상태를 비유적으로 일컫는 말이기도 해.



## 한자 문해력 UP!

|  |  |  |
|---|---|---|
| **매장** | 팔 매(賣) + 장소 장(場)<br>▶ 파는 장소 | 뜻 물건을 파는 곳<br>예문 백화점의 1층에는 주로 잡화 매장이 들어서 있다. |
| **공론장** | 여러 공(公) + 논할 론(論) + 장소 장(場)<br>▶ 여럿이 논하는 장소 | 뜻 여러 사람이 함께 의논할 수 있는 장소나 환경<br>예문 요즘은 인터넷이 공론장 역할을 하고 있다. |
| **농성장** | 바구니 농(籠) + 성 성(城) + 장소 장(場)<br>▶ 바구니 모양이나 성을 쌓은 모양의 장소 | 뜻 요구 조건을 주장하거나 항의하려는 사람들이 집단으로 한데 모여 떠나지 않고 지키는 일정한 장소<br>예문 회장이 농성장에 직접 들러 그들을 설득해야 한다. |

## 쓰며 익히자

| 場 | | | | | |
|---|---|---|---|---|---|
| 마당 장 | | | | | |

# 戰 전

뜻 | 싸움, 전쟁, 경기

글자 형성 풀이 | 홀 단(單) + 창 과(戈)

홀로 창을 들고 있는 이유는 싸우기 위함이다.

일상에서 어떻게 쓰일까? '전쟁'이란 **싸움 전(戰), 다툴 쟁(爭)**으로 싸우고 다툰다는 뜻이야. 전(戰)은 전쟁에 쓰이는 배인 전함(戰艦), 전쟁에 참여한다는 참전(參戰), 전쟁을 쉬면서 만들어 놓은 경계선인 휴전선(休戰線) 등에 사용되지. 신경전(神經戰)은 뭐냐고? 무기나 주먹이 아닌 신경으로 싸운다는 뜻이야. 서로 심리적으로 갈등 및 대립하는 일을 일컫지.

전(戰)은 무력 충돌뿐만 아니라 경쟁이나 시합을 의미할 때도 사용해. 비가 오는 가운데 치르는 경쟁을 수중전(水中戰)이라 하고, 우승자를 결정하기 위하여 치르는 경기를 결승전(決勝戰)이라 하지.



## 한자 문해력 UP!

| | | |
|---|---|---|
| **냉전** | 차가울 냉(冷) + 싸움 전(戰)<br>▶ 차갑게 싸우다 | 뜻 직접적으로 무력을 사용하지 않고 경제나 외교 등을 수단으로 하는 국제적 대립<br>예문 소련의 해체와 함께 냉전 시대도 막을 내렸다. |
| **선전** | 잘할 선(善) + 싸움 전(戰)<br>▶ 잘 싸우다 | 뜻 힘을 다해 실력 이상으로 잘 싸움<br>예문 우리 팀은 뜻밖의 선전을 펼쳤다. |
| **공방전** | 칠 공(攻) + 막을 방(防) + 싸움 전(戰)<br>▶ 치고 막는 싸움 | 뜻 서로 공격하고 방어하는 싸움<br>예문 아랫사람과 공방전을 벌이는 것은 어리석은 일이다. |

## 쓰며 익히자

| 戰 | | | | | |
|---|---|---|---|---|---|
| 싸움 전 | | | | | |

# 祖 조

**뜻 | 할아버지, 조상**

**글자 형성 풀이 | 보일 시(示) + 또 차(且)**

보여주고 또 보여주는 이유는 할아버지를 즐겁게 하기 위함이다.

**일상에서 어떻게 쓰일까?** 조상 대대로 살아온 나라, 자신의 국적이 속하여 있는 나라를 '조국'이라고 해. **할아비 조(祖), 나라 국(國)**으로 할아버지의 나라라는 뜻이지. **앞설 선(先), 할아비 조(祖)**의 '선조'는 여러 대를 거슬러 올라가는 모든 위 세대이고, 조부모(祖父母)는 할아버지와 할머니를 아울러 일컫는 말이란다. 아버지의 할아버지 또는 할아버지의 아버지를 증조라 하는데 여기에는 '일찍 증(曾)'을 사용하여 일찍 할아버지가 된 할아버지라는 뜻이지.

어떤 일을 처음으로 시작한 사람은 원조라 하는데, **처음 원(元), 처음 조(祖)**로 처음 시작한 사람이라는 뜻이란다.



## 한자 문해력 UP!

| | | |
|---|---|---|
| **조상** | 할아비 조(祖) + 위 상(上)<br>▶ 할아버지의 위 | 뜻 자기가 살고 있는 세대 이전의 모든 세대<br>예문 우리 가족은 조상 대대로 이 동네에서 살아왔다. |
| **조손** | 할아비 조(祖) + 손자 손(孫)<br>▶ 할아버지와 손자 | 뜻 할아버지와 손자를 아울러 이르는 말<br>예문 요즘에는 조손이 한집에 사는 경우가 많지 않다. |
| **교조** | 종교 교(敎) + 할아비 조(祖)<br>▶ 종교를 만든 할아버지 | 뜻 어떤 종교나 종파를 처음 세우거나 이끈 사람<br>예문 천도교 교조인 최제우는 용담정에서 수도하고 있었다. |

**쓰며 익히자**

| 祖 | | | | | |
|---|---|---|---|---|---|
| 할아비 조 | | | | | |

# 住 주

뜻 | 살다, 머무르다

글자 형성 풀이 | 사람 인(亻=人) + 주인 주(主)

주인된 사람만 머무를 수 있다.



일상에서 어떻게 쓰일까? '주민등록증' 발급받은 친구들이 있을까? '주민'은 **살 주(住), 국민 민(民)**으로 살고 있는 국민을 뜻하고, '등록'은 **올릴 등(登), 기록 록(錄)**으로 기록에 올린다는 뜻이야. 대한민국 국민으로 국내에 주소지를 둔 거주민임을 밝히는 증명서가 주민등록증이지.

스님 중에는 '주지 스님'이 있어. 사찰(寺刹)이 잘 유지되도록 총괄적으로 책임지는 승려를 주지 스님 또는 '주지'라고 하는데 **머무를 주(住), 보존할 지(持)**로 머무르면서 사찰을 보존하는 사람이라는 뜻이야. 주소(住所), 주택(住宅), 의식주(衣食住), 영주권(永住權) 등에서도 '살 주(住)'를 사용한단다.

## 한자 문해력 UP!

| | | |
|---|---|---|
| **이주** | 옮길 이(移) + 살 주(住)<br>▶ 옮겨서 살다 | 뜻 거주지를 다른 곳으로 옮겨서 삶<br>예문 외국으로 이주하기는 결코 쉬운 일이 아니다. |
| **상주** | 항상 상(常) + 머무를 주(住)<br>▶ 항상 머무르다 | 뜻 어떤 지역에 항상 머물러 있거나 생활함<br>예문 이 마을에는 군대가 상주해 있다. |
| **원주민** | 본디 원(原) + 살 주(注) + 백성 민(民)<br>▶ 본디부터 살고 있던 백성 | 뜻 본디부터 머물러 살고 있는 사람<br>예문 일본 학정에 시달린 대만의 원주민이 반일 폭동을 일으켰다. |

## 쓰며 익히자

| 住 | | | | | |
|---|---|---|---|---|---|
| 살 주 | | | | | |

뜻 | 붓다, 물을 대다, 뜻을 두다

글자 형성 풀이 | 물 수(氵=水) + 주인 주(主)

물의 주인이기에 물을 부어 넣는다.

**일상에서 어떻게 쓰일까?** 자동차 등에 기름을 넣는 장소를 '주유소'라고 해. **물 댈 주(注), 기름 유(油), 장소 소(所)**로 기름을 물 대는 것처럼 넣는 장소라는 뜻이야. 액체로 된 약을 주사기에 넣어 생물체의 조직이나 혈관 속에 직접 주입하는 일이나 그때 사용하는 기구를 '주사'라 하는데 **물 댈 주(注), 쏠 사(射)**로 몸에 물 대기 위하여 쏜다는 뜻이지.

'주입식' 교육에서 벗어나야 한다는 말 들어 보았지? 기억과 암기를 주로 하여 가르치는 방식을 주입식이라 하는데 **물 댈 주(注), 들 입(入), 방식 식(式)**이야. 능동적으로 깨우칠 수 있도록 계발시켜 주는 것이 아니라 물을 대는 것처럼 일방적으로 넣어 준다는 뜻이란다.



## 한자 문해력 UP!

|  |  |  |
|---|---|---|
| **주력** | 부을 주(注) + 힘 력(力)<br>▶ 힘을 쏟아붓다 | 뜻 어떤 일에 온 힘을 기울임<br>예문 정부는 경제 활성화에 주력하겠다고 천명했다. |
| **발주** | 보낼 발(發) + 뜻 둘 주(注)<br>▶ 보내 달라고 뜻을 밝히다 | 뜻 물건을 보내 달라고 주문함<br>예문 엊그제 발주한 물건이 아직 도착을 안 했다. |
| **주의보** | 뜻 둘 주(注) + 뜻 의(意) + 알릴 보(報)<br>▶ 뜻을 두라고 알리다 | 뜻 폭풍, 해일, 홍수 등 지표에 일어나는 현상에 의해 피해 입을 염려가 있을 때 주의를 주는 예보<br>예문 폭풍 주의보로 여객선의 운항이 중단되었다. |

### 쓰며 익히자

| 注 | | | | | | |
|---|---|---|---|---|---|---|
| 부을 주 | | | | | | |

# 淸 청

뜻 | 맑다, 깨끗하다

글자 형성 풀이 | 물 수(氵=水) + 푸를 청(靑)

물이 푸른 것은 맑기 때문이다.

**일상에서 어떻게 쓰일까?** 청순(淸純), 청아(淸雅), 청정(淸淨), 청결(淸潔). 모두 맑고 깨끗한 느낌을 주는 단어들이야. '맑을 청(淸)'이 들어 있기 때문이지. '청교도 혁명'이라는 말 들어 보았을 거야. 모든 쾌락을 죄악시하고 사치와 성직자의 권위를 배격하였으며, 철저한 금욕주의를 주장하였던 일파를 '청교도'라 하였어. **맑을 청(淸)), 교인 교(敎), 무리 도(徒)**로 맑은 교인들의 무리라는 뜻이지.

맑고 깨끗하게 쓸어 버리는 일은 **깨끗할 청(淸), 쓸 소(掃)**의 '청소'고, 성품과 행실이 곧고 탐욕이 없어 가난함은 **맑을 청(淸), 가난할 빈(貧)**의 '청빈'이야.



## 한자 문해력 UP!

|  |  |  |
|---|---|---|
| **청산** | 깨끗할 청(淸) + 계산할 산(算)<br>▶ 깨끗하게 계산하다 | 뜻 어떤 일이나 부정적인 요소 등을 깨끗이 정리하여 결말을 지음<br>예문 그는 방탕한 생활을 청산하고 새사람이 되었다. |
| **청심환** | 맑을 청(淸) + 마음 심(心) + 알 환(丸)<br>▶ 마음을 맑게 만드는 알약 | 뜻 심경의 열을 푸는 데 쓰이는 환약<br>예문 청심환을 먹었음에도 가슴의 콩닥거림은 사라지지 않았다. |
| **백년하청** | 백 백(百) + 해 년(年) + 황하 하(河) + 맑을 청(淸)<br>▶ 백 년 뒤에 하천이 맑아지다 | 뜻 중국의 황하는 늘 흐려서 맑을 때가 없다는 역설적 뜻으로, 어떤 일이 아무리 오랜 시간이 흘러도 이루어지기 어려움을 의미함<br>예문 교육 문제의 해결은 백년하청이 될 것 같다. |

## 쓰며 익히자

| 淸 | | | | | |
|---|---|---|---|---|---|
| 맑을 청 | | | | | |

# 村 촌

뜻 | **마을, 시골, 촌스럽다**

글자 형성 풀이 | **나무 목(木) + 마디 촌(寸)**

나무가 있는 곳에 촌수(寸數)가 가까운 사람들이 모이면 마을이 된다.

**일상에서 어떻게 쓰일까?** 촌(村)은 시골만 뜻하지 않아. 마을이라는 의미로도 쓰이고, 촌스럽다는 뜻으로도 쓰이지. 농어촌(農漁村), 촌로(村老), 촌부(村婦)에서는 시골로 해석할 수 있지만, 판자촌(板子村), 민속촌(民俗村), 지구촌(地球村), 부촌(富村)에서는 마을이라는 의미야. 촌놈, 촌뜨기에서는 촌스럽다는 뜻으로 쓰이지.

'산촌'은 어떤 곳일까? 산속에 있는 마을도 산촌(山村)이지만, 인가가 흩어져서 이루어진 마을도 산촌(散村)이라고 해. 전자는 '뫼 산(山)'의 산촌이고, 후자는 '흩을 산(散)'의 산촌이란다.



## 한자 문해력 UP!

| | | |
|---|---|---|
| **벽촌** | 후미질 벽(僻) + 마을 촌(村)<br>▶ 후미진 마을 | 뜻 외따로 떨어져 있는 매우 후미지고 으슥한 마을<br>예문 그녀는 후미진 벽촌을 빨리 벗어나고 싶어했다. |
| **기지촌** | 기초 기(基) + 땅 지(地) + 마을 촌(村)<br>▶ 활동하는데 기초가 되는 땅에 만든 마을 | 뜻 외국군의 기지 주변에 형성된 마을<br>예문 기지촌의 주민들은 대부분 미군을 상대로 장사를 하여 생계를 꾸려 나갔다. |
| **집성촌** | 모을 집(集) + 성씨 성(姓) + 마을 촌(村)<br>▶ 같은 성씨가 모인 마을 | 뜻 성(姓)이 같은 사람들끼리 모여 이룬 마을<br>예문 시골에는 집성촌을 이루며 사는 곳이 많다. |

**쓰며 익히자**

| 村 | | | | | |
|---|---|---|---|---|---|
| 마을 촌 | | | | | |

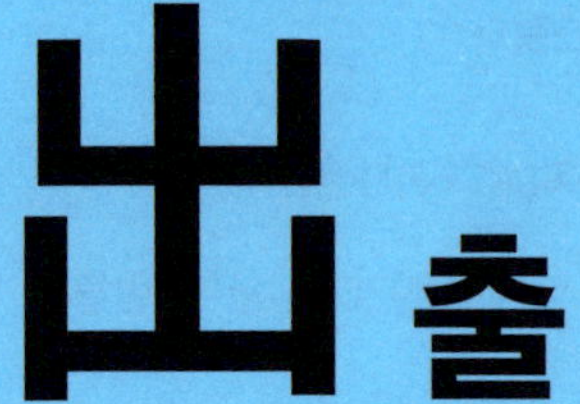

# 出 출

뜻 | **나다, 태어나다, 나가다**

글자 형성 풀이 | **산 산(山) + 산 산(山)**

산에서 식물의 싹이 돋아나는 모습을 본뜬 글자다.

**일상에서 어떻게 쓰일까?** '가출'과 '출가'는 매우 다른 말이야. 불만을 품고 집에서 나가 돌아오지 않음은 가출(家出)이라 하고, 큰 뜻을 품고 집을 떠나가는 일은 출가(出家)라고 해. 여자가 결혼하는 일도 '출가'라 하는데 이때는 '집 가(家)'가 아니라 '시집갈 가(嫁)'란다.

나가는 입이기에 **날 출(出), 어귀 구(口)**의 '출구'이고, 나가고 들어오는 문이기에 **날 출(出), 들어올 입(入), 어귀 구(口)**의 '출입구'야. 배가 항구를 떠나는 일은 '항구 항(港)'을 써서 출항(出港)이라 하고, 책이나 그림 따위의 저작물을 인쇄하여 세상에 내놓는 일은 '책 판(版)'을 써서 출판(出版)이라 해.

사회 | 46

## 한자 문해력 UP!

| | | |
|---|---|---|
| **연출** | 공연 연(演) + 날 출(出)<br>▶ 공연을 내보내다 | 뜻 각본이나 시나리오를 바탕으로 연기, 장치, 의상 등의 요소들을 종합하여 작품을 만들어 내는 일<br>예문 그의 탁월한 연출 능력에 찬사가 쏟아졌다. |
| **창출** | 만들 창(創) + 날 출(出)<br>▶ 만들어서 내보내다 | 뜻 이전에는 없던 것을 처음으로 생각하여 이루어 내거나 만들어 냄<br>예문 민주주의는 인류가 창출한 최고의 정치 제도다. |
| **선출** | 가릴 선(選) + 날 출(出)<br>▶ 가려서 나오도록 하다 | 뜻 여럿 가운데서 뽑거나 골라냄<br>예문 이사회는 평사원을 영업 이사로 선출하였다. |

## 쓰며 익히자

| 出 | | | | | |
|---|---|---|---|---|---|
| 날 출 | | | | | |

# 親 친

뜻 | 친하다, 가깝다, 어버이

글자 형성 풀이 | 설 립(立) + 나무 목(木) + 볼 견(見)

나무 위에 서서 자식이 오는지 쳐다보는 사람, 그 사람은 어버이 아니면 친한 사람이다.

**일상에서 어떻게 쓰일까?** '친구'는 누구일까? **친할 친(親), 오랠 구(舊)**로 오랫동안 친한 사람이야. 더할 나위 없이 친한 친구를 '절친'이라 하는데, **정성스러울 절(切), 친구 친(親)**으로 정성스러운 친구라는 뜻이지. '친환경'은 어떤 뜻이냐고? '친할 친(親)'으로 환경과 친하게 한다는 뜻이야. 환경에 해를 끼치지 않는다는 의미란다.

'일가'는 **하나 일(一), 가족 가(家)** 즉, 하나의 가족이라는 뜻으로 성(姓)과 본(本)이 같은 사람들을 말해. '친척'은 **친할 친(親), 겨레 척(戚)**으로 혈연적으로 관계가 있는 고종, 외종, 이종 등을 일컫지. 친지(親知)는 '알 지(知)'를 써서 친하면서 잘 알고 지내는 사람들을 뜻한단다.

## 한자 문해력 UP!

**친절**

친할 친(親) + 정성스러울 절(切)
▶ 친하고 정성스럽다

뜻 대하는 태도가 매우 친근하고 다정함
예문 필요 이상의 친절은 예의가 아니다.

**친목**

친할 친(親) + 화목할 목(睦)
▶ 친하고 화목하다

뜻 서로 맺은 관계가 친밀하여 잘 어우러지고 정다움
예문 우리는 1년에 2회 정도 친목 모임을 갖는다.

**친정**

어버이 친(親) + 뜰 정(庭)
▶ 부모의 뜰

뜻 시집간 여자의 본집
예문 그녀는 친정 엄마 생각에 못내 울음을 터뜨렸다.

**쓰며 익히자**

| 親 | | | | | |
|---|---|---|---|---|---|
| 친할 친 | | | | | |

# 解 해

뜻 | **풀다, 깨닫다**

글자 형성 풀이 | **뿔 각(角) + 칼 도(刀) + 소 우(牛)**

소의 뿔에 칼질할 수 있다면 어떤 문제도 풀어낼 수 있다.

**일상에서 어떻게 쓰일까?** 1945년 8월 15일에 우리는 해방되었어. '해방'은 **풀 해(解), 놓을 방(放)**으로 구속이나 억압이나 부담 등에서 풀어지고 놓아졌다는 뜻이야. '광복'이라고도 하지. **빛 광(光), 회복할 복(復)**으로 빛을 회복하였다는 뜻이야. '독립'은 무슨 뜻이냐고? **홀로 독(獨), 설 립(立)**으로 홀로 서게 되었다는 뜻이란다.

'계엄 해제'를 이야기하고, "해제를 요구했다."라고도 하지? 규제나 금지 따위를 풀어서 자유롭게 하는 일을 '해제'라고 해. **풀 해(解), 없앨 제(除)**로 풀어서 없앤다는 뜻이지. 규제나 금지 따위를 풀어서 자유롭게 함을 일컫는단다.



## 한자 문해력 UP!

| | | |
|---|---|---|
| **해산** | 풀 해(解) + 흩을 산(散)<br>▶ 풀어서 흩어지도록 하다 | 뜻 모였던 사람들이 따로따로 흩어짐<br>예문 졸업식이 끝나자 졸업생들이 해산하였다. |
| **오해** | 잘못할 오(誤) + 이해할 해(解)<br>▶ 잘못 이해함 | 뜻 그릇되게 해석하거나 뜻을 잘못 앎<br>예문 많은 대화로 서로 간에 오해가 풀렸다. |
| **해열제** | 풀 해(解) + 뜨거울 열(熱) + 약제 제(劑)<br>▶ 뜨거움을 풀어내는 약 | 뜻 병적으로 높아진 체온을 정상으로 내리게 하는 약<br>예문 해열제를 먹자마자 열이 내려가기 시작했다. |

**쓰며 익히자**

| 解 | | | | | |
|---|---|---|---|---|---|
| 풀 해 | | | | | |

# 現 현

뜻 | 나타나다, 드러내다, 현재

글자 형성 풀이 | 구슬 옥(⺩=玉) + 볼 견(見)

구슬을 보고 있으면 광채가 나타난다.

**일상에서 어떻게 쓰일까?** 필름 카메라로 사진 찍어 본 적 있니? 디지털카메라 이전에는 필름을 장착해서 사진을 찍었어. 당시에는 사진관도 많았는데, 사진관 벽에는 '현상'이라는 문구가 붙어 있었지. 현상은 **나타날 현(現), 모양 상(像)**으로 모양을 나타낸다는 뜻이야. 카메라 필름에 약품을 처리해서 모양이 나타나도록 하였어. 현상한 필름을 감광지 위에 비추어 사진으로 만드는 일을 '인화'라 했는데 **찍을 인(印), 그림 화(畵)**로 그림을 찍는다는 의미였단다.

"현상을 유지하다."라고 할 때의 '현상'은 **현재 현(現), 상태 상(狀)**으로 현재의 상태라는 뜻이야. 그러나 '현상금'에서의 '현상'은 **매달 현(懸), 상 상(賞)**으로 상을 매달았다는 뜻이지.



## 한자 문해력 UP!

| | | |
|---|---|---|
| **현장** | 나타날 현(現) + 장소 장(場)<br>▶ 나타난 장소 | 뜻 어떤 일이나 사건이 실제로 일어나고 있거나 일어난 곳<br>예문 산불 현장 여기저기서 불덩이가 튀어 올랐다. |
| **구현** | 갖출 구(具) + 나타날 현(現)<br>▶ 갖추어 나타나다 | 뜻 어떤 현상이 구체적인 모습으로 뚜렷이 나타남<br>예문 정치인들은 정의 사회 구현을 목표로 정치 활동을 해야 한다. |
| **기현상** | 기이할 기(奇) + 나타날 현(現) + 모양 상(象)<br>▶ 기이함이 나타나는 모양 | 뜻 기이한 현상<br>예문 자본주의는 풍요와 결핍이 공존하는 기현상을 보인다. |

## 쓰며 익히자

現

나타날 현

# 會 회

**뜻 | 모이다, 만나다**

**글자 형성 풀이 | 사람 인(人) + 하나 일(一) + 눈 목(目) + 말할 왈(曰)**

사람이 하나의 눈빛으로 말하면 사람들이 모여들게 되어 있다.

**일상에서 어떻게 쓰일까?** 어떤 모임이나 예식 등에서 일을 진행하는 사람을 '사회자'라고 해. **맡을 사(司), 모임 회(會), 사람 자(者)**로 모임의 진행을 맡은 사람이라는 뜻이야. 토론을 진행하는 사람도 사회자라고 하지. 여러 사람이 모여 함께 음식 먹는 일을 '회식'이라 하는데 **모일 회(會), 먹을 식(食)**으로 모여서 먹는다는 뜻이란다.

친밀하고 진지하게 이야기하면서 서로의 의견을 나누는 모임은 **정성 간(懇), 말할 담(談), 모임 회(會)**를 써서 '간담회'라고 하지.



## 한자 문해력 UP!

| | | |
|---|---|---|
| **연회** | 잔치 연(宴) + 모일 회(會)<br>▶ 잔치로서의 모임 | 뜻 축하, 위로, 환영, 석별 등을 위하여 여러 사람이 모여 베푸는 잔치<br>예문 회의가 끝나고 연회가 있을 예정이니 참석해 주세요. |
| **법회** | 부처의 가르침 법(法) + 모일 회(會)<br>▶ 부처님의 가르침을 위한 모임 | 뜻 불교의 교리를 설법하는 모임<br>예문 스님들은 법회를 통해 부처님 말씀을 전한다. |
| **회담** | 모일 회(會) + 말할 담(談)<br>▶ 모여서 말하는 일 | 뜻 어떤 문제에 대하여 대표성을 띤 사람들이 모여서 대화를 나누거나 토의함<br>예문 회담이 교착 상태에 빠졌다. |

## 쓰며 익히자

| 會 | | | | | |
|---|---|---|---|---|---|
| 모일 회 | | | | | |

일상에서 받은 스트레스를 잘 풀어내려면 적절한 문화생활을 즐기는 게 중요해.
독서, 영화 관람, 여행 등을 통틀어 문화생활이라고 하지.
'문화'는 어떤 뜻일까? 국어사전은 '삶을 풍요롭고 편리하고 아름답게 만들어 가고자
사회 구성원에 의해 습득, 공유, 전달되는 행동 양식'이라고 정의하고 있어.
'문자 문(文), 변화 화(化)' 문자를 활용해 만들어 낸 변화라고 해석하면 어떨까?

# 家 가

뜻 | **집, 가족, 혈통, 전문가**

글자 형성 풀이 | **집 면(宀) + 돼지 시(豕)**

집에 사는 돼지는 한 가족이다.
宀이 들어간 글자는 집을 의미하는 경우가 많다.

**일상에서 어떻게 쓰일까?** 가화만사성(家和萬事成)이라고 했어. **가족 가(家), 화목할 화(和), 모두 만(萬), 일 사(事), 이룰 성(成)**으로 가족이 화목하면 모든 일이 이루어진다는 뜻이지. 가족끼리 서로 사랑하고 이해함으로써 힘을 얻고 자신감을 가져야 밖에 나가서도 열심히 일하면서 행복할 수 있다는 이야기야.

가(家)는 가구(家具), 농가(農家), 가축(家畜), 가전제품(家電製品)에서는 집을 뜻하고, 가문(家門), 종가(宗家), 외가(外家), 가계(家系)에서는 가족이나 혈통이라는 뜻으로 쓰여. 그리고 소설가(小說家), 화가(畫家), 평론가(評論家)에서는 전문가를 나타내는 말이란다.

## 한자 문해력 UP!

| | | |
|---|---|---|
| **독지가** | 도타울 독(篤) + 뜻 지(志) + 전문가 가(家)<br>▶ 뜻이 도타운 사람 | 뜻 뜻있는 일에 특별히 마음을 써서 협력하고 도움을 주는 사람<br>예문 불우 청소년과 결연하려는 독지가가 늘고 있다. |
| **초가삼간** | 풀 초(草) + 집 가(家) + 석 삼(三) + 사이 간(間)<br>▶ 풀로 지은 세 칸짜리 집 | 뜻 아주 작고 초라한 집을 비유적으로 이르는 말<br>예문 빈대 잡으려다 초가삼간 다 태운다. |
| **가부장제** | 집 가(家) + 아비 부(父) + 어른 장(長) + 법도 제(制)<br>▶ 집에서 아버지가 어른인 법 | 뜻 가장이 강력한 권력을 가지고 안으로는 가족을 지배하고 통솔하며, 밖으로는 가족을 대표하는 가족 형태<br>예문 가부장제의 지배와 억압에서 해방되어야 한다. |

## 쓰며 익히자

| 家 | | | | | |
|---|---|---|---|---|---|
| 집 가 | | | | | |

# 感 감

뜻 | 느끼다, 감동하다

글자 형성 풀이 | 다 함(咸) + 마음 심(心)

인간이라면 다 가지고 있는 마음이 감정이다.

일상에서 어떻게 쓰일까? 무엇이든 정성껏 하게 되면 하늘을 움직여서 좋은 결과를 맺게 됨을 '지성감천'이라 해. **이를 지(至), 정성 성(誠), 감동할 감(感), 하늘 천(天)**으로 정성이 지극하면 하늘까지 감동시킬 수 있다는 뜻이지. "지극이면 감천이다."라고도 많이 사용한단다.

감(感)은 느낀다는 뜻을 갖고 있어. "감이 뛰어나다.", "감이 왔다.", "감을 잡다." 등과 같이 단독으로 쓰이기도 하지. 단어 뒤에 붙어서 기분이나 능력, 느낌을 뜻하기도 하는데 자신감(自信感), 책임감(責任感), 불안감(不安感), 기시감(旣視感) 등이 그것이란다. '기시감'이 뭐냐고? **이미 기(旣), 볼 시(視), 느낌 감(感)**으로 이미 본 듯한 느낌이라는 뜻이지.

## 한자 문해력 UP!

|  |  |  |
|---|---|---|
| 공감 | 함께 공(共) + 느낄 감(感)<br>▶ 함께 느끼다 | 뜻 남의 주장이나 감정, 생각 등에 대하여 자기도 그렇다고 느끼는 마음<br>예문 사람들은 피해자의 입장에 대해 가슴 깊이 공감했다. |
| 감사 | 감동할 감(感) + 사례할 사(謝)<br>▶ 감동되어 사례하다 | 뜻 고마움을 표시하는 인사<br>예문 그분을 찾아 감사 인사를 꼭 드리고 싶었다. |
| 감수성 | 느낄 감(感) + 받을 수(受) + 성품 성(性)<br>▶ 느낌을 받는 성품 | 뜻 자극을 받아들이고 느끼는 성질이나 성향<br>예문 그 작가는 독특한 감수성으로 독자들을 사로잡았다. |

### 쓰며 익히자

| 感 | | | | | |
|---|---|---|---|---|---|
| 느낄 감 | | | | | |

# 開 개

뜻 | **열다, 피다, 시작하다**

글자 형성 풀이 | **문 문(門) + 한 일(一) + 받들 공(廾)**

문을 한마음으로 받들면 열리게 된다.

**일상에서 어떻게 쓰일까?** 아무도 손대지 않은 분야의 일을 처음 시작하여 새로운 길을 닦는 일을 '개척'이라고 해. **열 개(開), 넓힐 척(拓)**으로 열어서 넓힌다는 뜻이지. 새로운 영역이나 운명, 영토 등을 처음으로 열어나가는 일이라는 뜻으로도 쓰인단다. 미개지를 개척하는 사람을 개척자(開拓者)라 하고, 아무도 손대지 않은 분야의 일을 처음 시작하여 새로운 길을 닦고자 하는 정신을 개척정신(開拓精神)이라고 해.

봉한 것을 떼어서 여는 일을 '봉할 봉(封)'을 써서 개봉(開封)이라 해. 사업체나 시설이 새로 문을 열고 업무를 시작함을 '마당 장(場)'을 써서 개장(開場)이라 한단다.

## 한자 문해력 UP!

| | | |
|---|---|---|
| **재개** | 다시 재(再) + 열 개(開)<br>▶ 다시 열다 | 뜻 한동안 중단되었던 일이나 활동 등을 다시 시작함<br>예문 양 국가의 교역이 다시 재개되었다. |
| **공개** | 공평할 공(公) + 열 개(開)<br>▶ 공평하게 열다 | 뜻 어떤 사실을 여러 사람 앞에 널리 드러냄<br>예문 오해를 떨치고 싶다면 공개하면 되는 것 아닌가요? |
| **개항** | 열 개(開) + 항구 항(港)<br>▶ 항구를 열다 | 뜻 항구를 열어 외국 선박의 출입을 허용함<br>예문 개항 이후 새로운 서구 문물이 물밀 듯 들어왔다. |

**쓰며 익히자**

| 開 | | | | | |
|---|---|---|---|---|---|
| 열 개 | | | | | |

# 建 건

뜻 | 세우다, 일으키다

글자 형성 풀이 | 길게 걸을 인(廴) + 붓 율(聿)

붓을 가지고 길게 걷는 이유는 새로운 계획을 세우기 위해서다.

**일상에서 어떻게 쓰일까?** 여러 가지 재료를 이용하여 건물이나 구조물 등을 세우는 일을 '건축'이라고 하지. **세울 건(建), 쌓을 축(築)**으로 세우고 쌓았다는 뜻이란다. '재건축'이라는 말 들어 보았지? '다시 재(再)'를 써서 기존의 건축물을 허물고 다시 세운다는 뜻이야.

'건평'이 뭔지 아니? **건물 건(建), 면적 평(坪)**으로 건물이 차지하는 밑바닥의 넓이를 말하지. '연건평'은 뭐냐고? **이을 연(延), 건물 건(建), 면적 평(坪)**으로 건물이 차지한 면적을 이어서 종합한 평수를 뜻하지. 의견이나 희망 사항을 내놓음을 '건의'라 하는데 **세울 건(建), 의논 의(議)**로 의논을 세웠다는 뜻이야.

## 한자 문해력 UP!

| | | |
|---|---|---|
| **건국** | 세울 건(建) + 나라 국(國)<br>▶ 나라를 세우다 | 뜻 나라를 세움<br>예문 우리나라의 건국 이념은 홍익인간이다. |
| **재건** | 다시 재(再) + 세울 건(建)<br>▶ 다시 세우다 | 뜻 없어졌거나 허물어진 건물이나 조직 등을 다시 일으켜 세움<br>예문 재건을 위해서는 누군가의 열정이 있어야 한다. |
| **봉건** | 봉할 봉(封) + 세울 건(建)<br>▶ 봉하여 세우다 | 뜻 임금이 나라의 토지를 제후에게 나누어 주고 제후를 봉하여 나라를 세우게 하던 일<br>예문 사회가 개화되면서 봉건 제도가 차차 없어지게 되었다. |

**쓰며 익히자**

| 建 | | | | | |
|---|---|---|---|---|---|
| 세울 건 | | | | | |

# 格 격

뜻 | 격식, 바로잡다, 연구하다, 자격

글자 형성 풀이 | 나무 목(木) + 각각 각(各)

나무는 각각의 자리에 있을 때 격식이 있게 된다.

**일상에서 어떻게 쓰일까?** '격물치지'라는 말 아니? 『대학』에 나오는 말인데, '격물'해야 '치지' 할 수 있다는 뜻을 담고 있어. 격물은 **연구할 격(格), 사물 물(物)**로 사물의 이치를 철저하게 연구한다는 뜻이야. 치지는 **이를 치(致), 알 지(知)**로 앎에 이른다는 뜻이지. 그러니까 격물치지는 사물의 이치를 철저하게 연구해야만 앎에 이를 수 있다는 이야기인 거야.

격(格)은 자격이라는 뜻으로 많이 쓰여. 주어의 자격이기에 주격(主格)이고, 목적어의 자격이기에 목적격(目的格)인 거지. "격에 맞다." 혹은 "격에 어울리지 않다."라고 하는데 이때는 환경이나 사정에 자연스럽게 어울리는 분수나 품위라는 뜻이란다.

## 한자 문해력 UP!

| | | |
|---|---|---|
| **인격** | 사람 인(人) + 격식 격(格)<br>▶ 사람으로서의 격식 | 뜻 사람의 됨됨이<br>예문 말은 그 사람의 인격이라 한다. |
| **합격** | 합당할 합(合) + 자격 격(格)<br>▶ 자격이 합당하다 | 뜻 일정한 자격을 얻기 위한 시험이나 검사 등에 붙거나 통과함<br>예문 시험에 합격하여 모두의 축하를 받았다. |
| **격언** | 바로잡을 격(格) + 말 언(言)<br>▶ 마음을 바로잡는 말 | 뜻 사리에 꼭 맞아 인생의 교훈이 될 만한 짧은 말<br>예문 수업 시간마다 하나의 격언을 칠판에 적었다. |

## 쓰며 익히자

| 格 | | | | | |
|---|---|---|---|---|---|
| 격식 격 | | | | | |

뜻 | 보다, 보이다, 소견

글자 형성 풀이 | 눈 목(目) + 어진 사람 인(儿=人)

어진 사람의 눈에는 어진 사람만 보인다.

**일상에서 어떻게 쓰일까?** 삶에서 중요한 것 중 하나는 인간에 대한 이해가 아닐까 생각해. 인간이 착하고 이타적일 때도 있지만 때로는 악하고 이기적이기도 하다는 사실을 알면 서운함과 분노를 물리칠 수 있거든. 견물생심(見物生心)도 인간의 본성 중 하나임이 분명한데, **볼 견(見), 물건 물(物), 날 생(生), 욕심 심(心)**으로 물건을 보면 욕심이 생긴다는 뜻이란다.

견(見)은 본다는 의미로 많이 쓰이지만 보이는 바, 즉 생각이나 소견이라는 의미로도 쓰인단다. 사물이나 현상을 바라보는 생각이나 입장을 견해(見解)라 하고, 다른 의견이나 생각을 이견(異見)이라고 하지.

## 한자 문해력 UP!

| | | |
|---|---|---|
| **견학** | 볼 견(見) + 배울 학(學)<br>▶ 보고 배우다 | 뜻 어떤 장소를 직접 방문하여 그곳에서 구체적인 지식을 배움<br>예문 견학 가기 전에 충분히 공부하는 게 필요하다. |
| **회견** | 모일 회(會) + 볼 견(見)<br>▶ 모이라 하고 보다 | 뜻 일정한 절차에 따라 서로 만나서 어떤 문제에 대해 의사를 전달하거나 견해를 밝힘<br>예문 기자 회견을 열어 진실을 밝히려 한다. |
| **소견** | 바 소(所) + 볼 견(見)<br>▶ 보는 바 | 뜻 일이나 물건을 보고 느끼는 생각이나 의견<br>예문 자신의 소견을 당당하게 밝히는 게 좋다. |

**쓰며 익히자**

| 見 | | | | | |
|---|---|---|---|---|---|
| 볼 견 | | | | | |

# 景 경

뜻 | **볕, 햇살, 경치**

글자 형성 풀이 | **태양 일(日) + 서울 경(京)**

태양이 있을 때 서울에 가야만 경치를 볼 수 있다.

**일상에서 어떻게 쓰일까?** 「관동별곡」은 선조 때, 정철이 지은 가사야. '관동팔경'에 대한 아름다움을 노래한 작품이지. '관동'은 **대관령 관(關), 동녘 동(東)**으로 대관령 동쪽이라는 뜻이니까 강원도 일대를 가리켜. '팔경'은 **여덟 팔(八), 경치 경(景)**으로 여덟 곳의 아름다운 경치지.

경(景)은 볕이나 햇살, 밝다는 의미로도 쓰이지만 경치를 의미하기도 한단다. 야경(夜景), 절경(絶景), 전경(全景), 설경(雪景) 등이 그것이야. "진풍경이 펼쳐졌다."고 하지? 진풍경에서는 '진귀할 진(珍)'을 써. 진귀한 경치나 구경거리라고 할 만한 희한한 광경을 일컫는단다.

## 한자 문해력 UP!

| | | |
|---|---|---|
| **경기** | 볕 경(景) + 기운 기(氣)<br>▶ 볕이 쏘이는 기운 | 뜻 매매나 거래 등에 나타난 경제 활동의 상황<br>예문 요즘 경기가 좋지 않은 까닭은 무엇일까요? |
| **경품** | 볕 경(景) + 물건 품(品)<br>▶ 햇볕처럼 주는 물건 | 뜻 특정한 기한 안에 많은 상품을 팔기 위하여 일정 액수 이상의 물건을 산 손님에게 곁들여 주는 물품<br>예문 경품의 유혹에 넘어가는 사람이 적지 않다. |
| **조경** | 만들 조(造) + 경치 경(景)<br>▶ 경치를 만듦 | 뜻 경치를 아름답게 꾸밈<br>예문 도심에 공원을 만드는 이유는 조경을 위해서다. |

**쓰며 익히자**

| 景 | | | | | |
|---|---|---|---|---|---|
| 볕 경 | | | | | |

문화 | 07

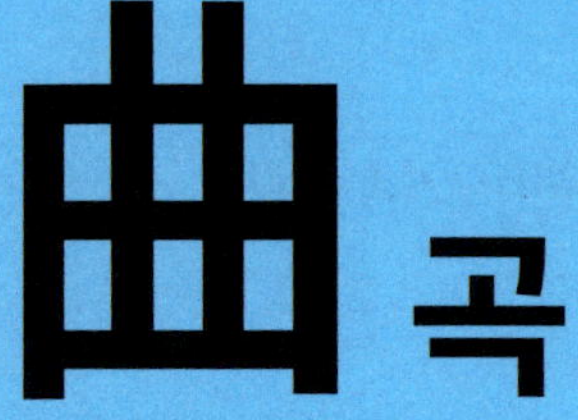

# 曲 곡

**뜻 | 굽다, 굽히다, 노래**

**글자 형성 풀이 | 말할 왈(曰) + 뚫을 곤(丨) + 뚫을 곤(丨)**

말로 뚫고 또 뚫으면 굽어지게 된다.

**일상에서 어떻게 쓰일까?** "왜곡(歪曲)이 있다.", "곡선(曲線)으로 설계하였다.", "굴곡(屈曲)이 심하다." 우리가 평소에 흔히 쓰는 표현들이야. 이때의 곡(曲)은 굽다, 굽히다는 뜻이야. 그러나 작곡(作曲), 교향곡(交響曲), 애창곡(愛唱曲)에서는 노래나 가락을 의미하지.

진실을 외면한 채 '곡학아세'하는 가짜 학자들이 사라져야 이 땅의 학문이 바로 선다고 이야기하지. 곡학아세는 **굽힐 곡(曲), 학문 학(學), 아부할 아(阿), 세상 세(世)**로 학문을 굽혀서 세상에 아부한다는 뜻이야. 바르지 못한 학문으로 세속의 인기에 영합하려 애씀을 일컬을 때 쓰는 표현이란다.

## 한자 문해력 UP!

| | | | |
|---|---|---|---|
| **굴곡** | 굽을 굴(屈) + 굽을 곡(曲)<br>▶ 굽어 있다 | 뜻<br>예문 | 이리저리 굽어 꺾임<br>도로에 굴곡이 많으면 교통사고의 위험이 크다. |
| **왜곡** | 비뚤 왜(歪) + 굽힐 곡(曲)<br>▶ 비뚤어서 굽히다 | 뜻<br>예문 | 사실과 달리 그릇되게 하거나 진실과 다르게 함<br>역사는 승자에 의해서 늘 왜곡되었다. |
| **협주곡** | 합할 협(協) + 연주할 주(奏) + 노래 곡(曲)<br>▶ 합해서 연주하는 노래 | 뜻<br>예문 | 독주 악기와 관현악이 합주하면서 독주 악기의 능력이 충분히 발휘되도록 만들어진 악곡<br>그 협주곡은 악풍이 장중하고 엄숙하다. |

## 쓰며 익히자

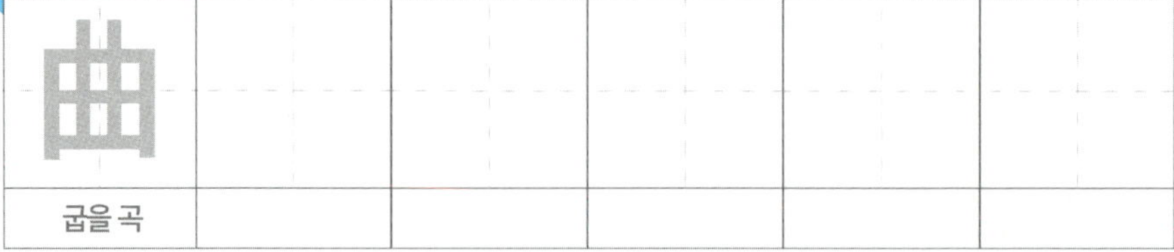

# 空 공

**뜻** | 비다, 없다, 헛되다, 하늘

**글자 형성 풀이** | 구멍 혈(穴) + 만들 공(工)

구멍을 만드는 일은 텅 비도록 하는 일이다.
혈(穴)은 뜻을 나타내고 공(工)은 음을 나타낸다.

**일상에서 어떻게 쓰일까?** '노트(note)'를 '공책'이라고도 하는데 무슨 뜻일까? **빌 공(空), 책 책(冊)**으로 책은 책인데 비어 있는 책이라는 뜻이야. 공(空)은 비어 있다는 뜻인데, 공군(空軍), 공중(空中), 허공(虛空), 공항(空港), 항공기(航空機)에서는 하늘을 뜻한단다.

아무리 재물을 탐하고 권력을 좇아도 결국 모두 부질없으므로 너무 아등바등 욕심부리며 살 필요가 없다고 해. 이를 '공수래공수거'라 하지. **빌 공(空), 손 수(手), 올 래(來), 빌 공(空), 손 수(手), 갈 거(去)**로 인생은 빈손으로 왔다가 빈손으로 가는 것이라고 해석할 수 있어.

## 한자 문해력 UP!

|  |  |  |
|---|---|---|
| **진공** | 진짜 진(眞) + 빌 공(空)<br>▶ 진짜 비어 있다 | **뜻** 물질이 전혀 존재하지 않는 공간<br>**예문** 진공 포장 덕분에 음식물을 신선한 상태로 보관할 수 있다. |
| **공상** | 헛될 공(空) + 생각 상(想)<br>▶ 헛된 생각 | **뜻** 현실적이지 않거나 실현될 가망이 없는 것을 마음대로 상상함 또는 그런 생각<br>**예문** 그 애는 가끔 공상에 잠겨 있곤 했다. |
| **영공** | 다스릴 영(領) + 하늘 공(空)<br>▶ 다스리는 하늘 | **뜻** 국가의 주권이 미치는 영토와 영해 위에 있는 하늘<br>**예문** 우리에게는 영토만 있는 게 아니라 영공도 있고 영해도 있다. |

## 쓰며 익히자

| 空 | | | | | |
|---|---|---|---|---|---|
| 빌 공 | | | | | |

# 觀 관

뜻 | **보다, 관찰하다**

글자 형성 풀이 | **황새 관(雚) + 볼 견(見)**

황새를 보는 것은 관찰하기 위해서다.

**일상에서 어떻게 쓰일까?** '수수방관'이라는 말이 있어. "수수방관할 수 없다."고도 하고, "뾰족한 대책이 없어서 수수방관한다."고 말하기도 하지. 나서야 할 일에 간섭하거나 거들지 않고 그대로 내버려두는 것을 수수방관이라고 하는데 **소매 수(袖), 손 수(手), 곁 방(傍), 볼 관(觀)**을 쓴단다. 소매에 손을 넣고 곁에서 보기만 한다는 뜻이야.

'가관'이라는 말은 두 가지 뜻으로 사용된다는 사실, 알고 있니? **가히 가(可), 볼 관(觀)**으로 가히 볼만하다는 뜻이야. 경치가 꽤 볼만하다는 뜻으로 쓰이기도 하지만, 꼴이 볼만하다는 뜻으로 해석하여 남의 언행이나 어떤 상태를 비웃는 뜻으로도 쓰이지.

## 한자 문해력 UP!

|  |  |  |
|---|---|---|
| **낙관** | 즐거울 낙(樂) + 볼 관(觀)<br>▶ 즐거운 마음으로 보다 | 뜻 앞날의 일을 희망적으로 생각함<br>예문 지나친 낙관이 발전을 저해하는 경우도 많다. |
| **관념** | 볼 관(觀) + 생각 념(念)<br>▶ 보고 생각나는 일 | 뜻 어떤 사물이나 현상에 관한 견해나 생각<br>예문 문학은 관념만으로 성립할 수 없다. |
| **관상용** | 볼 관(觀) + 즐길 상(賞) + 쓸 용(用)<br>▶ 보고 즐기는 데 쓰다 | 뜻 두고 보면서 즐기는 데 쓰임<br>예문 물고기는 대부분 관상용으로 기른다. |

**쓰며 익히자**

| 觀 | | | | | |
|---|---|---|---|---|---|
| 볼 관 | | | | | |

# 旣 기

뜻 | 이미, 원래

글자 형성 풀이 | 낟알 급(皀) + 목멜 기(旡)

낟알에 목이 메인다면 이미 배가 부른 것이다.

**일상에서 어떻게 쓰일까?** 기성세대와 신세대의 거리를 좁혀야 한다는 이야기를 자주 듣곤 해. '기성'은 **이미 기(旣), 만들 성(成)**으로 이미 만들어졌다는 뜻이야. 이미 성장한 세대이기에 기성세대(旣成世代)고, 이미 만들어진 옷이기에 기성복(旣成服)이며, 이미 문단에서 작가로 이름이 알려진 사람이기에 기성작가(旣成作家)지.

시험을 잘 치르기 위해서는 기출문제를 잘 분석해야 한단다. 출제자의 의도를 파악하고, 실전 감각을 키우며 학습 효율을 높일 수 있기 때문이지. '기출'은 **이미 기(旣), 날 출(出)**로 이미 나왔다는 뜻이란다.

## 한자 문해력 UP!

| | | |
|---|---|---|
| **기득권** | 이미 기(旣) + 얻을 득(得) + 권리 권(權)<br>▶ 이미 얻은 권리 | 뜻 정당한 절차를 밟아 이미 획득한 법률상의 권리<br>예문 개혁은 자신의 기득권을 양보할 때 가능하다. |
| **개기일식** | 모두 개(皆) + 이미 기(旣) + 태양 일(日) + 좀먹을 식(蝕)<br>▶ 모두 이미 태양이 좀먹었다 | 뜻 태양이 달에 의해 완전히 가려 보이지 않는 현상<br>예문 개기일식으로 주위가 잠시 어두워졌다. |
| **기왕불구** | 이미 기(旣) + 갈 왕(往) + 아닐 불(不) + 허물 구(咎)<br>▶ 이미 지나간 허물은 보지 않는다 | 뜻 이미 지나간 과거의 일은 탓하지 않음<br>예문 진정한 사과 없는 일본에 대해서는 기왕불구를 적용할 수 없다. |

## 쓰며 익히자

| 旣 | | | | | | |
|---|---|---|---|---|---|---|
| 이미 기 | | | | | | |

# 記 기

**뜻 | 기록하다, 적다**

**글자 형성 풀이 | 말씀 언(言) + 몸 기(己)**

말을 자기가 간직하는 일을 기록이라 한다.

**일상에서 어떻게 쓰일까?** '무기명'은 **아니할 무(無), 기록할 기(記), 이름 명(名)**으로 이름을 기록하지 않는다는 뜻이야. 투표용지에 투표인의 이름을 밝히지 않은 비밀 투표를 무기명 투표라고 하지. 상품권, 승차권, 관람권 등 채권자의 이름이 표시되지 않은 '채권'은 무기명 채권이라고 해. 채권은 **빌 채(債), 문서 권(券)**으로 돈을 빌렸음을 증명하는 문서란다.

종이, 먹, 붓, 볼펜, 연필 등을 '필기구'라고 하는데, **글씨 필(筆), 기록할 기(記), 도구 구(具)**로 글씨를 써서 기록하기 위한 도구라는 뜻이야. 이렇듯 기(記)는 기록하다 혹은 적다는 뜻으로 쓰인단다.

## 한자 문해력 UP!

| | | |
|---|---|---|
| **등기** | 오를 등(登) + 기록할 기(記)<br>▶ 기록하여 올림 | 뜻 국가 기관이 법정 절차에 따라 권리, 재산, 신분 등에 관련된 사실이나 관계를 등기부에 기재하는 일<br>예문 지금 살고 있는 집은 어머니 명의로 등기가 되어 있다. |
| **기재** | 기록할 기(記) + 실을 재(載)<br>▶ 기록하여 실음 | 뜻 문서 등에 기록하여 올림<br>예문 지원서에 기재 사항을 빠뜨리면 합격이 취소될 수 있다. |
| **오기** | 그릇할 오(誤) + 기록할 기(記)<br>▶ 잘못 기록함 | 뜻 잘못 기록함 또는 그런 기록<br>예문 세 번 검토했음에도 오기가 있었다. |

## 쓰며 익히자

| 記 | | | | | |
|---|---|---|---|---|---|
| 기록할 기 | | | | | |

# 讀 독

뜻 | **읽다, 해설하다**

글자 형성 풀이 | **말씀 언(言) + 팔 매(賣)**

말을 파는 일은 책을 읽어 주는 일이다.

**일상에서 어떻게 쓰일까?** '독해력'의 중요성은 나날이 강조되고 있어. **읽을 독(讀), 풀 해(解), 힘 력(力)**의 독해력은 읽어서 이해하는 힘이야. 독해력을 향상하려면 책을 많이 읽고 어휘력도 키워야 하지. '어휘'는 **단어 어(語), 무리 휘(彙)**로 단어의 무리, 단어의 전체라는 뜻이란다.

충분하게 뜻을 새기면서 글을 읽는 것을 '숙독'이라 하는데 **익을 숙(熟), 읽을 독(讀)**으로 완전하게 알게 될 때까지 읽는다는 뜻이야. '정밀할 정(精)'을 쓰는 정독(精讀)과 비슷한 말이지. 책을 읽은 뒤 '독후감'을 쓰는 것도 중요한 작업이야. 독후감이란 **읽을 독(讀), 뒤 후(後), 느낄 감(感)**으로 글을 읽은 뒤의 느낌을 적은 글이란다.

## 한자 문해력 UP!

| | | |
|---|---|---|
| **독해** | 읽을 독(讀) + 이해할 해(解)<br>▶ 읽어서 이해하다 | 뜻 글을 읽어서 뜻을 이해함<br>예문 독해를 잘하기 위해 가장 필요한 것은 어휘력이다. |
| **독경** | 읽을 독(讀) + 경전 경(經)<br>▶ 경전을 읽다 | 뜻 불경(佛經)의 글을 소리 내어 읽거나 외움<br>예문 노승의 독경 소리가 마음의 안정을 가져다주었다. |
| **난독증** | 어려울 난(難) + 읽을 독(讀) + 증세 증(症)<br>▶ 읽는 데 어려움을 겪는 증세 | 뜻 지능, 시각, 청각이 모두 정상인데도 글자를 읽고 이해하는 데에 어려움이 있는 증상<br>예문 책을 잘 못 읽어서 난독증 판정을 받았다. |

**쓰며 익히자**

| 讀 | | | | | |
|---|---|---|---|---|---|
| 읽을 독 | | | | | |

# 童 동

뜻 | 아이

글자 형성 풀이 | 세울 립(立) + 마을 리(里)

마을을 세우는 데는 아이들이 필요하다.

일상에서 어떻게 쓰일까? 아주 쉬운 내용을 말할 때 "삼척동자도 다 안다."고 표현하지. '삼척동자'는 **석 삼(三), 자 척(尺), 아이 동(童), 아이 자(子)**로, 여기서 척(尺)은 우리말로 자를 의미해. 한 자가 30.3센티미터쯤 되니까 삼척은 90센티미터 정도로, 철모르는 어린아이를 일컫는 표현이지.

어린아이의 얼굴은 '얼굴 안(顔)'을 써서 동안(童顔)이고, 어린이들의 감정이나 생각을 담아서 표현한 노래는 '노래 요(謠)'를 써서 동요(童謠)라 해. 여러 가지 재주와 지혜가 남달리 뛰어난 아이를 신동(神童)이라 하는데, '신 신(神)'을 써서 신처럼 재주 많은 아이를 뜻한단다.

## 한자 문해력 UP!

| | | |
|---|---|---|
| **동화** | 아이 동(童) + 이야기 화(話)<br>▶ 아이들을 위한 이야기 | 뜻 동심(童心)을 바탕으로 하여, 어린이를 위해 쓴 산문 문학의 한 갈래<br>예문 동화 작가가 되는 것이 꿈이었다. |
| **목동** | 다스릴 목(牧) + 아이 동(童)<br>▶ 가축을 다스리는 아이 | 뜻 가축에게 풀을 먹이며 돌보는 아이<br>예문 목동의 삶에도 나름의 아픔은 있다. |
| **화동** | 꽃 화(花) + 아이 동(童)<br>▶ 꽃을 뿌려 주는 아이 | 뜻 결혼식장에서, 신랑 신부가 식장에 입장하거나 퇴장할 때에 그 앞에서 꽃을 뿌리는 아이<br>예문 예전에는 신랑, 신부 옆에 화동을 세웠다. |

## 쓰며 익히자

| 童 | | | | | |
|---|---|---|---|---|---|
| 아이 동 | | | | | |

# 樂 락

뜻 | 즐겁다, 노래, 좋아하다

글자 형성 풀이 | 실 사(絲) + 말할 백(白) + 나무 목(木)

실로 말하기 위해 실을 나무에 묶어 악기를 만들어 즐겁게 노래하다.

**일상에서 어떻게 쓰일까?** '유붕자원방래 불역낙호(有朋自遠方來不亦樂乎)'라는 말 들어 보았니? '친구가 있어 먼 곳으로부터 방문하여 오면 즐겁지 아니한가?'라는 뜻이야. 『논어』 첫머리에 '학이시습지(學而時習之)' 다음으로 나오는 말이란다.

락(樂)은 노래, 즐겁다, 좋아한다는 뜻으로 쓰이는데, 뜻에 따른 음(音)도 각각 달라. 악기(樂器), 국악(國樂), 관현악(管絃樂)에서는 노래라는 뜻이기에 '악'으로 발음해. 지상낙원(地上樂園), 낙관(樂觀), 쾌락(快樂)에서는 즐겁다는 뜻으로 '낙(락)'으로 읽지. 산과 물을 좋아한다는 뜻의 요산요수(樂山樂水)에서는 좋아한다는 의미로 쓰여 '요'로 발음한단다.

## 한자 문해력 UP!

| | | |
|---|---|---|
| **관현악** | 대롱 관(管) + 줄 현(絃) + 노래 악(樂)<br>▶ 대롱과 줄로 만든 음악 | 뜻 관악기, 현악기, 타악기로 함께 연주하는 음악<br>예문 오늘의 관현악 연주는 정말 대단했어. |
| **안빈낙도** | 편안할 안(安) + 가난할 빈(貧) + 즐거울 락(樂) + 도 도(道)<br>▶ 가난하지만 편안하고 도를 즐기다 | 뜻 가난한 생활을 하면서도 편안한 마음으로 도를 즐김<br>예문 욕심을 버리기만 하면 안빈낙도는 쉬운 일이다. |
| **인자요산** | 어질 인(仁) + 사람 자(者) + 좋아할 요(樂) + 산 산(山)<br>▶ 어진 사람은 산을 좋아한다 | 뜻 어진 사람은 몸가짐이 무겁고 덕이 두터워 그 마음이 산과 비슷하므로 자연히 산을 좋아함<br>예문 인자요산이라고, 할아버지는 산을 좋아하셨다. |

## 쓰며 익히자

| 樂 | | | | | |
|---|---|---|---|---|---|
| 즐거울 락 | | | | | |

# 類 류

뜻 | 무리, 비슷하다

글자 형성 풀이 | 쌀 미(米) + 개 견(犬) + 머리 혈(頁)

쌀을 먹은 개의 머리가 무리를 이루고 있다.

일상에서 어떻게 쓰일까? 견과류가 건강에 좋다는 이야기 많이 들었지? 항산화 성분이 풍부하여 노화 예방과 심장 건강에 탁월한 효과를 가지기 때문이라고 해. 견과류는 **단단할 견(堅), 열매 과(果), 무리 류(類)**로 단단한 껍질을 가진 열매의 무리라는 뜻이란다. 땅콩, 은행, 밤, 호두 등이 있지.

류(類)는 여럿이 함께 모여 있는 무리를 가리키지. 글자로 기록한 문서를 통틀어 서류(書類)라 하고, 옷에 속한 것들을 통틀어 의류(衣類)라 해. 사람이 먹을 수 있는 모든 짐승의 고기를 육류(肉類)라 한단다.

## 한자 문해력 UP!

| | | |
|---|---|---|
| **서류** | 문서 서(書) + 무리 류(類)<br>▶ 문서의 무리 | 뜻 글자로 기록한 문서를 통틀어 이르는 말<br>예문 서류를 허위로 작성하면 문서 위조죄다. |
| **분류** | 나눌 분(分) + 무리 류(類)<br>▶ 무리별로 나누다 | 뜻 사물을 종류에 따라 가름<br>예문 과일로 분류했던 토마토를 야채로 재분류하였다. |
| **포유류** | 먹일 포(哺) + 젖 유(乳) + 무리 류(類)<br>▶ 젖을 먹이는 무리 | 뜻 척추동물문 포유강(哺乳綱)에 속한 동물을 통틀어 이르는 말<br>예문 박쥐는 포유류 중에서 유일하게 날아다닌다. |

## 쓰며 익히자

| 類 | | | | | |
|---|---|---|---|---|---|
| 무리 류 | | | | | |

명

뜻 | **목숨, 운수, 명령**

글자 형성 풀이 | **사람 인(人) + 하나 일(一) + 입 구(口) + 신표 절(卩)**

사람이 하나의 입으로 한 말은 신표처럼 중요해서 목숨과 같다.

**일상에서 어떻게 쓰일까?** 인명재천(人命在天)이라 했어. 사람의 목숨은 하늘에 달려 있다는 뜻이야. 목숨의 길고 짧음은 사람의 힘으로 어찌할 수 없다는 이야기지. 죽음에 대해 슬퍼하는 사람을 위로할 때 많이 쓰는 표현이란다.

인명재천에서 명(命)은 목숨이라는 뜻이야. 생명(生命), 수명(壽命), 망명(亡命), 구명(救命)에서도 마찬가지 의미로 쓰여. 인간을 포함한 모든 것을 지배하는 초인간적인 힘을 운명(運命)이라 하는 것 알지? 이때의 명(命)은 운수를 뜻해. 위에서 명령하면 아래에서는 복종해야 한다는 상명하복(上命下服)에서의 명(命)은 명령을 뜻하지.

## 한자 문해력 UP!

| | | |
|---|---|---|
| **망명** | 달아날 망(亡) + 목숨 명(命)<br>▶ 목숨을 위해 달아나다 | 뜻 정치, 사상 등의 이유로 자기 나라에서 박해를 받는 사람이 이를 피해 다른 나라로 나감<br>예문 그들은 전쟁 때문에 해외에 망명 정부를 꾸렸다. |
| **명맥** | 목숨 명(命) + 줄기 맥(脈)<br>▶ 목숨의 줄기 | 뜻 어떤 일의 지속에 필요한 최소한의 중요한 부분<br>예문 명맥마저 끊어질까 걱정이 많다. |
| **숙명** | 머무를 숙(宿) + 운명 명(命)<br>▶ 머물러 있는 운명 | 뜻 날 때부터 타고난, 정해진 운명<br>예문 그는 모든 것을 숙명으로 받아들였다. |

**쓰며 익히자**

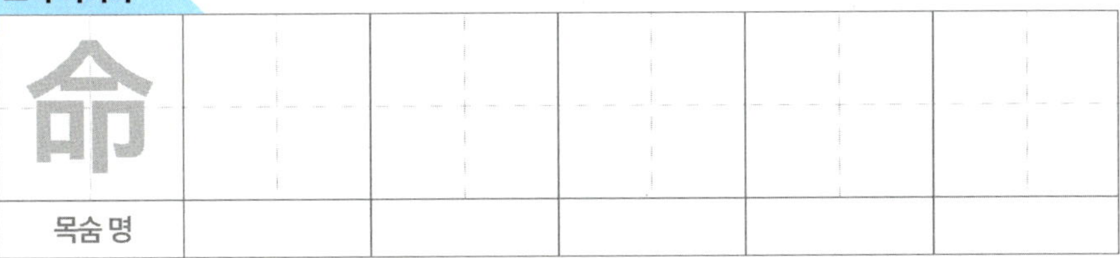

# 聞 문

뜻 | 듣다, 들리다

글자 형성 풀이 | 문 문(門) + 귀 이(耳)

문에 귀를 대면 들린다.
문(門)은 음을 나타내고 이(耳)는 뜻을 나타낸다.

일상에서 어떻게 쓰일까? '신문'은 왜 신문이라고 부를까? 새로운 소식을 전해 주기 때문이라고? 맞아. 그러면 한자로는 뭘까? '신'이 '새로울 신(新)'인 건 알겠는데 '문'은 잘 모르겠다고? '들을 문(聞)'이란다. 새로운 소식을 들려주는 종이. 읽는 사람 입장에서 지어진 이름이지.

지극히 총명함을 '문일지십'이라 하는데 **들을 문(聞), 하나 일(一), 알 지(知), 열 십(十)**으로 하나를 듣고서 열 개를 안다는 이야기야. 여러 사람의 입에 오르내리며 세상에 떠도는 소식을 '소문'이라 하는데 **바 소(所), 들을 문(聞)**으로 들은 바를 뜻하지. "수소문 끝에 찾았다."고 할 때의 수소문에는 '찾을 수(搜)'가 붙는단다.

## 한자 문해력 UP!

| | | |
|---|---|---|
| **염문** | 요염할 염(艶) + 들을 문(聞)<br>▶ 요염하게 들리는 말 | 뜻 남녀의 연애에 관한 소문<br>예문 염문에 휘말리고 싶지 않았다. |
| **견문기** | 볼 견(見) + 들을 문(聞) + 기록할 기(記)<br>▶ 보고 들은 것을 기록함 | 뜻 보고 들은 것을 기록하여 적은 글<br>예문 견문기는 자세하고 진실되게 써야 한다. |
| **전대미문** | 앞 전(前) + 시대 대(代) + 아닐 미(未) + 들을 문(聞)<br>▶ 앞 시대에 듣지 아니하다 | 뜻 이제까지 들어 본 적이 없다는 뜻으로, 아주 놀랍고 획기적인 일을 이르는 말<br>예문 이 사건은 전대미문의 사건이다. |

## 쓰며 익히자

| 聞 | | | | | | |
|---|---|---|---|---|---|---|
| 들을 문 | | | | | | |

뜻 | 아름답다, 훌륭하다, 좋다

글자 형성 풀이 | 양 양(羊) + 클 대(大)

양이 크면 아름답다. 큰 양은 먹을 고기가 많다는 뜻이므로 아름답고 훌륭하다.

**일상에서 어떻게 쓰일까?** '미국'은 **아름다울 미(美), 나라 국(國)**이야. 아름다운 나라라서 '아름다울 미(美)'를 쓴 거냐고? 그렇진 않아. '아메리카'의 악센트가 '아'가 아닌 '메'에 있어서 이 발음이 더 크게 들리는데, 이때의 음이 '미'와 비슷해서 한자 미(美)를 빌려서 표기한 것이지. 아름다운 나라이기에 미(美)를 쓴 게 아니라는 이야기야.

미(美)는 아름답다는 뜻뿐만 아니라 훌륭하다, 좋다는 의미로도 쓰여. 아름답게 보이기 위해 얼굴 등을 다듬고 가꾸는 일은 미용(美容)이라 하고, 훌륭한 풍속은 미풍양속(美風良俗)이라고 하지.

## 한자 문해력 UP!

| | | |
|---|---|---|
| **미술** | 아름다울 미(美) + 재주 술(術)<br>▶ 아름다움을 만드는 재주 | 뜻 아름다움을 시각적·조형적으로 표현하는 예술<br>예문 미술 교육은 학생들의 창의성을 증진시킨다. |
| **미용** | 아름다울 미(美) + 얼굴 용(容)<br>▶ 얼굴을 아름답게 하다 | 뜻 아름답게 보이기 위해 얼굴, 머리 등을 다듬고 가꾸는 일<br>예문 햇볕에 장시간 노출되는 것은 미용에 해롭다. |
| **미담** | 아름다울 미(美) + 이야기 담(談)<br>▶ 아름다운 이야기 | 뜻 사람을 감동케 하는 아름다운 내용의 이야기<br>예문 미담이 많은 뉴스를 만나고 싶다. |

**쓰며 익히자**

| 美 | | | | | |
|---|---|---|---|---|---|
| 아름다울 미 | | | | | |

# 服 복

뜻 | 옷, 따르다, 먹다

글자 형성 풀이 | 몸 육(月=肉) + 다스릴 복(㞋)

몸을 다스리고 보호하기 위해 만든 것이 옷이다.

**일상에서 어떻게 쓰일까?** 다양한 의미로 쓰이는 한자가 많은데 복(服)도 그중 하나야. 옷이라는 의미를 가지고 있지만 좇다, 따르다 혹은 먹는다는 의미로도 두루 쓰이거든.

의복(衣服), 양복(洋服), 한복(韓服), 교복(校服), 군복(軍服)에서는 입는 옷을 의미해. 하지만 복종(服從), 승복(承服), 굴복(屈服), 극복(克服), 복무(服務), 정복자(征服者)에서는 따른다는 뜻으로 쓰이지. 복약(服藥), 복용(服用)에서는 먹는 것을 의미한단다.

그렇다면, 합창단 지휘자가 입는 '연미복'은 무슨 뜻일까? **제비 연(燕), 꼬리 미(尾), 옷 복(服)**으로 제비 꼬리 같은 옷이라는 뜻이란다.

## 한자 문해력 UP!

| | | |
|---|---|---|
| **극복** | 이길 극(克) + 따를 복(服)<br>▶ 이겨서 따르게 하다 | 뜻 어렵고 힘들거나 바람직하지 않은 상태나 상황 등을 노력으로 없애거나 좋아지게 함<br>예문 위기 극복을 위한 대책 마련이 시급하다. |
| **복용** | 먹을 복(服) + 사용할 용(用)<br>▶ 먹어서 사용하다 | 뜻 약을 먹거나 마시어 섭취함<br>예문 임산부는 약물 복용에 각별히 주의해야 한다. |
| **상명하복** | 위 상(上) + 명령 명(命) + 아래 하(下) + 따를 복(服)<br>▶ 위에서 명령하고 아래에서 따르다 | 뜻 윗사람의 명령에 아랫사람이 그대로 따름<br>예문 상명하복의 군대 문화는 근절되어야 한다. |

## 쓰며 익히자

| 服 | | | | | |
|---|---|---|---|---|---|
| 옷 복 | | | | | |

# 奉 봉

뜻 | 받들다, 바치다, 섬기다

글자 형성 풀이 | 석 삼(三) + 사람 인(人) + 예쁠 봉(丰)

세 사람 모두 예쁘기에 받들어 섬기는 것이다.

**일상에서 어떻게 쓰일까?** 자원봉사자들의 선행은 우리 사회에 큰 울림을 주지. '자원'은 **스스로 자(自), 원할 원(願)**으로 스스로 원했다는 뜻이고, '봉사'는 **받들 봉(奉), 섬길 사(仕)**로 받들어 섬긴다는 뜻이야. 자원봉사자는 남을 위해 자발적으로 애쓰는 사람이란다.

어른을 '봉양'한다고 할 때 봉양은 **받들 봉(奉), 기를 양(養)**으로 부모나 조부모 같은 웃어른을 받들어 모시는 것을 의미해. 어떤 사상이나 교리 등을 옳다고 믿고 받드는 것은 **믿을 신(信), 받들 봉(奉)**을 써서 '신봉'이라고 하지. 교회에서 성경 읽는 일을 '봉독'이라 해. **받들 봉(奉), 읽을 독(讀)**으로 공경하여 받들어 읽는다는 뜻이란다.

## 한자 문해력 UP!

| | | |
|---|---|---|
| **봉헌** | 받들 봉(奉) + 바칠 헌(獻)<br>▶ 받들어 바침 | 뜻 삼가 공경하는 마음으로 바침<br>예문 그녀는 교회에 많은 돈을 봉헌한 바 있다. |
| **봉안실** | 받들 봉(奉) + 편안할 안(安) + 집 실(室)<br>▶ 편안하도록 받드는 집 | 뜻 위패(位牌)나 화상(畫像) 등을 모셔 두는 방<br>예문 추모객들이 봉안실을 찾아 고인의 넋을 기렸다. |
| **멸사봉공** | 죽일 멸(滅) + 개인 사(私) + 받들 봉(奉) + 여러 공(公)<br>▶ 개인을 죽이고 여럿을 받들다 | 뜻 개인의 욕심을 버리고 공공의 이익을 위해 힘씀<br>예문 공무원에게 필요한 것은 멸사봉공의 정신이다. |

## 쓰며 익히자

| 奉 | | | | | |
|---|---|---|---|---|---|
| 받들 봉 | | | | | |

# 査 사

뜻 | 조사하다, 사실하다

글자 형성 풀이 | 나무 목(木) + 또 차(且)

나무를 또 쳐다보는 것은 어떻게 사용할지 조사하기 위해서다.

**일상에서 어떻게 쓰일까?** '논술 고사'로 고민하는 학생들이 많아. '논술'은 **논리 논(論), 설명할 술(述)**로 논리적으로 설명한다는 뜻이야. '고사'는 **살필 고(考), 조사할 사(査)**로 자세하게 살펴보고 조사한다는 뜻이지. 일정한 주제에 대해 자신의 견해를 글로 완성하게 함으로써 수험생의 사고력과 표현력을 평가하기 위한 시험이 논술 고사인 거야.

논술 고사를 잘 치르기는 방법에 대해 알고 싶니? 중국의 구양수라는 사람이 말한 삼다(三多)가 정답일지 모른다고 생각해. 다독(多讀), 다작(多作), 다상량(多商量)이 그것이지. 많이 읽고, 많이 써 보고, 많이 생각해 보는 일이야.

## 한자 문해력 UP!



| | | |
|---|---|---|
| **탐사** | 찾을 탐(探) + 조사할 사(査)<br>▶ 찾아내어 조사하다 | 뜻 잘 알려지지 않은 사물을 더듬어 살펴서 조사함<br>예문 우주선이 화성에 착륙하여 탐사를 시작했다. |
| **심사** | 살필 심(審) + 조사할 사(査)<br>▶ 조사하고 살피다 | 뜻 자세하게 조사하여 등급이나 당락 등을 결정함<br>예문 시민증을 발급받으려면 심사를 거쳐야 한다. |
| **검사** | 조사할 검(檢) + 사실할 사(査)<br>▶ 사실을 알아보고 조사하다 | 뜻 사실이나 일의 상태 또는 물질의 구성 성분 등을 조사하여 옳고 그름과 낫고 못함을 판단하는 일<br>예문 선생님이 숙제 검사를 하신대. |

**쓰며 익히자**

| 査 | | | | | |
|---|---|---|---|---|---|
| 조사할 사 | | | | | |

뜻 | 상을 주다, 감상하다, 품평하다

글자 형성 풀이 | 숭상할 상(尙) + 조개 패(貝)

조개(돈)를 숭상하면 상을 주기도 한다.

**일상에서 어떻게 쓰일까?** 상(賞) 받아 보았니? 상은 뛰어난 업적이나 훌륭한 일을 칭찬하기 위해 주는 증서나 물건 또는 돈을 일컫는 말이지. 증서는 '문서 장(狀)'을 써서 상장(賞狀)이고, 물건은 '물건 품(品)'을 써서 상품(賞品)이야. 돈은 '돈 금(金)'의 상금(賞金)이란다.

상춘객(賞春客)이라고 들어 보았지? 맞아. 봄에 놀러 다니는 사람을 말해. **감상할 상(賞), 봄 춘(春), 손님 객(客)**으로 봄을 감상하는 사람이라는 뜻이란다. 상(賞)이 감상하다라는 뜻으로 쓰인 거지. 참고로 여름에 놀러 다니는 일은 '피서'라고 하는데, **피할 피(避), 더위 서(暑)**로 더위를 피한다는 뜻이란다.

## 한자 문해력 UP!

| | | |
|---|---|---|
| **부상** | 버금 부(副) + 상 줄 상(賞)<br>▶ 버금으로 주는 상 | 뜻 정식으로 주는 상 이외에 별도로 덧붙여 주는 상금이나 상품<br>예문 장원에게는 상패와 부상으로 백만 원을 주었다. |
| **현상** | 매달 현(懸) + 상 줄 상(賞)<br>▶ 상을 매달다 | 뜻 무엇을 모집하거나 사람을 찾는 일 등에 상을 내걺<br>예문 젊은 날에 신춘문예 현상 공모에 도전했었지. |
| **감상** | 살필 감(鑑) + 품평할 상(賞)<br>▶ 살피고 품평하다 | 뜻 예술 작품이나 경치 등을 즐기고 이해하면서 평가함<br>예문 제주도 여행에서 느낀 감상을 글로 적었다. |



**쓰며 익히자**

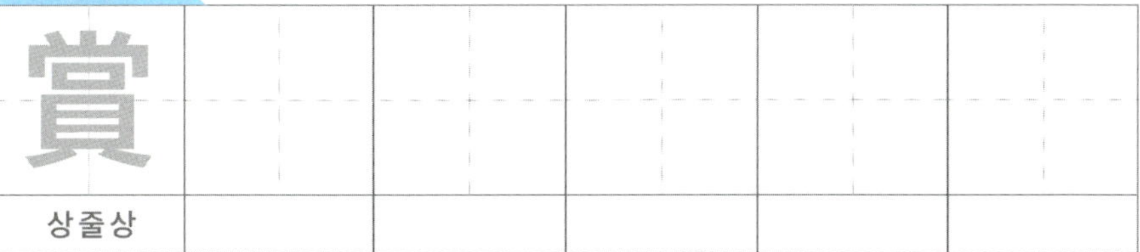

# 書 서

**뜻** | **글, 글씨, 책, 문서**

**글자 형성 풀이** | **붓 율(聿) + 말할 왈(曰)**

붓으로 말하는 것은 글을 쓰는 일이다.

**일상에서 어떻게 쓰일까?** '비서'를 심부름꾼으로 아는 친구들이 많은데 그렇지 않아. **숨길 비(秘), 문서 서(書)**로 문서를 숨겨 주는 사람이라는 뜻이거든. 대통령이나 시장, 회장 등 중요한 직책에 있는 사람에게 직속되어 있으면서 기밀문서나 사무를 맡아보는 직위가 비서지.

회사에 취업할 때 가장 기본이 되는 서류가 '이력서'야. 어떤 사람이 살아오면서 이룩한 학업이나 종사했던 직업 등의 발자취를 적은 문서를 말하지. **밟을 이(履), 지낼 력(歷), 글 서(書)**로 밟아 지내 온 일들을 적은 글이라는 뜻이란다. 서(書)는 글이라는 의미뿐 아니라 글씨나 책, 편지라는 의미로도 쓰이지.

## 한자 문해력 UP!

| | | |
|---|---|---|
| **각서** | 깨달을 각(覺) + 글 서(書)<br>▶ 깨달음을 적은 글 | **뜻** 어떤 일에 대한 의견이나 약속을 상대편에 전달하거나, 서로 확인하고 기억하기 위하여 적어 두는 문서<br>**예문** 각서에 인주 묻은 엄지손가락을 천천히 눌렀다. |
| **서원** | 글 서(書) + 집 원(院)<br>▶ 글을 읽는 집 | **뜻** 선비들이 모여 학문을 강론하거나 석학이나 충절로 죽은 사람을 제사하던 곳<br>**예문** 서원은 학원, 향교는 학교였다고 생각하면 된다. |
| **명세서** | 밝을 명(明) + 자세할 세(細) + 글 서(書)<br>▶ 밝고 자세하게 밝힌 글 | **뜻** 어떤 내용을 하나하나 분명하고 자세하게 적은 문서<br>**예문** 명세서를 받아 두어야 지출 내역을 확인하기 쉽다. |

## 쓰며 익히자

# 歲 세

뜻 | 해, 나이, 세월

글자 형성 풀이 | 그칠 지(止) + 천간 무(戊) + 적을 소(少)

무성함이 그치고 잎이 적어진다는 것은 해가 간다는 증거다.

일상에서 어떻게 쓰일까? 어떤 일을 경축하거나 기뻐하는 뜻으로 두 손을 높이 들며 외치는 일을 '만세'라고 하는데 무슨 뜻일까? **일만 만(萬), 해 세(歲)**로 10,000년이라는 뜻이야. 10,000년은 오랜 세월이니까 "만세!"는 "오랜 세월 영원하라!"는 뜻 아닐까?

어른의 나이를 높여 연세(年歲)라고 하지. 설날에 웃어른에게 절하는 것은 '절할 배(拜)'를 써서 세배(歲拜)라 하고. 한 회계 연도에 유입되는 정부 또는 지방 자치 단체의 총수입은 '들 입(入)'을 써서 세입(歲入)이고, 한 회계 연도 동안의 모든 지출은 '날 출(出)'을 써서 세출(歲出)이라고 한단다.

## 한자 문해력 UP!

| | | |
|---|---|---|
| **세배** | 해 세(歲) + 절할 배(拜)<br>▶ 새해에 절하다 | 뜻 섣달그믐이나 설 무렵에 웃어른을 찾아뵙고 하는 절<br>예문 세배가 끝나면 할머니께서는 세뱃돈을 주셨다. |
| **이중과세** | 둘 이(二) + 겹칠 중(重) + 지낼 과(過) + 해 세(歲)<br>▶ 두 번 겹쳐서 해(설날)를 보냄 | 뜻 양력과 음력, 두 번의 설을 쇠는 일<br>예문 도시에선 더러 이중과세도 했지만 시골에서는 양력 설날이 있는지도 몰랐다. |
| **허송세월** | 헛될 허(虛) + 보낼 송(送) + 해 세(歲) + 달 월(月)<br>▶ 세월을 헛되이 보내다 | 뜻 하는 일 없이 세월을 헛되이 보냄 또는 그 세월<br>예문 어물거리다 보면 허송세월하기 십상이란다. |

쓰며 익히자

| 歲 | | | | | | |
|---|---|---|---|---|---|---|
| 해 세 | | | | | | |

# 習 습

뜻 | 익히다, 배우다, 습관

글자 형성 풀이 | 깃 우(羽) + 흰 백(白)

깃이 하얗게 될 때까지 익혀야 한다.

**일상에서 어떻게 쓰일까?** 너도나도 공부만 외치는 현실이 안타깝지만, 더 슬픈 건 공부가 뭔지도 모르고 공부한다는 사실이야. 공부는 '학습'인데 **배울 학(學), 익힐 습(習)**을 쓰지. 학(學)만 중요하게 생각하는 사람이 많은데 진짜 중요한 것은 습(習)이야. 익힘이 있어야 배운 것이 자신의 지식이 되기 때문이란다.

『논어』의 첫머리에는 '학이시습지 불역열호(學而時習之不亦說乎)'라고 쓰여 있어. '배우고 때때로 그것을 익히면 또한 즐겁지 아니한가'라는 뜻이야. 배우고 익히는 일 모두 엄청 즐거운 일이라는 이야기지.

## 한자 문해력 UP!



|  |  |  |
|---|---|---|
| **관습** | 버릇 관(慣) + 익힐 습(習)<br>▶ 익혀서 버릇이 되다 | 뜻 한 사회에서 역사적으로 굳어진 전통적인 행동 양식이나 습관<br>예문 잘못된 관습을 과감하게 배척할 수 있어야 한다. |
| **상습** | 항상 상(常) + 익힐 습(習)<br>▶ 익혀서 항상 그러하다 | 뜻 좋지 않은 일을 하는 것이 버릇이 된 것<br>예문 상습 범죄는 처벌을 면하기 어렵다. |
| **교습소** | 가르칠 교(敎) + 익힐 습(習) + 장소 소(所)<br>▶ 가르치고 익히는 장소 | 뜻 기술, 기예, 학문 등을 가르쳐서 익히도록 하는 곳<br>예문 동생은 지금 피아노 교습소에 다니고 있다. |

## 쓰며 익히자

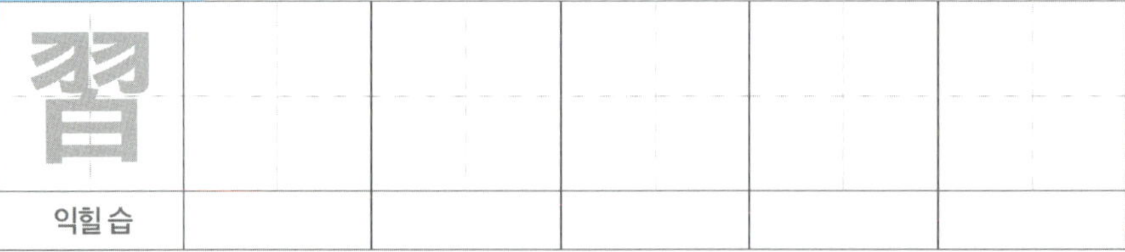

# 始 시

뜻 | **처음, 비로소, 시작하다**

글자 형성 풀이 | **여자 여(女) + 기뻐할 태(台)**

여자가 기뻐하는 순간은 아이의 생명이 처음 시작되는 때이다.

일상에서 어떻게 쓰일까? '시말서'라는 게 있어. **처음 시(始), 끝 말(末), 문서 서(書)**야. 잘못을 저지른 사람이 사건의 처음부터 끝까지 상황을 자세히 적는 문서란다. '경위서'라고도 하는데 **세로 경(經), 가로 위(緯), 문서 서(書)**로 세로와 가로로 샅샅이 기록한 문서라는 뜻이야.

시(始)는 처음 또는 시작한다는 의미로 많이 쓰여. 가장 처음이 되는 조상, 또는 어떤 사상이나 주장 등을 맨 처음으로 개척한 사람을 '할아비 조(祖)'를 써서 시조(始祖)라고 하지. 처음부터 끝까지 한결같음을 '시종일관'이라 하는데 **처음 시(始), 끝 종(終), 하나 일(一), 꿸 관(貫)**이란다.

## 한자 문해력 UP!

| | | |
|---|---|---|
| **시구** | 처음 시(始) + 공 구(球)<br>▶ 처음 던지는 공 | 뜻 야구 경기에서, 경기 시작 직전에 저명인사가 처음으로 포수에게 공을 던지는 일<br>예문 그는 개막전에서 멋진 시구를 던졌다. |
| **시종** | 처음 시(始) + 끝날 종(終)<br>▶ 처음부터 끝날 때까지 | 뜻 처음부터 끝까지 전부 다<br>예문 그는 시종 굳은 표정이었다. |
| **진시황** | 나라 진(秦) + 처음 시(始) + 황제 황(皇)<br>▶ 진나라 처음의 황제 | 뜻 중국 대륙을 최초로 통일한 중국 진(秦)나라의 첫 번째 황제<br>예문 영생을 꿈꾸었던 진시황도 끝내는 죽고 말았다. |

## 쓰며 익히자

| 始 | | | | | |
|---|---|---|---|---|---|
| 처음 시 | | | | | |

# 新 신

뜻 | 새롭다

글자 형성 풀이 | 설 입(立) + 나무 목(木) + 도끼 근(斤)

서 있는 나무를 도끼로 쳐야 새로운 모양을 만들 수 있고 새로운 쓰임새가 생겨난다.

**일상에서 어떻게 쓰일까?** '일신우일신'이라고 했어. **날 일(日), 새로울 신(新), 또 우(又), 날 일(日), 새로울 신(新)**으로 날마다 새롭게 또 날마다 새롭게 한다는 뜻이야. '온고지신'이라는 말도 있지. **익힐 온(溫), 옛 고(故), 알 지(知), 새로울 신(新)**으로 옛것을 익혀서 새것을 안다는 뜻이란다.

신(新)은 새롭다는 뜻으로 쓰여. 갓 결혼하였거나 곧 결혼하는 여자를 신부라 하지? **새로울 신(新), 아내 부(婦)**로 새롭게 아내가 되었다는 뜻이야. 어떤 단체나 모임에 새로 들어오는 사람을 신입(新入)이라 하고, 건물 등을 새로 짓는 일을 신축(新築)이라 한단다.

## 한자 문해력 UP!

| | | |
|---|---|---|
| **갱신** | 다시 갱(更) + 새로울 신(新)<br>▶ 다시 새롭게 하다 | 뜻 유효 기간이 만료되었을 때, 그 기간을 연장함<br>예문 서류를 갱신하지 않으면 불이익을 받을 수 있다. |
| **신참** | 새로울 신(新) + 참여할 참(參)<br>▶ 새롭게 참여하다 | 뜻 새로 들어옴 또는 그 사람<br>예문 자신이 신참이었을 때를 생각한다면 그렇게 행동해선 안 되는 것 아닌가? |
| **신소재** | 새로울 신(新) + 바탕 소(素) + 재료 재(材)<br>▶ 새로운 바탕의 재료 | 뜻 지금까지는 없었던 뛰어난 특성을 지닌 소재를 통틀어 이르는 말<br>예문 그 회사는 신소재 개발에 박차를 가했다. |

**쓰며 익히자**

| 新 | | | | | |
|---|---|---|---|---|---|
| 새로울 신 | | | | | |

# 神 신

뜻 | 귀신, 신령, 정신

글자 형성 풀이 | 보일 시(示) + 말할 신(申)

보이는 것처럼 말하는 이유는 신령이라고 생각하기 때문이다.
시(示)는 보일 듯 말 듯 한 존재를 나타낸다.

**일상에서 어떻게 쓰일까?** 가톨릭의 사제(司祭)를 '신부'라고 하는 것 알지? 주교 다음가는 성직자로서, 성사(聖事)를 집행하고 미사를 드리며 강론을 하지. 사전에는 神父라 쓰여 있어. '귀신의 아버지'라는 뜻이냐고? 그럴 리 없겠지. 신(神)은 귀신(鬼神)이라는 뜻도 있지만 정신을 의미하기도 한단다. '정신의 아버지'라고 이해하면 될 것 같아.

"심신이 미약하다."라는 말 들어 봤지? '심신'은 **마음 심(心), 정신 신(神)**으로 마음과 정신을 아울러 일컫는 말이야. '미약'은 **작을 미(微), 약할 약(弱)**으로 작고 약하다는 뜻이란다.

## 한자 문해력 UP!

| | | |
|---|---|---|
| **신령** | 귀신 신(神) + 신령 령(靈)<br>▶ 귀신과 신령 | 뜻 신으로 받들어지는 영혼 또는 자연물<br>예문 그는 죽은 뒤 사람들이 모시는 신령이 되었다. |
| **신경** | 정신 신(神) + 지날 경(經)<br>▶ 정신이 지나는 길 | 뜻 어떤 자극에 반응하는 마음이나 감각의 작용<br>예문 운동 신경이 좋아야 운동을 잘할 수 있다. |
| **실신** | 잃을 실(失) + 정신 신(神)<br>▶ 정신을 잃어버리다 | 뜻 병이나 큰 충격으로 잠시 의식을 잃음<br>예문 어머니는 오열 끝에 실신하고 말았다. |

## 쓰며 익히자

| 神 | | | | | |
|---|---|---|---|---|---|
| 귀신 신 | | | | | |

실

뜻 | 집, 방, 거처

글자 형성 풀이 | 집 면(宀) + 도착할 지(至)

집에 도착하면 방에 들어가게 된다.

**일상에서 어떻게 쓰일까?** 손님을 접대하거나 가족들이 함께 모여 생활하는 넓은 공간을 '거실'이라 하지. 큰 공간이기에 '클 거(巨)'라 생각할 수도 있는데 '생활할 거(居)'를 쓴단다. '방 실(室)'이 더해져 가족들이 함께 생활하는 방이라는 뜻이지. 숙박 시설에서는 방을 '객실'이라고 하지? **손님 객(客), 방 실(室)**로 손님이 머무르는 방이기 때문이야.

실(室)은 집을 뜻하기도 하고, 방을 뜻하기도 해. 실내(室內), 대합실(待合室), 온실(溫室), 미용실(美容室), 오락실(娛樂室) 등에서는 집을 뜻하지. 하지만 교실(敎室), 사무실(事務室), 실장(室長), 병실(病室), 침실(寢室) 등에서는 방이라는 뜻으로 쓰인단다.

## 한자 문해력 UP!

| | | |
|---|---|---|
| **욕실** | 목욕할 욕(浴) + 방 실(室)<br>▶ 목욕하는 방 | 뜻 목욕할 수 있는 시설을 갖춘 방<br>예문 욕실 바닥은 미끄러워 조심해야 한다. |
| **밀실** | 비밀 밀(密) + 방 실(室)<br>▶ 비밀의 방 | 뜻 외부인이 출입할 수 없도록 한 비밀스러운 방<br>예문 밀실 정치를 청산해야 한다. |
| **민원실** | 주민 민(民) + 원할 원(願) + 방 실(室)<br>▶ 주민이 원하는 바를 이야기하는 방 | 뜻 관공서 등에서, 국민이 청하여 바라는 민원 사무를 접수하고 처리하는 부서<br>예문 민원실이 모든 일을 해결해 주는 건 아니다. |

**쓰며 익히자**

| 室 | | | | | |
|---|---|---|---|---|---|
| 집 실 | | | | | |

# 案 안

뜻 | **책상, 생각, 안건**

글자 형성 풀이 | **편안할 안(安) + 나무 목(木)**

편안하기 위해 나무로 만든 것이 책상이다.

**일상에서 어떻게 쓰일까?** '긴급 현안'을 말하기도 하고, '지역 현안'이나 '정책 현안'을 이야기하기도 하지. '현안'이란 무슨 뜻일까? '현재 현(現)'이라고 생각하는 친구들이 많을 것 같은데, '매달 현(懸)'을 쓴단다. **매달 현(懸), 안건 안(案)**으로 매달린 안건, 해결해야 할 문제로 남아 있는 안건이라는 뜻이야.

안(案)은 책상이라는 뜻도 있지만, 안건이라는 의미로 많이 쓰인단다. 법안(法案), 사안(事案), 방안(方案), 제안(提案), 개혁안(改革案) 등에서 모두 안건이라는 뜻으로 쓰이지. 안건이 뭐냐고? 토의하거나 연구해야 할 사항이야.

## 한자 문해력 UP!

| | | |
|---|---|---|
| **초안** | 만들 초(草) + 안건 안(案)<br>▶ 안건을 만들다 | 뜻 기초로 안을 잡음. 어떠한 원고나 문건의 초를 잡아 씀<br>예문 초안은 국어 교사인 네가 잡는 것이 좋겠다. |
| **대안** | 대신할 대(代) + 안건 안(案)<br>▶ 대신하는 안건 | 뜻 어떤 안(案)을 대신하거나 바꿀 만한 안<br>예문 최선은 아니지만 다른 대안이 없으니 어쩔 수 없다. |
| **방안** | 방법 방(方) + 안건 안(案)<br>▶ 방법에 대한 안건 | 뜻 어떤 문제를 해결하기 위한 방법이나 계획<br>예문 어려움을 헤쳐 나갈 가장 좋은 방안은 절약이다. |

## 쓰며 익히자

| 案 | | | | | |
|---|---|---|---|---|---|
| 책상 안 | | | | | |

뜻 | **큰 바다, 서양**

**글자 형성 풀이 | 물 수(氵=水) + 양 양(羊)**

물이 양 떼가 움직이는 것처럼 보이는 것은 큰 바다이기 때문이다.
수(水)는 뜻을 나타내고, 양(羊)은 음을 나타낸다.

**일상에서 어떻게 쓰일까?** 양(洋)은 태평양(太平洋), 대서양(大西洋)처럼 바다를 의미해. 하지만 일상에서는 서양이라는 의미로 더 많이 쓰인단다. 양복(洋服), 양장(洋裝), 양약(洋藥), 양식(洋食), 양철(洋鐵), 양(洋)파, 양(洋)배추, 양옥(洋屋), 양말(洋襪), 양주(洋酒), 신미양요(辛未洋擾) 등에서 모두 서양을 의미하는 한자로 쓰이지.

"양약은 입에 쓰지만 병에는 이롭다."는 말 들어봤니? 여기서 나오는 '양약'도 서양에서 들어온 약일까? 그렇지 않아. '서양 양(洋)'을 쓴 양약도 있지만 '좋을 양(良)'을 쓰는 양약도 있거든. "양약은 입에 쓰다."라고 할 때는 '좋을 양(良)'을 써서 좋은 약을 뜻하지.

## 한자 문해력 UP!

| | | |
|---|---|---|
| **원양** | 멀 원(遠) + 큰 바다 양(洋)<br>▶ 멀리 있는 큰 바다 | 뜻 육지에서 멀리 떨어진 큰 바다<br>예문 해양대학교 4학년은 실습선을 타고 원양 항해에 나선다. |
| **양궁** | 서양 양(洋) + 활 궁(弓)<br>▶ 서양의 활쏘기 | 뜻 서양식 활 또는 그 활로 겨루는 경기<br>예문 양궁은 우리나라의 올림픽 금밭이다. |
| **오대양** | 다섯 오(五) + 큰 대(大) + 큰 바다 양(洋)<br>▶ 다섯 개의 큰 바다 | 뜻 지구에 있는 다섯 개의 큰 바다. 태평양, 대서양, 인도양, 남극해, 북극해를 가리킴<br>예문 오대양 육대주를 누비고 싶은 마음이다. |

**쓰며 익히자**

| 洋 | | | | | |
|---|---|---|---|---|---|
| 큰 바다 양 | | | | | |

뜻 | **집, 주거 공간**

글자 형성 풀이 | **주검 시(尸) + 이를 지(至)**

주검이 이르러 오는 곳은 집이다.

**일상에서 어떻게 쓰일까?** 한옥 스테이 해 본 적 있니? '한옥'은 **한국 한(韓), 집 옥(屋)**으로 우리나라 고유의 형식으로 지은 집을 의미해. '양옥'은 **서양 양(洋), 집 옥(屋)**으로 서양식 집을 일컫지. 옛날에는 음식점 이름에 '집 옥(屋)'을 넣어 '전주옥', '현대옥'처럼 짓기도 했단다.

오래전에 〈옥탑방 고양이〉, 〈옥탑방 왕세자〉라는 드라마가 있었어. '옥탑방'에서의 자취 생활을 추억하는 사람도 여전히 많지. 옥탑방은 건물 옥상에 사람이 거주할 수 있게 만든 방인데 **집 옥(屋), 탑 탑(塔), 방 방(房)**이야. 집 위에 탑처럼 만든 방이라는 뜻이지. '옥상'도 '집 옥(屋)'을 쓰냐고? 맞아. **집 옥(屋), 위 상(上)**으로 집 위라는 뜻이지.

## 한자 문해력 UP!

| | | |
|---|---|---|
| **사옥** | 회사 사(社) + 집 옥(屋)<br>▶ 회사의 집 | 뜻 회사의 주요 업무를 보기 위한 사무실이 있는 건물<br>예문 사원들 모두가 사옥 준공식에 참석하였다. |
| **적산가옥** | 원수 적(敵) + 재산 산(産) + 집 가(家) + 집 옥(屋)<br>▶ 원수의 재산인 집 | 뜻 자기 나라나 점령지 안에 있는 적국(敵國) 소유의 집<br>예문 적산가옥은 약삭빠른 사람들이 차지해 갔다. |
| **옥외집회** | 집 옥(屋) + 바깥 외(外) + 모을 집(集) + 모을 회(會)<br>▶ 집 밖에서의 모임 | 뜻 여러 사람이 어떤 목적을 위하여 도로나 광장 등의 공공장소에 모이는 일<br>예문 옥외집회가 열릴 예정이라 긴장감이 감돈다. |

**쓰며 익히자**

| 屋 | | | | | |
|---|---|---|---|---|---|
| 집 옥 | | | | | |

# 院 원

**뜻 | 집, 담, 절**

**글자 형성 풀이 | 언덕 부(阝) + 완전할 완(完)**

언덕 위에 완전하게 만든 것은 집이다.

**일상에서 어떻게 쓰일까?** 입시 학원은 **배울 학(學), 집 원(院)**의 '학원'이고, '학교 법인 ○○ 학원'처럼 학교와 교육 기관을 통틀어 이를 때는 **배울 학(學), 동산 원(園)**을 쓰는 '학원'이야. 사설 교육 기관을 일컬을 때는 '집 원(院)'을 써서 학원(學院)이라 하고, 학교와 교육 기관을 통틀어 일컬을 때는 '동산 원(園)'을 써서 학원(學園)이라 하는 거란다.

우리가 한국사에서 배우는 서원(書院)은 사립 교육 기관이고, 향교(鄕校)는 관립 교육 기관이야. 서원의 '원'은 학원의 원(院)과 같고, 향교의 '교'는 학교의 교(敎)와 같다고 이해하면 헷갈리지 않을 거야.

## 한자 문해력 UP!

|  |  |  |
|---|---|---|
| **원내** | 집 원(院) + 안 내(內)<br>▶ 집 안에 있음 | 뜻 병원, 연구원, 고아원처럼 원(院) 자가 붙은 기관이나 국회의 내부<br>예문 여당은 원내 협상을 통해 문제를 해결하자고 제안했다. |
| **문화원** | 문자 문(文) + 변할 화(化) + 집 원(院)<br>▶ 문화를 알리는 집 | 뜻 자기 나라의 문화를 알리고 선양하기 위해 외국에 설립한 기관<br>예문 프랑스 문화원 주관으로 영화제가 개최되었다. |
| **원무과** | 집 원(院) + 힘쓸 무(務) + 부서 과(課)<br>▶ 집안 살림에 힘쓰는 부서 | 뜻 병원에서 환자의 입원 및 퇴원, 수납 따위 행정적인 업무를 분담하고 있는 부서<br>예문 원무과에서는 1인실밖에 없다고 말했다. |

## 쓰며 익히자

| 院 | | | | | |
|---|---|---|---|---|---|
| 집 원 | | | | | |

뜻 | 소리, 가락, 음악

글자 형성 풀이 | 설 립(立) + 태양 일(日)

태양이 서자(뜨자) 사람들이 소리를 내기 시작했다.

**일상에서 어떻게 쓰일까?** ㄱ, ㄴ, ㄷ 등은 왜 자음(子音)이라 하고 ㅏ, ㅑ, ㅓ 등은 왜 모음(母音)이라 이름 붙였을까? 혼자서는 소리를 내지 못하기에 '자식 자(子)'를 써서 자음이라 이름 붙였을 거라고 생각해. 엄마처럼 혼자서도 소리를 내기에 '어미 모(母)'를 써서 모음이라 불렀을 거고. 자음은 모음이 붙어야 비로소 소리를 낸단다.

음(音)은 소리를 뜻하는 말로 두루 쓰여. 시끄러운 소리인 '소음'은 **떠들 소(騷), 소리 음(音)**, 저장해 놓은 소리인 '녹음'은 **기록할 녹(錄), 소리 음(音)**, 그리스도가 죽음으로써 인류를 구원한다는 기쁜 소식인 '복음'은 **복될 복(福), 소리 음(音)**을 사용하지.

## 한자 문해력 UP!

| | | |
|---|---|---|
| **화음** | 화합할 화(和) + 소리 음(音)<br>▶ 화합하여 나는 소리 | 뜻 높이가 다른 둘 이상의 음이 함께 울릴 때 어울려서 나는 소리<br>예문 합창단원들이 아름다운 화음을 만들어 냈다. |
| **음정** | 소리 음(音) + 정도 정(程)<br>▶ 소리의 정도 | 뜻 한 음과 다른 음과의 음높이의 차이<br>예문 그는 음정을 잡기 위해 헛기침을 하곤 하였다. |
| **음치** | 음악 음(音) + 어리석을 치(癡)<br>▶ 음악에 어리석음 | 뜻 음의 가락이나 높낮이 등을 제대로 분별하지 못하거나 발성하지 못하는 것<br>예문 이 노래는 음치라도 쉽게 부를 수 있다. |



## 쓰며 익히자

| 音 | | | | | | |
|---|---|---|---|---|---|---|
| 소리 음 | | | | | | |

# 作 작

뜻 | 짓다, 만들다

글자 형성 풀이 | 사람 인(亻=人) + 잠깐 사(乍)

사람이 잠깐 뭔가를 만드는 일을 한다.

일상에서 어떻게 쓰일까? 백일장 등에서 상(賞)으로 주는 '가작'은 무슨 뜻일까? **아름다울 가(佳), 작품 작(作)**으로 아름다운 작품이라는 뜻이야. 그렇다면 걸작은 무슨 뜻이냐고? '뛰어날 걸(傑)'이니까 매우 뛰어나게 잘된 작품을 말하지.

작(作)은 짓다, 만든다는 의미로 많이 쓰여. 기계나 작품 등을 일정한 재료를 사용하여 만드는 일을 제작(製作)이라 하고, 문학 등 예술 작품을 만드는 사람을 작가(作家)라 하지. 장난치지 말라는 말 많이 쓰지? 원래 장난은 '어지러울 난(亂)'의 작난(作亂)이었어. 어지러움을 만든다는 뜻이지. 발음을 쉽게 하느라 장난이 되었지.

## 한자 문해력 UP!

| | | |
|---|---|---|
| **걸작** | 뛰어날 걸(傑) + 지을 작(作)<br>▶ 뛰어나게 짓다 | 뜻 매우 뛰어나게 잘된 작품<br>예문 처음부터 걸작을 만들 수는 없다. |
| **조작** | 지을 조(造) + 만들 작(作)<br>▶ 지어서 만들다 | 뜻 일을 거짓으로 그럴듯하게 꾸며 냄<br>예문 그 어떤 유혹이 있더라도 조작은 안 된다. |
| **부작용** | 버금 부(副) + 만들 작(作) + 쓸 용(用)<br>▶ 버금가는 작용 | 뜻 어떤 일에 부수적으로 일어나는 바람직하지 못한 작용<br>예문 작용의 중요함만 생각하지 말고 부작용의 폐해도 생각할 수 있어야 한다. |

### 쓰며 익히자

| 作 | | | | | |
|---|---|---|---|---|---|
| 지을 작 | | | | | |

# 雜 잡

**뜻 | 섞이다, 어수선하다, 모으다**

**글자 형성 풀이 | 돼지해머리 두(亠) + 쫓을 종(从) + 나무 목(木) + 새 추(隹)**

돼지머리를 쫓아 나무에 몰려든 새들이 서로 섞여 있다.

**일상에서 어떻게 쓰일까?** '잡지'는 수준 낮은 글을 모아 놓은 책이라고 생각하는 친구들이 있어. 잡(雜)의 의미를 오해했기 때문이지. 잡놈, 잡것, 잡초 등에서의 잡(雜)은 거칠다, 천하다는 의미로 쓰인 것이 맞아. 하지만 섞이다, 뒤엉키다는 의미로 더 많이 쓰인단다. **섞일 잡(雜), 기록할 지(誌)**의 잡지도 수준이 낮고 거친 내용이어서 잡(雜)을 쓴 게 아니라 문학, 정치, 사회, 연예, 스포츠 등 다양한 장르를 모아 놓았기 때문에 붙여진 이름인 거야.

잡화점(雜貨店), 잡탕(雜湯), 잡곡(雜穀), 잡무(雜務)에서도 모두 섞이다, 모으다라는 뜻으로 이해하면 된단다.

## 한자 문해력 UP!

| | | |
|---|---|---|
| **잡담** | 섞일 잡(雜) + 말 담(談)<br>▶ 여러 가지 주제가 섞인 말 | 뜻 쓸데없이 지껄이는 말<br>예문 잡담이 길어서는 안 된다. |
| **잡념** | 섞일 잡(雜) + 생각 념(念)<br>▶ 섞여 있는 생각 | 뜻 여러 가지의 잡스러운 생각<br>예문 너무 천천히 읽어도 잡념이 찾아올 수 있다. |
| **잡채** | 섞일 잡(雜) + 나물 채(菜)<br>▶ 섞여 있는 나물 | 뜻 채소, 버섯, 고기 등의 재료를 볶아서 삶은 당면과 한데 무친 음식<br>예문 잡채가 맛있는 이유는 재료가 다양하고 손이 많이 가기 때문이야. |

## 쓰며 익히자

| 雜 | | | | | |
|---|---|---|---|---|---|
| 섞일 잡 | | | | | |

# 傳 전

뜻 | 전하다, 전해 내려오다

글자 형성 풀이 | 사람 인(亻=人) + 오로지 전(專)

사람으로서 오로지 해야 할 일은 전해 주는 일이다.

**일상에서 어떻게 쓰일까?** 병원체가 침입하여 전파되는 질환을 '전염병'이라 하는데 **전할 전(傳), 물들일 염(染), 질병 병(病)**으로 전해서 물들이는 질병이라는 뜻이야. 세균, 바이러스, 진균, 원충 등의 병원체가 다른 생물체에 옮아 집단으로 유행하는 병을 일컫지. 옛날에는 염병(染病)이라고도 하였단다.

어려운 환경을 극복하고 뜻을 세워 목표를 달성한 사람을 '입지전적 인물'이라 하지. '입지전'는 **설 입(立), 뜻 지(志), 전기 전(傳)**으로 뜻을 세워 이룬 전기문이라는 뜻이야. 그 전기문의 주인공처럼 목적을 이룬 인물이라는 뜻이지.

## 한자 문해력 UP!

|  |  |  |
|---|---|---|
| **선전** | 펼 선(宣) + 전할 전(傳)<br>▶ 펼치고 전해 주다 | 뜻 주의나 주장, 사물의 존재 가치 등을 여러 사람에게 널리 전하거나 알림<br>예문 선전 효과 때문인지 판매량이 많이 증가했다. |
| **유전자** | 남길 유(遺) + 전할 전(傳) + 씨 자(子)<br>▶ 전하여 남기는 씨 | 뜻 유전 형질을 규정하는 인자. 어버이의 무수한 형질은 이것을 통하여 유전 정보로 자식에게 전해짐<br>예문 유전자를 인공적으로 조작해 농작물 수확량을 늘릴 수 있다. |
| **이심전심** | 써 이(以) + 마음 심(心) + 전할 전(傳) + 마음 심(心)<br>▶ 마음으로써 마음을 전하다 | 뜻 마음과 마음으로 서로 뜻이 통함을 이르는 말<br>예문 두 사람 사이에는 이심전심으로 사랑이 싹트고 있었다. |

## 쓰며 익히자

| 傳 | | | | | |
|---|---|---|---|---|---|
| 전할 전 | | | | | |

# 題 제

**뜻 | 제목, 물음, 문제**

**글자 형성 풀이 | 옳을 시(是) + 머리 혈(頁)**

옳은 얼굴을 제목으로 삼아야 한다.

**일상에서 어떻게 쓰일까?** 사랑을 '주제'로 하는 노랫말이 많아. 환경 문제를 '주제'로 토론하기도 하지. 예술 작품에 나타나는 중심 사상도 '주제'라 하고, 연구나 토의 등에서 중심이 되는 문제도 '주제'라고 해. 주제는 **중심 주(主), 제목 제(題)**로 중심이 되는 제목이라는 뜻이야. 책이나 논문 등의 제목에 덧붙여서 내용을 한정하거나 보충하는 제목은 '버금 부(副)'를 써서 부제(副題)라 한단다.

제(題)는 제목이라는 의미로도 쓰이지만, 물음이나 문제를 의미하기도 해. 과제(課題), 의제(議題), 출제(出題), 난제(難題)에서는 문제라는 뜻으로 쓰인단다.

## 한자 문해력 UP!

| | | |
|---|---|---|
| **화제** | 말 화(話) + 제목 제(題)<br>▶ 말하기의 제목 | 뜻 남의 입에 오르내리며 이야기의 대상이 되는 문제<br>예문 나의 무용담은 한동안 화제가 되었다. |
| **난제** | 어려울 난(難) + 문제 제(題)<br>▶ 어려운 문제 | 뜻 해결하기 어려운 문제<br>예문 난제라고 하는 것들도 시간을 들여 연구하면 풀릴 수 있다. |
| **발제** | 쏠 발(發) + 물을 제(題)<br>▶ 물음을 쏘아 올리다 | 뜻 논제를 정리하여 제기함 또는 그 논제<br>예문 토론회는 발제와 질의응답, 토론의 순서로 진행되었다. |

## 쓰며 익히자

| 題 | | | | | |
|---|---|---|---|---|---|
| 제목 제 | | | | | |

# 竹 죽

뜻 | **대나무, 대**

글자 형성 풀이 | **대나무 죽(竹)**

대나무 줄기와 잎이 늘어져 있는 모습을 본뜬 글자다.

**일상에서 어떻게 쓰일까?** 매(梅), 난(蘭), 국(菊), 죽(竹)을 사군자(四君子)라 한다는 것 알고 있지? 고결함을 상징으로 하는 문인화의 대표적 소재지. 무슨 이유로 사군자가 되었는지 알고 싶지 않니? 매화(梅花)는 추위가 가시지 않은 상황에서 피기 때문이고, 난초(蘭草)는 깨끗함만을 좋아하기 때문이지. 국화(菊花)는 추위에도 아랑곳하지 않기 때문이고, 대나무(竹)는 사시사철 푸르면서 곧기 때문이야.

어떤 일이 한때 많이 생겨남을 비유적으로 '우후죽순'이라고 하는데 **비 우(雨), 뒤 후(後), 대 죽(竹), 죽순 순(筍)**으로 비 온 뒤에 여기저리 돋아나는 죽순이라는 뜻이란다.

## 한자 문해력 UP!

| | | |
|---|---|---|
| **폭죽** | 터질 폭(爆) + 대나무 죽(竹)<br>▶ 대나무를 터트리다 | 뜻 가는 대통이나 종이 통에 화약을 재어 불을 지르고 공중에서 터트려 불꽃이 일어나게 하는 물건<br>예문 바닷가에 폭죽 터지는 소리가 요란하다. |
| **합죽선** | 합할 합(合) + 대나무 죽(竹) + 부채 선(扇)<br>▶ 대나무를 합해 만든 부채 | 뜻 얇게 깎은 겉대를 맞붙여서 살을 만들고 그 위에 종이나 천을 발라서 손에 쥘 수 있도록 만든 부채<br>예문 전주 한옥 마을에는 합죽선 등을 전시한 곳이 있다. |
| **파죽지세** | 깨트릴 파(破) + 대나무 죽(竹) + 갈 지(之) + 기세 세(勢)<br>▶ 대를 깨트리고 가는 기세 | 뜻 적을 거침없이 물리치고 쳐들어가는 기세를 이르는 말<br>예문 파죽지세로 공격하여 적을 몰아냈다. |

## 쓰며 익히자

| 竹 | | | | | |
|---|---|---|---|---|---|
| 대나무 죽 | | | | | |

# 創 창

뜻 | 비롯하다, 시작하다, 만들다

글자 형성 풀이 | 곳집 창(倉) + 칼 도(刂=刀)

'곳집'은 창고다. 창고에 있는 칼을 가져야 무슨 일이든 시작할 수 있고 무엇이든 만들 수 있다.

**일상에서 어떻게 쓰일까?** 창의력(創意力)과 창의성(創意性)은 매우 중요하지. '창의'는 **시작할 창(創), 생각할 의(意)**로 생각하기를 시작한다는 뜻이야. 지금까지 없었던 새로운 생각이나 의견이라고 이해하면 된단다. 창(創)에 '칼 도(刂=刀)'가 들어 있다는 게 중요해. 새롭게 시작하기 위해서는 기존의 것들을 칼로 자르고, 끊고, 다듬을 때만 가능하다고 이해하면 좋을 것 같아.

일제 강점기에 우리는 일본식성명강요(日本式姓名强要)를 당했어. 창씨개명(創氏改名)이라 하였는데 **만들 창(創), 성 씨(氏), 고칠 개(改), 이름 명(名)**으로 성(姓)은 새로 만들고 이름은 고친다는 뜻이었단다.

## 한자 문해력 UP!

| | | |
|---|---|---|
| **창조** | 시작할 창(創) + 만들 조(造)<br>▶ 새로운 것을 만들다 | 뜻 새로운 것을 처음으로 만들어 냄<br>예문 그는 독특한 인물을 새롭게 창조하였다. |
| **창작** | 시작할 창(創) + 지을 작(作)<br>▶ 지어내는 일을 시작하다 | 뜻 예술 작품을 독창적으로 짓거나 표현함<br>예문 예술가들이 겪는 창작의 고통에 대하여 생각하게 되었다. |
| **독창적** | 독특할 독(獨) + 시작할 창(創) + 과녁 적(的)<br>▶ 독특한 것을 만들다 | 뜻 예전에 없던 것을 처음으로 만들어 내거나 생각해 내는 것<br>예문 한글은 매우 독창적이고 과학적으로 만들어졌다. |

## 쓰며 익히자

| 創 | | | | | |
|---|---|---|---|---|---|
| 비롯할 창 | | | | | |

# 特 특

뜻 | **특별하다, 뛰어나다, 유다르다**

글자 형성 풀이 | **소 우(牛) + 절 사(寺)**

소가 절에 있는 것은 특별한 일이다.

**일상에서 어떻게 쓰일까?** '특검'이라는 말 들어 보았지? 특별검사(特別檢事)의 줄임말이야. 검사(檢事) 중에서도 특별한 검사라는 뜻이지. 대통령을 비롯한 고위 공직자의 비리 사건 등이 발생할 때 국회의 요청으로 구성되어 독자적인 권한을 갖고 수사하는 기구거든.

특(特)은 특별하다는 뜻이야. 글자 앞에 붙어서 그것이 보통과 다르다는 의미를 부여해 주지. 특별히 다르다 해서 특수(特殊)고, 특별한 성질이라 해서 특성(特性)이야. 특별한 임무를 띠고 파견하는 사신이기에 특사(特使)고, 특별히 베푸는 혜택이라서 특혜(特惠)란다. 특이점은 **특별할 특(特), 다를 이(異), 점찍을 점(點)**으로 보통의 것과 특별히 다른 점이라는 뜻이야.

## 한자 문해력 UP!

| | | |
|---|---|---|
| **특허** | 특별할 특(特) + 허락할 허(許)<br>▶ 특별하기에 허락함 | 뜻 어떤 사람의 출원으로 이루어진 공업적 발명의 전용권을 본인이나 승계자에게만 부여하는 행정 행위<br>예문 10년을 매달려 만든 발명품으로 특허를 받았다. |
| **특권** | 특별할 특(特) + 권리 권(權)<br>▶ 특별한 권리 | 뜻 어떤 신분이나 지위, 자격이 있는 사람만이 누리는 특별한 권리나 이익<br>예문 이상을 위하여 산다는 것은 인간만의 특권이다. |
| **특별** | 유다를 특(特) + 다를 별(別)<br>▶ 유달리 다르다 | 뜻 일반적인 것과 아주 다름<br>예문 고가품 수입에는 특별 소비세가 부과된다. |

## 쓰며 익히자

| 特 | | | | | |
|---|---|---|---|---|---|
| 특별할 특 | | | | | |

# 表 표

뜻 | **걸, 바깥, 나타내다**

글자 형성 풀이 | **선비 사(士) + 옷 의(衣)**

선비가 입은 옷은 선비로서의 품위를 겉으로 나타낸다.

**일상에서 어떻게 쓰일까?** 겉으로 드러나는 언행(言行)과 속의 생각이 다름을 '표리부동'이라 하는데 **겉 표(表), 속 리(裏), 아니 부(不), 같을 동(同)**으로 겉과 속이 같지 않다는 뜻이야. 겉으로는 착한 척하면서 속으로는 나쁜 마음을 가지고 있는 사람을 비난하거나 나무랄 때 쓰는 표현이지.

가격표(價格表), 성적표(成績表), 시간표(時間表)에서의 표(表)는 어떤 내용을 일정한 형식과 순서에 따라 보기 좋게 나타낸 것이라는 뜻이야. 그리고 표현(表現), 발표(發表), 표명(表明)에서는 개인의 감정이나 생각 등을 겉으로 나타낸다는 뜻이란다.

## 한자 문해력 UP!

| | | |
|---|---|---|
| **표정** | 겉 표(表) + 감정 정(情)<br>▶ 겉으로 드러나는 감정 | 뜻 얼굴에 드러나는 여러 가지 마음속의 심리 상태와 감정의 모습<br>예문 환하게 웃는 그 표정을 잊을 수가 없다. |
| **표창** | 겉 표(表) + 드러낼 창(彰)<br>▶ 겉으로 드러내다 | 뜻 공적이나 선행 등을 널리 세상에 알려 칭찬함<br>예문 표창을 받으면 신이 나는 게 인지상정이다. |
| **표출** | 겉 표(表) + 나타낼 출(出)<br>▶ 겉으로 나타내다 | 뜻 속에 있던 것을 겉으로 드러냄<br>예문 게임을 할 때에는 감정 표출을 자제해야 한다. |

## 쓰며 익히자

| 表 | | | | | |
|---|---|---|---|---|---|
| 겉 표 | | | | | |

뜻 | 모양, 형상

글자 형성 풀이 | 평평할 견(幵) + 터럭 삼(彡)

평평한 곳이라면 터럭으로 모양을 만들 수 있다.

일상에서 어떻게 쓰일까? 사람이나 동물 모양으로 만든 장난감을 '인형'이라고 하지. **사람 인(人), 모양 형(形)**으로 사람의 모양을 본떠 만들었다는 뜻이야. 현재는 사람의 모양만을 일컫지 않고, 의미가 확대되어 동물 모양까지도 인형이라고 하지. 예쁘고 귀여운 아이를 비유적으로 이르는 말로 쓰이기도 해.

사각형(四角形), 삼각형(三角形), 장방형(長方形) 등을 '도형'이라 하지? **그림 도(圖), 모양 형(形)**으로 그림의 모양이라는 뜻이란다. 과거형(過去形), 진행형(進行形), 의문형(疑問形)에서는 형태를 나타내는 뜻으로 이해하면 좋을 것 같아.

### 한자 문해력 UP!

| | | |
|---|---|---|
| **무형** | 없을 무(無) + 모양 형(形)<br>▶ 모양이 없다 | 뜻 겉으로 드러나 보이는 형체가 없음<br>예문 그들은 여론을 이용해 우리 회사에 무형의 압력을 가했다. |
| **조형** | 만들 조(造) + 모양 형(形)<br>▶ 모양을 만들다 | 뜻 여러 재료를 이용하여 어떤 형태를 만듦<br>예문 큰 예술 작품을 가까이에서 보게 되면 크기에 압도되어 조형의 아름다움은 느끼지 못한다. |
| **형상화** | 모양 형(形) + 모양 상(象) + 될 화(化)<br>▶ 모양이 되도록 하다 | 뜻 분명히 나타나 있지 않은 것을 어떤 방법이나 매체를 통하여 구체적이고 명확한 형상으로 나타내는 일<br>예문 희곡은 대화가 중심이 되어 주제를 형상화한다. |

### 쓰며 익히자

| 形 | | | | | |
|---|---|---|---|---|---|
| 모양 형 | | | | | |

뜻 | **되다, 변하다**

글자 형성 풀이 | **사람 인(亻=人) + 숟가락 비(匕)**

사람은 숟가락질을 하면서 바뀌어 성장하게 된다.

**일상에서 어떻게 쓰일까?** 과학 교과목 중에 '화학'이 있지? '변화할 화(化)'를 쓰니까 변화에 대해 연구하는 학문을 말해. 화학은 물질의 정체와 성질을 원자와 분자의 수준에서 설명하고, 새로운 화합물을 합성하는 화학 반응의 특성을 연구하는 학문이지. 현대 사회의 풍요롭고 안전한 삶은 화학에 의해 마련된 물질적 기반 덕분이라 이야기할 수 있어.

'A화(化)'는 A가 아닌 것이 A로 변화하였다는 뜻이란다. 민주주의가 아니었는데 민주적으로 되어 가는 것을 민주화(民主化)라 하고, 여성이 아닌데 여성처럼 되는 것을 여성화(女性化)라고 하지.

## 한자 문해력 UP!

| | | |
|---|---|---|
| **강화** | 강할 강(強) + 될 화(化)<br>▶ 강하게 되다 | 뜻 세력이나 힘을 더 강하고 튼튼하게 함<br>예문 우리는 신체 강화 훈련에 돌입했다. |
| **악화** | 나쁠 악(惡) + 될 화(化)<br>▶ 나쁘게 되다 | 뜻 어떤 일이나 관계가 나쁘게 변함<br>예문 인간관계 악화의 가장 큰 원인은 금전 문제다. |
| **화장** | 변할 화(化) + 단장할 장(粧)<br>▶ 단장하여 변화함 | 뜻 얼굴을 곱게 꾸미는 일<br>예문 너는 화장을 하지 않는 게 더 예쁘다. |



**쓰며 익히자**

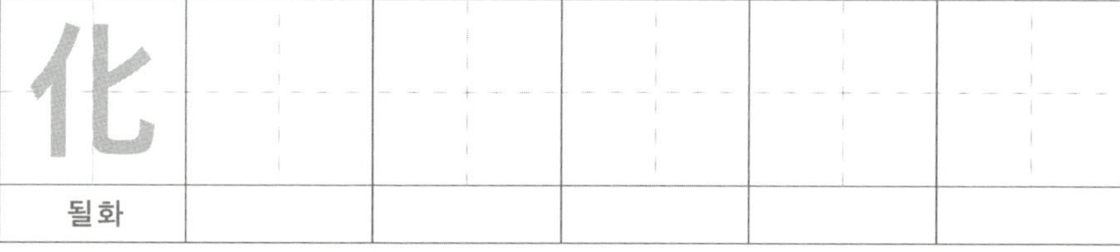

뜻 | **화목하다, 조화되다, 화하다**

글자 형성 풀이 | **벼 화(禾) + 입 구(口)**

쌀이 입으로 들어가니 화목하게 되었다.

**일상에서 어떻게 쓰일까?** '강화 조약'은 뭘까? 강화를 위해 맺은 조약이란다. '강화'는 뭐냐고? **화해할 강(講), 화목할 화(和)**로 싸우던 두 편이 싸움을 그치고 평화로운 상태가 되는 일이야. 1894년 전주에서 동학 농민군과 관군이 1차 동학 농민 전쟁의 종결을 합의한 화약이 '전주 화약'인데, 화목하게 지내자는 약속이었어.

서로 가지고 있던 좋지 않은 감정을 풀어 없애는 일을 화해(和解)라 하고, 높이가 다른 둘 이상의 음이 함께 울릴 때 잘 어울리는 소리를 화음(和音)이라 한단다. 대한민국은 민주공화국이지? '공화'는 **함께 공(共), 화목할 화(和)**로 함께 화목하다는 뜻이란다.



## 한자 문해력 UP!

|  |  |  |
|---|---|---|
| **화해** | 조화될 화(和) + 풀 해(解)<br>▶ 조화되기 위해 감정을 풀다 | 뜻 갈등과 다툼을 그치고 서로 가지고 있던 나쁜 감정을 풂<br>예문 화해의 손을 내미는 자가 승리자다. |
| **위화감** | 어길 위(違) + 조화될 화(和) + 느낄 감(感)<br>▶ 조화를 어기는 느낌 | 뜻 서로 조화롭게 어울리지 못하는 어색한 느낌<br>예문 위화감을 조성하는 행동은 자제해야 한다. |
| **부화뇌동** | 붙을 부(附) + 화할 화(和) + 우레 뇌(雷) + 같을 동(同)<br>▶ 우렛소리와 같이 붙어서 화하다 | 뜻 줏대 없이 남의 의견에 따라 움직임<br>예문 군자는 다른 사람들과 화목하게 지내되, 결코 부화뇌동하지 않는다. |

## 쓰며 익히자

| 和 | | | | | | |
|---|---|---|---|---|---|---|
| 화목할 화 | | | | | | |

# 畫 화

뜻 | 그림, 그리다

글자 형성 풀이 | 붓 율(聿) + 밭 전(田) + 하나 일(一)

붓을 들고 밭에 나가는 하나의 이유는 그림을 그리기 위함이다.

**일상에서 어떻게 쓰일까?** 미술 시간에는 도화지를 준비하곤 했어. 그런데 왜 '도화지'라고 부르는지 몰랐지. **그림 도(圖), 그림 화(畫), 종이 지(紙)**로 그림을 그리는 종이라는 뜻인 줄은 몰랐던 거야. 신문이나 잡지, 책의 글 속에 삽입하여 내용을 보완하고 이해를 돕기 위해 그린 그림이 '삽화'인 것은 알았지만 **끼워 넣을 삽(揷), 그림 화(畫)**인 줄도 몰랐단다.

영화는 **비출 영(映), 그림 화(畫)**로 그림을 비춘다는 뜻이야. 물론 움직이는 그림이지. 모니터 화면에 나타나는 상은 '형상 상(像)'을 써서 화상(畫像)이라고 한단다. 그림이나 사진을 찍어 발행한 책자는 '알릴 보(報)'를 써서 화보(畫報)라 하지.

## 한자 문해력 UP!

| | | |
|---|---|---|
| **회화** | 그림 회(繪) + 그림 화(畫)<br>▶ 그림을 그리는 일 | 뜻 평면상에 색채와 선을 써서 여러 가지 형상과 느낀 바를 표현하는 조형 예술<br>예문 선생님은 조각뿐 아니라 회화에도 조예가 깊다. |
| **만화** | 많을 만(漫) + 그림 화(畫)<br>▶ 그림이 많다 | 뜻 여러 장면으로 이어져 이야기 형식을 가진 그림<br>예문 양서(良書)도 좋지만 만화도 재미있다. |
| **화질** | 그림 화(畫) + 바탕 질(質)<br>▶ 그림의 바탕 | 뜻 텔레비전 등의 화면이 구현하는 색상과 명도의 품질<br>예문 새로 산 텔레비전은 화질이 선명하다. |

## 쓰며 익히자

| 畫 | | | | | |
|---|---|---|---|---|---|
| 그림 화 | | | | | |

# 花 화

뜻 | 꽃

글자 형성 풀이 | 풀 초(艹) + 될 화(化)

풀이 자라서 변화하면 꽃이 된다.

**일상에서 어떻게 쓰일까?** 우리나라의 국화(國花)인 '무궁화'는 **없을 무(無), 다할 궁(窮), 꽃 화(花)**를 쓰지. 다함이 없는 꽃이라는 뜻이야. 무궁화는 아침에 피면 저녁에 지고, 다음 날 아침에 새 꽃봉오리에서 또 새로이 피면서 여름부터 가을까지 수없이 피고 진단다. '피고 지고 또 피어 무궁화라네'라는 노랫말이 생긴 이유지.

48장으로 된 놀이용 딱지 또는 그것으로 행하는 오락이나 노름을 '화투'라고 하지. **꽃 화(花), 싸움 투(鬪)**로 꽃이 그려진 딱지로 겨룬다는 뜻이란다.

## 한자 문해력 UP!

|  |  |  |
|---|---|---|
| **화환** | 꽃 화(花) + 고리 환(環)<br>▶ 꽃으로 만든 고리 | 뜻 생화나 조화를 모아 고리같이 둥글게 만든 물건<br>예문 메달과 화환을 목에 걸고 손을 들어 관중의 환호에 답했다. |
| **산화** | 흩을 산(散) + 꽃 화(花)<br>▶ 꽃이 져서 흩어지다 | 뜻 젊은 사람이 전쟁터 등에서 안타깝게 죽음을 비유적으로 이르는 말<br>예문 전투에서 산화한 전사자들의 영정을 보니 눈물이 났다. |
| **화초** | 꽃 화(花) + 풀 초(草)<br>▶ 꽃이 피는 풀 | 뜻 꽃이 피는 풀과 나무<br>예문 화초는 보는 재미도 있지만 가꾸는 재미도 있다. |

## 쓰며 익히자

| 花 | | | | | |
|---|---|---|---|---|---|
| 꽃 화 | | | | | |

뜻 | 효도

글자 형성 풀이 | 늙을 로(耂) + 자식 자(子)

늙은 사람을 자식이 업어 주는 일이 효도다.

**일상에서 어떻게 쓰일까?** 자식이 부모를 공경하고 잘 섬기는 일을 효도라 하는데 **효도 효(孝), 도리 도(道)**로 효도하는 도리라는 뜻이야. 효도하는 자식을 효자(孝子), 효성스러운 마음을 효심(孝心), 노인을 공경하고 어버이께 효도함을 경로효친(敬老孝親)이라 하지.

효자상품(孝子商品)이라는 말 들어 보았지? 기업의 매출 증대에 크게 이바지하는 상품을 효자상품이라 하는데 효자와 같이 기쁨을 주는 상품이라는 뜻이란다. 순위를 매기는 각종 대회에서 꾸준히 높은 성적을 거두는 종목은 효자종목(孝子種目)이라고 하지. 기쁨을 주는 종목이라고 이해하면 될 것 같아.

## 한자 문해력 UP!

| | | |
|---|---|---|
| **효부** | 효도 효(孝) + 며느리 부(婦)<br>▶ 효도하는 며느리 | 뜻 시부모를 섬기는 정성이 지극한 며느리<br>예문 어머니는 효부라는 소리를 듣곤 하였다. |
| **불효자** | 아니 불(不) + 효도 효(孝) + 자식 자(子)<br>▶ 효도 않는 자식 | 뜻 어버이를 섬겨 효도하지 않는 자식<br>예문 부모보다 먼저 죽는 자식이야말로 불효자 중의 불효자다. |
| **반포지효** | 되돌릴 반(反) + 먹일 포(哺) + 어조사 지(之) + 효도 효(孝)<br>▶ 되돌려 먹이는 효도 | 뜻 까마귀 새끼가 자라서 늙은 어미에게 먹이를 물어다 주는 효. 자식이 어버이의 은혜에 보답하는 효성<br>예문 부모를 반포지효로 모시는 것은 자식의 도리다. |

**쓰며 익히자**

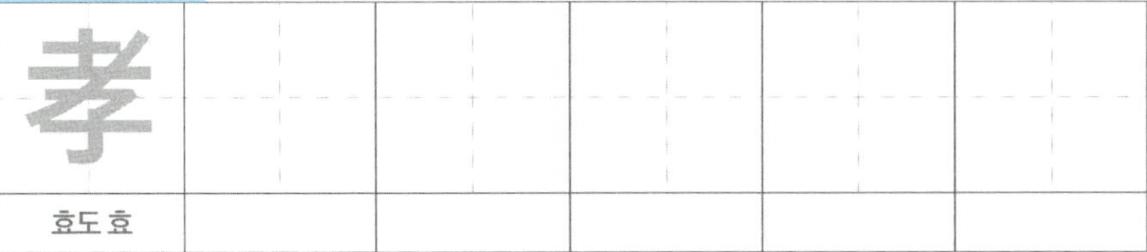

뜻 | 가르치다, 타이르다

글자 형성 풀이 | 말씀 언(言) + 내 천(川)

말을 냇물이 흘러가듯이 하면 가르침을 줄 수 있다.

**일상에서 어떻게 쓰일까?** 바둑이나 장기를 둘 때, 구경하던 사람이 옆에서 슬며시 수를 일깨워 주거나 가르쳐 주는 일을 '훈수'라고 하지. **가르칠 훈(訓), 기술 수(手)**로 기술을 가르친다는 뜻이란다.

행동이나 생활에 도움이 되는 가르침이 될 만한 것을 교훈적(教訓的)이라 하고, 교훈이 되는 말을 훈화(訓話)라고 해. 학생을 가르치는 선생을 '훈장'이라고 했는데 **가르칠 훈(訓), 어른 장(長)**으로 가르치는 어른이라는 뜻이야. 가벼운 죄를 지은 사람을 훈계하고 풀어 주는 일을 훈방(訓放)이라 하는데 '놓을 방(放)'을 써서 가르친 후 놓아준다는 뜻이란다.

## 한자 문해력 UP!

|  |  |  |
|---|---|---|
| **훈육** | 가르칠 훈(訓) + 기를 육(育)<br>▶ 가르치고 기르다 | 뜻 품성이나 도덕 등을 가르쳐 기름<br>예문 나는 어머니의 각별한 훈육으로 자랐다. |
| **전지훈련** | 구를 전(轉) + 지역 지(地) + 가르칠 훈(訓) + 단련할 련(鍊)<br>▶ 지역에서 굴리고 가르치고 단련시키다 | 뜻 운동선수가 신체의 적응력을 개발하고 향상시키기 위해 환경 조건이 다른 곳으로 옮겨 가서 하는 훈련<br>예문 전지훈련으로 기량이 향상되었다. |
| **훈민정음** | 가르칠 훈(訓) + 백성 민(民) + 바를 정(正) + 소리 음(音)<br>▶ 백성을 가르치는 바른 소리 | 뜻 1443년에 세종이 창제한 우리나라 글자<br>예문 훈민정음 창제로 양반층이 독점해 온 문자의 혜택을 일반 백성들도 누리게 되었다. |

**쓰며 익히자**

| 訓 | | | | | |
|---|---|---|---|---|---|
| 가르칠 훈 | | | | | |

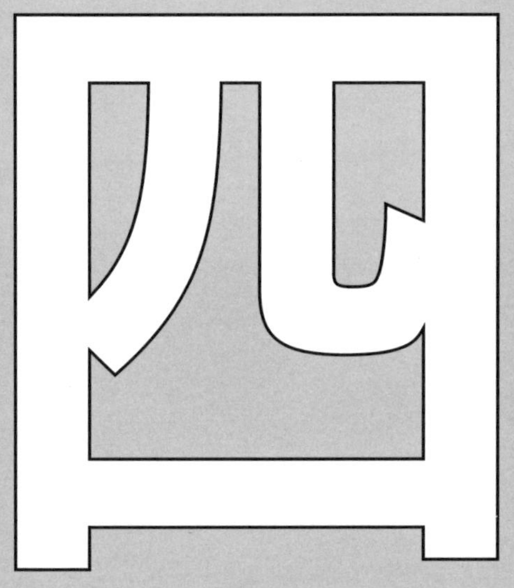

# 경제를 만나는 즐거움

'경제'는 우리의 삶을 지탱해 주는 중요한 요소야.
경제생활을 어떻게 하느냐에 따라 행복할 수도, 불행할 수도 있기 때문이지.
국어사전에서는 경제를 '생활하는 데 필요한 재화나 용역을
생산, 분배, 소비하는 모든 활동'이라고 정의하고 있어. 경제는 '경세제민'의 준말이란다.
'다스릴 경(經), 세상 세(世), 구제할 제(濟), 백성 민(民)' 세상을 다스리고 백성을 구제한다는 뜻이지.

# 價 가

뜻 | 값, 가격, 가치

글자 형성 풀이 | 사람 인(亻=人) + 덮을 아(襾) + 돈 패(貝)

사람들이 돈으로 덮어서 사는 것은 가치가 있기 때문이다.

일상에서 어떻게 쓰일까? 물건을 싸게 파는 일을 '염가 판매'라 하는데 **값쌀 염(廉), 값 가(價)**로 싸게 판매한다는 뜻이야. '정가'는 **정할 정(定), 값 가(價)**으로 정해진 가격이고, '호가'는 **부를 호(呼), 값 가(價)**로 부르는 가격이지. 고정 자산에 생기는 가치의 소모를 셈하는 회계상의 절차를 '감가상각'이라 해. **덜 감(減), 값 가(價), 보상할 상(償), 물리칠 각(却)**으로 덜어진 값에 대하여 보상하여 물리쳐 준다는 뜻이란다.

가(價)는 가치나 평가의 의미로도 쓰여. 가치나 의의에 관한 관점을 가치관(價値觀)이라 하고, 가치나 수준을 일정한 기준에 의해 매기는 일을 평가(評價)라 한단다.

## 한자 문해력 UP!

| | | |
|---|---|---|
| **유가** | 기름 유(油) + 값 가(價)<br>▶ 기름 가격 | 뜻 원유나 석유, 경유, 휘발유 등의 판매 가격<br>예문 유가 상승은 물가의 상승으로 이어지곤 한다. |
| **단가** | 하나 단(單) + 값 가(價)<br>▶ 하나의 가격 | 뜻 물건 한 단위(單位)의 값<br>예문 생산 단가를 낮추기 위해 고심하고 있다. |
| **분양가** | 나눌 분(分) + 넘겨줄 양(讓) + 값 가(價)<br>▶ 나누어서 넘겨 주는 가격 | 뜻 토지나 건물 등을 나누어 파는 가격<br>예문 아파트 분양가를 낮출 수 있는 방법은 무엇일까? |

경제 | 01

## 쓰며 익히자

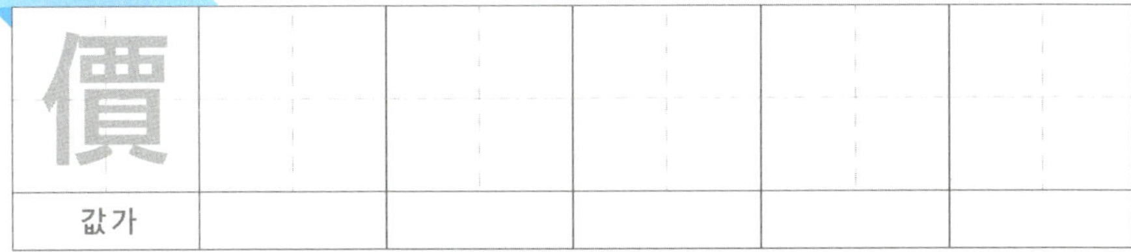

# 加 가

뜻 | 더하다, 보태다

글자 형성 풀이 | 힘 력(力) + 입 구(口)

힘써서 입을 움직이면 뭔가가 더해지게 된다.

일상에서 어떻게 쓰일까? 어려운 일이나 불행이 겹쳐서 일어날 때 '설상가상'이라고 해. **눈 설(雪), 위 상(上), 더할 가(加), 서리 상(霜)**으로 눈이 내려서 고통스러운데 그 위에 서리까지 더해져서 더욱 고통스럽다는 뜻이야. 반면에, 좋은 일 위에 또 좋은 일이 더해질 때는 '금상첨화'라고 하지. **비단 금(錦), 위 상(上), 더할 첨(添), 꽃 화(花)**로 예쁘고 고운 비단 위에 꽃까지 더해진다는 뜻이란다.

식품 등을 만들 때 보태어 넣는 물질을 '첨가물'이라 하는데 **더할 첨(添), 더할 가(加)**를 써. 가수분해(加水分解)는 무기염류에 물이 더해져 산과 알칼리로 분해되는 작용이란다.

## 한자 문해력 UP!

| | | |
|---|---|---|
| **가해자** | 더할 가(加) + 해로울 해(害) + 사람 자(者)<br>▶ 해로움을 더하는 사람 | 뜻 다른 사람의 생명이나 신체, 재산, 명예 따위에 해를 끼친 사람<br>예문 피해자인 내가 가해자로 몰리고 말았다. |
| **가산점** | 더할 가(可) + 계산할 산(算) + 점수 점(點)<br>▶ 계산할 때 점수를 더하다 | 뜻 특별히 더 주어지는 점수<br>예문 국가 유공자의 자녀는 공무원 시험을 칠 경우에 가산점을 받는다. |
| **가속화** | 더할 가(加) + 속도 속(速) + 될 화(化)<br>▶ 속도가 더해지게 되다 | 뜻 어떤 일이나 현상의 진행이 점점 더 빨라짐<br>예문 빈익빈 부익부 현상의 가속화가 안타깝다. |

## 쓰며 익히자

| 加 | | | | | | |
|---|---|---|---|---|---|---|
| 더할 가 | | | | | | |

# 降 강

뜻 | **내리다, 항복하다**

글자 형성 풀이 | **언덕 부(阝) + 뒤쳐져 올 치(夂) + 소 우(牛)**

언덕에서 소가 뒤쳐져서 내려온다. 위에서 아래로 내려온다는 것은 항복한다는 뜻이다.

**일상에서 어떻게 쓰일까?** 우리나라 프로 축구에 '승강제'가 있다는 사실을 아니? 1부 리그 하위팀이 2부 리그로 가고, 2부 리그 상위팀이 1부 리그로 가는 제도를 승강제라고 해. **오를 승(昇), 내릴 강(降), 제도 제(制)**로 올라가고 내려가는 제도라는 뜻이야. 엘리베이터를 '승강기'라고 할 때도 마찬가지로 **오를 승(昇), 내릴 강(降), 기계 기(機)**를 쓰지. 비나 눈 등이 일정 기간 일정한 장소에 내려온 총량은 강수량(降水量)이라고 해.

강(降)은 항복한다는 뜻도 갖고 있는데, 이때는 '항'으로 발음한단다. 무기를 버리고 적에게 항복하는 것을 투항(投降)이라 하는 게 그 예가 되지.

## 한자 문해력 UP!

| | | |
|---|---|---|
| **상강** | 서리 상(霜) + 내릴 강(降)<br>▶ 서리가 내리다 | 뜻 서리가 내리기 시작하는 날. 24절기의 하나로 한로(寒露)와 입동(立冬) 사이에 있음<br>예문 상강이 되기도 전에 서리가 내렸다. |
| **활강** | 미끄러질 활(滑) + 내릴 강(降)<br>▶ 미끄러지면서 내려오다 | 뜻 가파르게 기울어진 곳을 미끄러져 내려옴<br>예문 친구는 경사진 눈밭을 아슬아슬하게 활강하였다. |
| **항자불살** | 항복할 항(降) + 사람 자(者) + 아닐 불(不) + 죽일 살(殺)<br>▶ 항복하는 사람은 죽이지 않는다 | 뜻 항복하는 사람은 죽이지 아니함<br>예문 항자불살이라 했는데 나를 구태여 죽이겠느냐? |

**쓰며 익히자**

| 降 | | | | | |
|---|---|---|---|---|---|
| 내릴 강 | | | | | |

# 健 건

뜻 | 굳세다, 건강하다, 튼튼하다, 잘하다

글자 형성 풀이 | 사람 인(亻=人) + 세울 건(建)

사람이 몸을 곧게 세운다는 것은 건강하다는 증거다.

일상에서 어떻게 쓰일까? 천금을 줘도 바꿀 수 없는 게 '건강'이야. 건강을 잃으면 모든 것을 잃는다고 하잖아. 우리 삶에서 가장 중요한 요소라고 할 수 있는 건강은 **튼튼할 건(健), 편안할 강(康)**으로 몸이나 정신이 튼튼하고 편안하다는 뜻이야. 건강을 지키고 유지하는 것은 **지킬 보(保), 건강 건(健)**을 써서 '보건'이라 하지. 치열이 고르고 충치가 없는 건강한 치아는 건치(健齒)라고 해.

경험한 것을 기억하지 못하는 증세를 '건망증'이라고 하지. 건(健)에는 잘한다는 뜻도 있어서 **잘할 건(健), 잊을 망(忘), 증세 증(症)**으로 잘 잊어버리는 증세라는 뜻이란다.

## 한자 문해력 UP!

| | | |
|---|---|---|
| **온건** | 평온할 온(穩) + 굳셀 건(健)<br>▶ 평온하게 굳세다 | 뜻 생각이나 행동 따위가 사리에 맞고 건실함<br>예문 강경과 온건 가운데 어느 쪽이 정권을 잡을까? |
| **건재** | 굳셀 건(健) + 있을 재(在)<br>▶ 굳세게 있다 | 뜻 힘이나 능력이 줄어들지 않고 여전히 그대로 있음<br>예문 노장의 건재를 기대한다. |
| **건투** | 굳셀 건(健) + 싸울 투(鬪)<br>▶ 굳세게 싸움 | 뜻 의지를 굽히지 않고 씩씩하게 잘 싸움<br>예문 나의 건투를 빌면서 엄지손가락을 치켜세웠던 친구가 보고 싶다. |

## 쓰며 익히자

| 健 | | | | | |
|---|---|---|---|---|---|
| 굳셀 건 | | | | | |

# 輕 경

뜻 | 가볍다, 가벼이 하다

글자 형성 풀이 | 수레 거(車) + 물줄기 경(巠)

수레가 물줄기를 건너려면 가벼워야 한다.

**일상에서 어떻게 쓰일까?** 경음악을 들으며 스트레스를 해소하거나 하루를 시작한다고 해. '가벼울 경(輕)'의 경음악이야. 가볍게 듣고 부를 수 있는 음악, 대중이 즐기기 위하여 작은 규모의 형식으로 연주하는 음악을 말하지. 클래식 음악 중에서 통속적으로 가볍게 편곡된 것이나 대중성을 띤 가벼운 재즈나 팝송을 일컫고 있어.

경범죄(輕犯罪)가 있다는 것 알지? 여기서도 '가벼울 경(輕)'을 써서 가벼운 범죄라는 뜻이야. 노상 방뇨, 교통 위반, 소란 행위, 불안감 조성 등 일상생활에서 저지를 수 있는 비교적 죄질이 가벼운 범죄를 일컫는단다.

## 한자 문해력 UP!

| | | |
|---|---|---|
| **경솔** | 가벼울 경(輕) + 거느릴 솔(率)<br>▶ 가볍게 거느림 | 뜻 말이나 행동이 신중하거나 침착하지 못하고 가벼움<br>예문 깊이 생각하지 않고 경솔하게 일을 처리했던 내가 부끄럽다. |
| **경정비** | 가벼울 경(輕) + 가지런할 정(整) + 갖출 비(備)<br>▶ 가볍게 갖춰서 가지런하게 만들다 | 뜻 기계나 자동차 등의 간단한 고장을 손보는 일<br>예문 명절에는 휴게소에서 무상 경정비 서비스를 제공한다. |
| **경거망동** | 가벼울 경(輕) + 들 거(擧) + 망령될 망(妄) + 움직일 동(動)<br>▶ 가볍게 들고 망령되게 움직이다 | 뜻 경솔하고 조심성 없이 행동함<br>예문 어떤 경우라도 경거망동해서는 안 된다. |

## 쓰며 익히자

| 輕 | | | | | |
|---|---|---|---|---|---|
| 가벼울 경 | | | | | |

뜻 | 알리다, 고하다

글자 형성 풀이 | 소 우(牛) + 입 구(口)

소가 입으로 소리를 내어 자신의 생각을 알리다.

**일상에서 어떻게 쓰일까?** 판매를 목적으로, 상품에 대한 정보를 여러 가지 매체를 통하여 소비자에게 널리 알리는 의도적인 활동을 '광고'라 하는데 **넓을 광(廣), 알릴 고(告)**로 널리 알린다는 뜻이란다. '홍보'와 '선전'도 비슷한 의미인데 홍보는 **넓을 홍(弘), 알릴 보(報)**로 널리 알리는 일이라는 뜻이고, 선전은 **펼 선(宣), 전할 전(傳)**으로 펼쳐서 전한다는 뜻이야.

상대국과 전쟁을 시작한다는 뜻을 정식으로 선언하고 공포하는 일을 '선전포고'라 하는데 **펼 선(宣), 전쟁 전(戰), 펼 포(布), 알릴 고(告)**로 전쟁을 하겠다는 뜻을 펼쳐서 알린다는 의미란다.

## 한자 문해력 UP!

| | | |
|---|---|---|
| **고백** | 알릴 고(告) + 말할 백(白)<br>▶ 말하여 알리다 | 뜻 마음속에 숨긴 일이나 생각한 바를 솔직하게 말함<br>예문 잘못을 순순히 고백하면 용서해 줄 수도 있다. |
| **무고** | 거짓 무(誣) + 알릴 고(告)<br>▶ 거짓으로 알리다 | 뜻 사실이 아닌 일을 거짓으로 꾸며 해당 기관에 고소하거나 고발함<br>예문 무고 혐의에 대하여 억울함을 호소했다. |
| **이실직고** | 써 이(以) + 실제 실(實) + 곧을 직(直) + 알릴 고(告)<br>▶ 실제 사실을 곧게 알리다 | 뜻 사실을 바른대로 말함<br>예문 너의 죄를 이실직고하기 바란다. |

**쓰며 익히자**

| 告 | | | | | |
|---|---|---|---|---|---|
| 알릴 고 | | | | | |

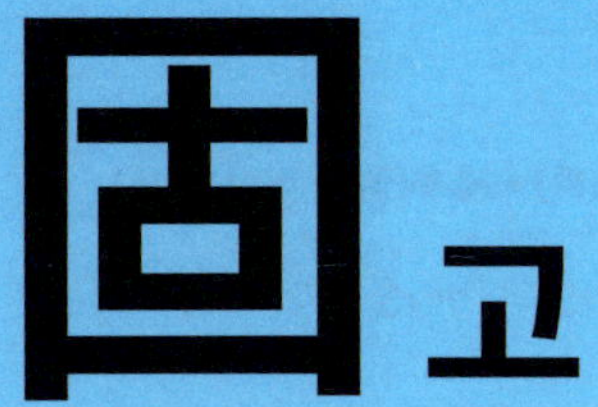

뜻 | 굳다, 단단하다, 완고하다

글자 형성 풀이 | 나라 국(囗) + 옛 고(古)

나라는 옛날부터 단단해야 했다.

일상에서 어떻게 쓰일까? '자기 몸 긍정주의'라는 말이 있어. 미국에서 시작된 사회 운동인데, 몸무게나 체형 등 외모의 기준에 구애받지 않고 자신의 몸 자체를 인정하고 받아들이자는 주장이야. 아름다움에 대한 '고정 관념'을 탈피하고 있는 그대로의 모습을 사랑하는 태도를 말하지.

어떤 집단의 사람들에 대한 단순하고 지나치게 일반화된 생각들을 고정 관념이라 하는데 '고정'은 **굳을 고(固), 정할 정(定)**으로 굳어 있고 정해져 있다는 뜻이고, '관념'은 **볼 관(觀), 생각 념(念)**으로 보고 생각한 거라는 뜻이란다. 마음속에 굳어 있어 변하지 않는 생각을 고정 관념이라 하는 거야.

## 한자 문해력 UP!

| | | |
|---|---|---|
| **고유** | 굳을 고(固) + 있을 유(有)<br>▶ 굳어 있다 | 뜻 어느 사물에만 특별히 있거나 본래부터 지니고 있음<br>예문 우리 고유 문화의 바탕 위에 외국에서 들어온 문화를 받아들여야 한다. |
| **고착** | 굳을 고(固) + 붙을 착(着)<br>▶ 굳어서 붙어 있다 | 뜻 옮기거나 변화하지 않고 같은 곳이나 일정한 상태에 머물러 있음<br>예문 우리나라의 경제는 이미 자본주의 체제로 고착되었다. |
| **응고제** | 엉길 응(凝) + 굳을 고(固) + 약 제(劑)<br>▶ 엉겨서 굳어지도록 하는 약 | 뜻 엉기거나 뭉쳐서 굳게 만드는 물질<br>예문 강릉의 초당 두부는 바닷물을 응고제로 이용하여 만드는 것으로 유명하다. |



## 쓰며 익히자

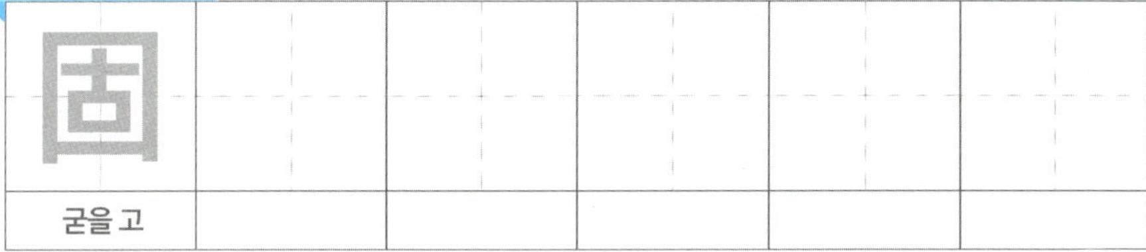

# 顧 고

뜻 | 돌아보다

글자 형성 풀이 | 집 호(戶) + 새 추(隹) + 머리 혈(頁)

집에 새(제비)가 찾아오니 머리를 들어서 봄이 왔는지 돌아보았다.

**일상에서 어떻게 쓰일까?** '고객', '고문', '회고록'에서는 모두 '돌아볼 고(顧)'를 쓴단다. 늘 돌아보며 찾아오는 손님이기에 '손님 객(客)'을 써서 고객(顧客)이라 하고, 전문적인 지식으로 물음에 응하여 의견을 제시하는 직책이기에 '물을 문(問)'을 써서 고문(顧問)이라 하지. 돌이켜 적은 기록이기에 **돌 회(回), 돌아볼 고(顧), 기록할 록(錄)**을 써서 '회고록'이라고 한단다.

인재를 맞아들이기 위해 참을성 있게 노력함을 '삼고초려'라 하는 것 알고 있지? **석 삼(三), 돌아볼 고(顧), 풀 초(草), 오두막집 려(廬)**로 유비가 제갈량이 사는 초가집을 세 번이나 찾아가 끝내 맞아들이는 데 성공한 일화에서 나온 말이란다.

## 한자 문해력 UP!

| | | |
|---|---|---|
| **불고염치** | 아닐 불(不) + 돌아볼 고(顧) + 청렴할 염(廉) + 부끄러울 치(恥)<br>▶ 청렴함과 부끄러움을 돌아보지 않다 | 뜻 염치를 돌아보지 아니함<br>예문 불고염치하고 동생에게 손을 벌리기로 하였다. |
| **좌고우면** | 왼 좌(左) + 돌아볼 고(顧) + 오른 우(右) + 곁눈질할 면(眄)<br>▶ 왼쪽을 보고 오른쪽을 곁눈질하다 | 뜻 이쪽저쪽을 돌아본다는 뜻으로, 무엇을 결정하지 못하고 이리저리 재며 망설임을 이르는 말<br>예문 더 이상 좌고우면할 여유가 없다. |
| **사고무친** | 넉 사(四) + 돌아볼 고(顧) + 없을 무(無) + 친할 친(親)<br>▶ 사방을 둘러보아도 친한 사람이 없다 | 뜻 주위에 의지할 만한 사람이 전혀 없음<br>예문 저 아이는 사고무친하니 자네가 좀 돌봐 주게. |

## 쓰며 익히자

| 顧 | | | | | |
|---|---|---|---|---|---|
| 돌아볼 고 | | | | | |

# 果 과

뜻 | **열매, 결과**

글자 형성 풀이 | **나무 목(木) + 밭 전(田)**

나무가 있는 밭에서는 열매를 얻을 수 있다.

**일상에서 어떻게 쓰일까?** 인간의 관점에서는 꽃이 중요할지 모르지만, 식물 입장에서 꽃은 열매를 맺기 위한 준비 과정일 뿐 중요한 건 열매일 거야. 열매라는 뜻을 가진 과(果)가 결과를 의미하게 된 것도 그러한 이유 아닐까?

과수원(果樹園), 과즙(果汁), 과육(果肉), 청과물(青果物), 과도(果刀) 등에서 과(果)는 열매를 의미해. 그런데 효과(效果), 성과(成果) 등에서는 결과를 의미한단다. '인과응보'는 **원인 인(因), 결과 과(果), 응할 응(應), 갚을 보(報)**로 원인이 있기에 결과가 만들어지고, 어떤 일에 응하여 갚음이 있다는 뜻이야.

## 한자 문해력 UP!

| | | |
|---|---|---|
| **과도** | 열매 과(果) + 칼 도(刀)<br>▶ 과일을 깎는 데 사용하는 칼 | 뜻 과일을 깎는 칼<br>예문 과도를 꺼내 먹기 좋게 사과를 깎아 주었다. |
| **성과** | 이룰 성(成) + 결과 과(果)<br>▶ 이루어 낸 결과 | 뜻 일이 이루어진 결과, 결실<br>예문 포기하지 않으면 기대 이상의 성과를 만들어 낼 수 있다. |
| **청과물** | 푸를 청(青) + 열매 과(果) + 물건 물(物)<br>▶ 푸른 채소와 열매 | 뜻 신선한 과일과 채소를 통틀어 이르는 말<br>예문 무더위와 가뭄으로 청과물 가격이 급격히 올랐다. |

**쓰며 익히자**

| 果 | | | | | |
|---|---|---|---|---|---|
| 열매 과 | | | | | |

# 廣 광

뜻 | 넓다, 넓히다

글자 형성 풀이 | 집 엄(广) + 누를 황(黃)

집에 누런 금이 있다는 것은 집이 크고 넓다는 이야기다.

**일상에서 어떻게 쓰일까?** 한국인이 가장 좋아하는 생선회가 바로 '광어'라고 해. 광어는 **넓을 광(廣), 물고기 어(魚)**로 넓은 물고기라는 뜻이란다. 위아래로 넓적한 긴 타원형 모양의 생선이지. 길고 납작하게 생긴 물고기는 '갈치'라고 하는데, '칼'처럼 생겼기 때문이야. 옛날에는 '칼'을 '갈'이라 했다고 하지. '치'는 물고기를 나타내는 접미사로 이해하면 돼. '숭어'는 '숭상할 숭(崇)'이란다. 맛이 너무 좋기에 사람들에게 숭상받았다고 생각하면 좋을 것 같아.

고구려 '광개토대왕'은 영토를 크게 넓힌 왕이야. 그래서 시호를 **넓을 광(廣), 열 개(開), 땅 토(土)**를 써서 광개토대왕이라 부른 거란다. 시호는 죽은 이후에 붙여진 이름이거든.

## 한자 문해력 UP!

|  |  |  |
|---|---|---|
| **광장** | 넓을 광(廣) + 마당 장(場)<br>▶ 넓은 마당 | 뜻 많은 사람이 모일 수 있도록 거리에 만들어 놓은 넓은 빈터<br>예문 광화문 광장에 수많은 시민이 모여 대정부 시위를 하였다. |
| **광역시** | 넓을 광(廣) + 지경 역(域) + 번화한 곳 시(市)<br>▶ 넓은 지경의 번화한 곳 | 뜻 상급 지방 자치 단체 중 하나로 현재 부산, 대구, 인천, 광주, 대전, 울산이 해당됨<br>예문 부산직할시가 부산광역시로 바뀌었다. |
| **장광설** | 길 장(長) + 넓을 광(廣) + 말 설(舌)<br>▶ 길고 넓게 말하다 | 뜻 쓸데없이 번잡하고 길게 늘어놓는 말을 비유적으로 이르는 말<br>예문 장광설 늘어놓는 사람은 인기가 없다. |

## 쓰며 익히자

| 廣 | | | | | | 
|---|---|---|---|---|---|
| 넓을 광 | | | | | |

# 橋 교

뜻 | 다리, 시렁

글자 형성 풀이 | 나무 목(木) + 높을 교(喬)

나무가 높아야 다리를 만들 수 있다.

**일상에서 어떻게 쓰일까?** 하천, 계곡, 도로, 철도 등을 횡단하는 통로를 떠받치기 위하여 축조하는 구조물을 '다리'라고 하는데 한자로는 교(橋)라고 쓴단다. 다리를 의미하는 교(橋)에 왜 '나무 목(木)'이 들어 있을까? 예전에는 다리를 나무로 만들었기 때문이야.

섬과 육지를 연결한 다리는 **이을 연(連), 육지 륙(陸), 다리 교(橋)**의 '연륙교'이고, 양쪽 언덕에 줄이나 쇠사슬을 건너지르고, 거기에 의지하여 매달아 놓은 다리는 **매달 현(懸), 드리울 수(垂), 다리 교(橋)**의 '현수교'야. '사장교'는 **비스듬할 사(斜), 당길 장(張), 다리 교(橋)**야. 주탑에서 비스듬하게 다리의 바닥판을 당겨 만든 다리라는 뜻이란다.

## 한자 문해력 UP!

| | | |
|---|---|---|
| **주교** | 배 주(舟) + 다리 교(橋)<br>▶ 배로 만든 다리 | 뜻 작은 배를 잇달아 띄워 놓고 그 위에 널판을 건너질러 깐 다리<br>예문 정조는 주교를 이용하여 수원의 융릉에 갔다. |
| **교각** | 다리 교(橋) + 다리 각(脚)<br>▶ 다리의 다리 | 뜻 다리를 받치는 기둥. 상부 구조를 지지하는 구조물<br>예문 다리 주변의 지반이 침하되면 교각이 기울어 붕괴 위험이 생긴다. |
| **가교** | 시렁 가(架) + 다리 교(橋)<br>▶ 시렁처럼 만든 다리 | 뜻 서로 떨어져 있는 두 대상을 이어 주는 사물이나 사실을 비유적으로 이르는 말<br>예문 남북한 축구 대회는 통일을 위한 가교가 될 것이다. |

## 쓰며 익히자

| 橋 | | | | | | |
|---|---|---|---|---|---|---|
| 다리 교 | | | | | | |

**뜻 |** **갖추다, 기구, 도구, 자세히**

**글자 형성 풀이 |** **눈 목(目) + 하나 일(一) + 여덟 팔(八)**

눈 하나로 여덟 곳(팔방)을 볼 수 있다면 실력을 갖추었다고 할 수 있다.

**일상에서 어떻게 쓰일까?** 여행을 떠날 때 꼭 챙겨야 하는 게 세면도구야. 세면도구는 **씻을 세(洗), 얼굴 면(面), 기능 도(道), 기구 구(具)**로 얼굴을 씻는 기능을 가진 기구란다. 비누, 샴푸, 칫솔, 치약, 수건 등 얼굴을 씻거나 머리를 감을 때 쓰는 여러 가지 도구를 말하지.

구(具)는 공구(工具), 용구(用具), 문방구(文房具), 농기구(農器具)에서처럼 기구 혹은 도구라는 뜻으로 많이 쓰여. 하지만 사물이 일정한 모습을 갖추고 있다는 뜻의 구체적(具體的), 어떠한 현상이 구체적인 모습으로 뚜렷이 나타난다는 뜻의 구현(具現)에서는 자세히라는 의미로 쓰인단다.

## 한자 문해력 UP!

| | | |
|---|---|---|
| **불구** | 아니 불(不) + 갖출 구(具)<br>▶ 갖추지 아니하다 | **뜻** 몸의 어느 부분이 온전하지 못하거나 제 기능을 잃은 상태<br>**예문** 전쟁터에서 불구의 몸이 되어 돌아왔다. |
| **공구** | 만들 공(工) + 도구 구(具)<br>▶ 만들 때 필요한 도구 | **뜻** 물건을 만들거나 고치는 데 쓰이는 여러 기구를 통틀어 이르는 말<br>**예문** 의자를 고치기 위해 공구 상자를 꺼냈다. |
| **침구류** | 잠잘 침(寢) + 기구 구(具) + 무리 류(類)<br>▶ 잠잘 때 필요한 기구의 무리 | **뜻** 잠을 잘 때 쓰는 물건이나 가구 등을 통틀어 이르는 말<br>**예문** 침구류는 가급적 햇볕에 말려 주는 것이 좋다. |



**쓰며 익히자**

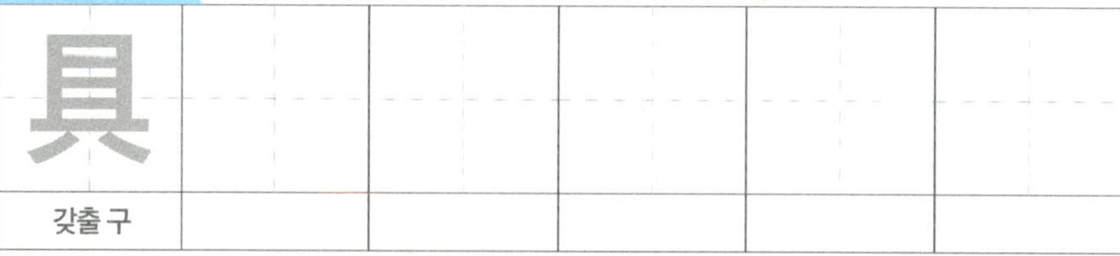

# 根 근

뜻 | **뿌리, 근본**

글자 형성 풀이 | **나무 목(木) + 어긋날 간(艮)**

나무 전체에서 어긋나 있는 것은 뿌리다. 뿌리는 근본과 밑바탕을 나타낸다.

**일상에서 어떻게 쓰일까?** 부정선거는 민주주의의 '근간'을 뒤흔드는 잘못된 행위야. 근간은 **뿌리 근(根), 줄기 간(幹)**으로 뿌리와 줄기라는 뜻이지. 뿌리와 줄기는 나무의 생명에 가장 중요한 것이기에 사물의 본바탕이나 중심을 의미할 때 많이 쓰이는 단어란다.

어떤 사물이나 현상을 다시는 발생할 수 없도록 그 근원을 없애 버리는 일을 '근절'이라 하는데 **뿌리 근(根), 끊을 절(絶)**로 뿌리를 끊어 버린다는 뜻이야. 한 단어에서 더 이상 나눌 수 없이 의미의 중심이 되는 요소를 어근(語根)이라 하는 것 알지? '아름답다'에서는 '아름', '밝다'에서는 '밝', '덧버선'에서는 '버선'이 어근, 즉 말의 뿌리이지.

## 한자 문해력 UP!

|  |  |  |
|---|---|---|
| **근거** | 뿌리 근(根) + 근거 거(據)<br>▶ 뿌리가 되는 근거 | 뜻 어떤 일이나 판단, 주장이 나오게 된 바탕이나 까닭<br>예문 근거 없는 주장에 동조할 수는 없다. |
| **화근** | 재앙 화(禍) + 근본 근(根)<br>▶ 재앙의 근본 | 뜻 재앙을 일으키는 근본 원인<br>예문 생각 없이 친구를 따라나선 게 화근이었다. |
| **갈근탕** | 칡 갈(葛) + 뿌리 근(根) + 끓일 탕(湯)<br>▶ 칡뿌리로 끓인 탕 | 뜻 칡뿌리를 주로 하여 마황, 계지, 감초, 작약, 대추, 생강 등을 넣어 달인 한약<br>예문 옛날에는 갈근탕이 감기약이었다. |

## 쓰며 익히자

根

뿌리 근

# 近 근

뜻 | 가깝다, 가까이하다

글자 형성 풀이 | 쉬엄쉬엄 갈 착(辶) + 도끼 근(斤)

쉬엄쉬엄 가면서 도끼질하면 목표에 가깝게 다가갈 수 있다.

**일상에서 어떻게 쓰일까?** 대도시 가까이에 있는 마을이나 들을 '근교'라 하고, 대도시 가까이 있는 마을이나 들에서 하는 농업을 '근교 농업'이라고 해. 근교는 **가까울 근(近), 성 밖 교(郊)**로 가까운 성 밖이라는 뜻이야. "근황이 어떠하십니까?"라고 인사하는 경우가 많은데 '근황'은 **가까울 근(近), 상황 황(況)**으로 요즈음의 상황이라는 뜻이지.

'근묵자흑'이라는 말이 있어. **가까이할 근(近), 먹 묵(墨), 사람 자(者), 검을 흑(黑)**으로 먹을 가까이하는 사람은 검어진다는 뜻이야. 띄어서 읽을 때는 '근묵 자흑'으로 읽지 말고 '근묵자 흑'으로 읽어야 한단다.

## 한자 문해력 UP!

| | | |
|---|---|---|
| **측근** | 곁 측(側) + 가까울 근(近)<br>▶ 가까운 곁 | 뜻 곁의 가까운 곳이나 사람<br>예문 그는 요소요소에 자기 측근을 심어 두었다. |
| **전근대적** | 앞 전(前) + 가까울 근(近) + 시대 대(代) + 어조사 적(的)<br>▶ 가까운 시대 이전의 것 | 뜻 근대 이전 시대의 성격을 벗어나지 못한 것<br>예문 남존여비는 전근대적 관념이다. |
| **근시안적** | 가까울 근(近) + 볼 시(視) + 눈 안(眼) + 어조사 적(的)<br>▶ 가까운 곳만 보는 눈 | 뜻 일의 앞날이나 사물 전체를 파악하지 못하고 눈앞의 단편적인 현상에만 사로잡힌 것<br>예문 그의 근시안적인 교육 개혁안이 안타까웠다. |

**쓰며 익히자**

| 近 | | | | | |
|---|---|---|---|---|---|
| 가까울 근 | | | | | |

# 金 금

뜻 | 쇠, 금, 돈, 성씨

글자 형성 풀이 | 사람 인(人) + 임금 왕(王) + 여덟 팔(八)

사람이 왕이 되면 여덟 가지 금을 갖게 된다.
쇠나 금을 만드는 가마를 본떠 만든 글자다.

**일상에서 어떻게 쓰일까?** 금(金)은 크게 네 가지 의미로 쓰인다는 것 알고 있니? 귀금속(貴金屬), 금관악기(金管樂器), 금속공학(金屬工學)에서는 쇠(steal)를 뜻하고, 금은방(金銀房), 금불상(金佛像), 금(金)메달에서는 금(gold)이라는 뜻이야. 현금(現金), 헌금(獻金), 축의금(祝儀金), 금전(金錢), 금리(金利), 금융(金融)에서는 돈(money)을 뜻하지.

어떤 단체나 행사를 돕기 위하여 내는 돈을 '찬조금'이라 하는데 **도울 찬(贊), 도울 조(助), 돈 금(金)**으로 돕기 위해 내는 돈을 의미해. 김수환 추기경, 김동리 작가, 김구 선생 등에서는 성씨를 나타내어 '금'이 아니라 '김'으로 발음한단다.

## 한자 문해력 UP!

|  |  |  |
|---|---|---|
| **금전적** | 돈 금(金) + 돈 전(錢) + 어조사 적(的)<br>▶ 돈과 관련된 것 | 뜻 경제적 또는 경제적 이익과 관련되는 것<br>예문 금전적 손해에도 불구하고 도전하는 게 낫지 않을까? |
| **출연금** | 날 출(出) + 버릴 연(捐) + 돈 금(金)<br>▶ 밖으로 내는 돈 | 뜻 어떤 단체 등을 돕기 위해 내놓은 돈<br>예문 타당성만을 평가하지 말고 출연금 규모도 고려해야 한다. |
| **착수금** | 붙을 착(着) + 손 수(手) + 돈 금(金)<br>▶ 손을 붙이고 주는 돈 | 뜻 어떤 일을 시작할 때 먼저 내는 돈<br>예문 착수금을 줘야 공사를 시작한다고 했다. |

## 쓰며 익히자

| 金 | | | | | |
|---|---|---|---|---|---|
| 쇠 금 | | | | | |

# 給 급

뜻 | **주다, 넉넉하다**

글자 형성 풀이 | **실 사(糸) + 합할 합(合)**

실을 합하는 이유는 베를 짜서 사랑하는 사람에게 주고 싶기 때문이다.

**일상에서 어떻게 쓰일까?** 옛날에는 책가방 속에 책뿐 아니라 도시락도 있었단다. 도시락을 가방에 넣고 학교로 향했던 고통(?)에서 벗어나도록 해 준 게 급식이야. 급식은 양질의 식사를 공급함으로써 삶의 만족도를 높이고, 궁극적으로 정신적·육체적 건강을 증진시키는 데 목적이 있단다.

학교나 직장, 병원 등 가정 밖의 일정한 장소에서 특정 이용자를 대상으로 지속적으로 식사를 제공하는 일을 '급식'이라 하는데, **줄 급(給), 밥 식(食)**으로 밥을 준다는 뜻이란다. '배급'이라고도 하는데 **나눌 배(配), 줄 급(給)**으로 나누어 준다는 뜻이지.

## 한자 문해력 UP!

| | | |
|---|---|---|
| **급여** | 줄 급(給) + 더불 여(與)<br>▶ 더불어 주다 | 뜻 관공서나 회사에서, 근무자에게 일의 대가로 주는 돈<br>예문 요즘은 개인의 능력에 따라 급여가 달라진다. |
| **환급** | 돌려보낼 환(還) + 줄 급(給)<br>▶ 돌려보내 주다 | 뜻 돈이나 물건 등을 도로 돌려줌<br>예문 과다 징수된 소득세가 납세자에게 환급되었다. |
| **급유** | 줄 급(給) + 기름 유(油)<br>▶ 기름을 주다 | 뜻 항공기, 배, 자동차 등의 내연 기관에 가솔린 등의 액체 연료를 보급함<br>예문 우리는 자동차에 급유하기 위해 주유소에 들렀다. |

## 쓰며 익히자

| 給 | | | | | |
|---|---|---|---|---|---|
| 줄 급 | | | | | |

# 基 기

뜻 | **터, 기초, 토대**

글자 형성 풀이 | **흙 토(土) + 그 기(其)**

그것으로 흙을 누르면 기초를 닦았다고 할 수 있다. 토(土)는 뜻을 나타내고, 기(其)는 음을 나타낸다.

**일상에서 어떻게 쓰일까?** 국가 '기간산업'과 관련된 기술의 해외 유출은 해당 기업의 존속을 넘어 한국 경제의 지속가능성에도 좋지 않은 영향을 미칠 수 있어. '기간'은 **바탕 기(基), 줄기 간(幹)**으로 바탕과 줄기가 된다는 뜻이고, '산업'은 **만들 산(產), 일 업(業)**으로 일을 만든다는 뜻이야. 전력, 철강, 가스, 석유 등 다른 산업을 발전시키는 데 꼭 필요하며 한 나라 산업의 기초를 이루는 산업을 기간산업이라고 하는 거지.

기(基)는 토대나 기초를 의미해. 사업이나 계획을 위해 준비해 두는 자금을 뜻하는 기금(基金), 어떤 사상의 기반이 되는 생각인 기저(基底) 등에 쓰인단다.

## 한자 문해력 UP!

| | | |
|---|---|---|
| **기금** | 기초 기(基) + 돈 금(金)<br>▶ 기초가 되는 돈 | 뜻 어떤 사업이나 계획을 위하여 적립하거나 준비하여 두는 자금<br>예문 이젠 기금도 웬만큼 모였으니 본격적으로 사업을 시작하도록 하자. |
| **기조** | 기초 기(基) + 고를 조(調)<br>▶ 기초를 고르다 | 뜻 작품, 행동, 사상 등의 바탕에 깔린 주된 흐름이나 방향<br>예문 그의 작품은 인간성 회복을 기조로 삼고 있다. |
| **경기전** | 경사 경(慶) + 바탕 기(基) + 집 전(殿)<br>▶ 경사로움의 바탕이 되는 집 | 뜻 전주시에 있는 조선 태조의 영정을 모신 집<br>예문 경기전을 중심으로 하는 전주 한옥마을은 주말이면 관광객들로 북적인다. |

## 쓰며 익히자

| 基 | | | | | |
|---|---|---|---|---|---|
| 터 기 | | | | | |

# 農 농

뜻 | 농사, 농부

글자 형성 풀이 | 굽을 곡(曲) + 별 진(辰)

허리를 굽히고 별을 볼 때까지 해야 하는 게 농사일이다.

**일상에서 어떻게 쓰일까?** 꽹과리, 징, 장구, 북, 피리 등을 연주하면서 탈춤이나 곡예(曲藝)를 곁들이는 민속놀이를 '농악'이라고 하지. **농부 농(農), 음악 악(樂)**으로 농부들의 음악이라는 뜻이란다. 농악대가 있는 곳에는 커다란 깃발이 함께 하는데, 거기에는 '농자천하지대본(農者天下之大本)'이라 쓰여 있어. 자(者)는 여기서 '것'을 뜻하기에 '농사는 천하의 큰 근본이다'라고 해석해야 옳단다.

'귀농'과 '귀촌'은 달라. 귀농은 **돌아갈 귀(歸), 농사 농(農)**이라서 농사일을 위해 시골로 가는 것이고, 귀촌은 **돌아갈 귀(歸), 시골 촌(村)**이라 시골에 가서 사는 것을 말하지.

## 한자 문해력 UP!

| | | |
|---|---|---|
| **농경** | 농사 농(農) + 밭갈 경(耕)<br>▶ 농사를 위한 밭갈이 | 뜻 논밭을 갈아 농작물을 심고 가꿈<br>예문 농경 사회의 발전은 인류의 생활 방식을 근본적으로 바꿔 놓았다. |
| **농림** | 농사 농(農) + 수풀 림(林)<br>▶ 농사와 수풀을 가꾸는 일 | 뜻 농업과 임업을 아울러 이르는 말<br>예문 농림 산업 발전을 위해 힘써야 한다. |
| **유기농** | 있을 유(有) + 작용 기(機) + 농사 농(農)<br>▶ 작용이 있는 농사 | 뜻 화학 비료나 농약을 사용하지 않고 유기 비료를 쓰며, 생물학적인 방법으로 병충해를 방지하는 농업<br>예문 유기농 재배한 과일이라고 해서 샀다. |

## 쓰며 익히자

| 農 | | | | | | |
|---|---|---|---|---|---|---|
| 농사 농 | | | | | | |

뜻 | 오르다, 올리다

글자 형성 풀이 | 걸을 발(癶) + 콩 두(豆)

걷다가 콩을 만나면 따기 위해 올라가야 한다.

일상에서 어떻게 쓰일까? 입신출세를 위한 어려운 관문이나 시험을 '등용문'이라 하는데, **오를 등(登), 용 용(龍), 문 문(門)**으로 용문에 오른다는 뜻이야. 잉어가 중국 황허강 상류에서 급류를 이루는 용문(龍門)을 오르게 되면 용이 된다는 전설에서 만들어진 말이지.

국가 기관이 법정 절차에 따라 권리, 재산, 신분 등에 관련된 사실이나 관계를 등기부에 기재하는 일을 '등기'라 하는데, **올릴 등(登), 기록할 기(記)**를 써. 기록에 올린다는 뜻이야. 또한 새로운 사물이나 인물 등이 세상에 처음 나오는 일을 '등장'이라 하는데 **오를 등(登), 마당 장(場)**으로 마당에 올랐다는 뜻이란다.

## 한자 문해력 UP!

| | | |
|---|---|---|
| **등반** | 오를 등(登) + 붙잡고 오를 반(攀)<br>▶ 붙잡고 오르다 | 뜻 험한 산이나 높은 곳의 정상에 이르기 위하여 오름<br>예문 가족들과 설악산 등반을 가기로 했다. |
| **등용** | 오를 등(登) + 쓸 용(用)<br>▶ 올려서 씀 | 뜻 인재를 골라 뽑아서 씀<br>예문 학벌이나 배경이 등용의 수단이 되어서는 안 된다. |
| **등단** | 오를 등(登) + 단 단(壇)<br>▶ 단에 오르다 | 뜻 어떤 사회적 분야에 처음으로 등장함. 주로 문단(文壇)이나 화단(畫壇)이 대상임<br>예문 등단하기 전에 충분한 습작 기간을 가져야 한다. |

쓰며 익히자

| 登 | | | | | |
|---|---|---|---|---|---|
| 오를 등 | | | | | |

# 等 등

뜻 | 등급, 무리, 같다

글자 형성 풀이 | 대 죽(竹) + 절 사(寺)

대나무가 많은 절은 등급이 높다.

**일상에서 어떻게 쓰일까?** 광주에 있는 '무등산'은 왜 이름이 무등산일까? **없을 무(無), 등급 등(等), 산 산(山)**으로 등급을 정할 수 없는 산이라는 뜻이야. 영순위의 산, 최고의 산이라는 뜻이지. 빼어나게 훌륭한 등급이라 해서 '넉넉할 우(優)'를 써서 우등(優等)이라 하고, 보통 수준보다 못한 것은 '못할 열(劣)'을 써서 열등(劣等)이라고 해.

등(等)은 등급 외에도 같다는 뜻으로도 많이 쓰인단다. 등식(等式), 부등식(不等式), 이등변삼각형(二等邊三角形), 이등분(二等分), 등치(等値), 등차수열(等差數列)에서는 모두 같다는 뜻으로 쓰이고 있어. 등차수열은 같은 차이로 숫자가 나열되었다는 뜻이지.

## 한자 문해력 UP!

| | | |
|---|---|---|
| **등속** | 같을 등(等) + 빠를 속(速)<br>▶ 같은 빠르기 | 뜻 빠르기가 같음<br>예문 신차에는 등속으로 갈 수 있는 장치가 있다. |
| **성평등** | 성 성(性) + 평평할 평(平) + 등급 등(等)<br>▶ 성은 등급이 평평하다 | 뜻 성을 이유로 차별받지 않고 법률적 권리나 사회적 대우를 동등하게 받는 것<br>예문 성평등이 구현된 사회를 만들어야 한다. |
| **열등감** | 못할 열(劣) + 등급 등(等) + 감정 감(感)<br>▶ 모자란 등급이라는 감정 | 뜻 자기를 남보다 못하거나 무가치한 인간으로 낮추어 평가하는 마음<br>예문 열등감에서 나오는 자격지심이었을 것이다. |

**쓰며 익히자**

| 等 | | | | | |
|---|---|---|---|---|---|
| 등급 등 | | | | | |

# 量 량

뜻 | 헤아리다, 양

글자 형성 풀이 | 아침 단(旦) + 마을 리(里)

아침마다 마을에서는 사람 수를 헤아리곤 했다.

**일상에서 어떻게 쓰일까?** 쓰레기의 양을 줄이고 재활용품의 분리 배출 관행을 정착시키기 위하여, 쓰레기의 실제 배출량에 따라 수수료를 차등 부과하는 제도를 쓰레기 '종량제'라고 하지. 1995년부터 시행되었는데, 좀 더 일찍 시행했더라면 좋았을 거라고 생각해 보았어.

종량제는 **따를 종(從), 양 량(量), 제도 제(制)**로 양에 따라 요금을 부과하는 제도라는 뜻이야. 쓰레기뿐 아니라 전기, 수도, 가스, 택시 요금도 종량제란다. 사용한 양에 따라 요금이 정해지잖아. 종량제가 아닌 것도 있어. 시내버스 요금, 인터넷 사용료, 케이블 TV 시청료가 그것이란다. 이렇게 사용량에 관계 없이 일정액만 내는 건 정액제(定額制)라고 하지.

## 한자 문해력 UP!

| | | |
|---|---|---|
| **아량** | 우아할 아(雅) + 헤아릴 량(量)<br>▶ 우아하게 헤아리다 | 뜻 깊고 너그러운 마음씨<br>예문 넓은 아량으로 부하 직원의 잘못을 용서했다. |
| **재량** | 헤아릴 재(裁) + 양 량(量)<br>▶ 스스로 헤아리는 양 | 뜻 자기의 생각과 판단에 따라 일을 처리함<br>예문 나에게는 그 일을 결정할 재량이 없습니다. |
| **물량** | 사물 물(物) + 양 량(量)<br>▶ 사물의 양 | 뜻 물건의 분량<br>예문 경기 침체로 물량이 채 소화되지 않았다. |

**쓰며 익히자**

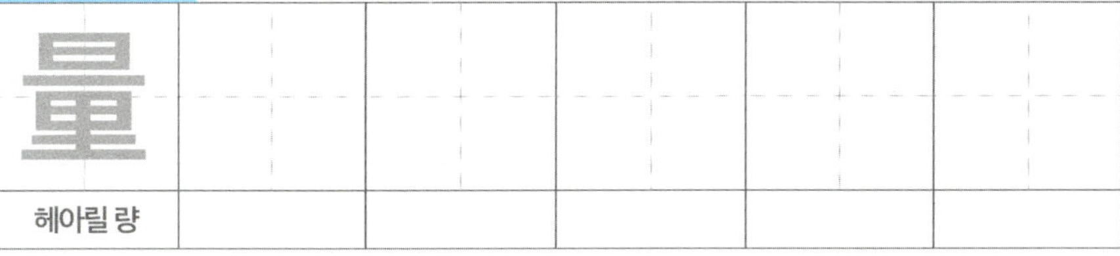

# 勞 로

뜻 | 일하다, 힘들이다, 지치다

글자 형성 풀이 | 불 화(火) + 덮을 멱(冖) + 힘 력(力)

불을 덮기 위해 힘써 일한다.

일상에서 어떻게 쓰일까? 육체노동이나 정신노동을 제공하고 얻은 임금으로 생활하는 사람을 '노동자' 또는 '근로자'라고 하지. 노동자는 **일할 노(勞), 움직일 동(動), 사람 자(者)**로 일하기 위해 움직이는 사람이라는 뜻이야. 근로자는 **부지런할 근(勤), 일할 로(勞), 사람 자(者)**로 부지런히 일하는 사람이라는 뜻이지.

'노사 분규'라는 말 들어 보았니? 노동자와 사용자 사이에 이해관계가 충돌하면서 일어나는 여러 가지 문제를 말하는데 **일할 노(勞), 부릴 사(使), 어지러울 분(紛), 꼬일 규(糾)**야. 일하는 사람과 부리는 사람의 의견이 어지럽게 되고 꼬였다는 뜻이지.

## 한자 문해력 UP!

| | | |
|---|---|---|
| **과로** | 지나칠 과(過) + 일할 로(勞)<br>▶ 일하는 게 지나치다 | 뜻 몸이 고달플 정도로 지나치게 일함 또는 그것 때문에 생긴 지나친 피로<br>예문 요즈음 과로로 병을 얻는 직장인들이 많아지고 있다. |
| **위로** | 위로할 위(慰) + 지칠 로(勞)<br>▶ 지친 것을 위로하다 | 뜻 남의 괴로움이나 슬픔을 달래 주려고 따뜻한 말이나 행동을 베풂<br>예문 패자에게 위로의 말을 건네는 승자의 모습은 아름답다. |
| **피로** | 지칠 피(疲) + 지칠 로(勞)<br>▶ 지치고 지쳤다 | 뜻 일에 시간과 힘을 지나치게 많이 사용해서 정신이나 육체 따위가 지쳐서 고단한 상태<br>예문 피로가 쌓일수록 일의 효율은 떨어지기 마련이다. |



## 쓰며 익히자

| 勞 | | | | | |
|---|---|---|---|---|---|
| 일할 로 | | | | | |

# 路 로

뜻 | **길, 도로**

글자 형성 풀이 | **발 족(⻊=足) + 각각 각(各)**

발로 여럿이 각각 걸어 다니면 그곳은 길이 된다.

**일상에서 어떻게 쓰일까?** '노상 방뇨'는 **길 노(路), 위 상(上), 놓을 방(放), 오줌 뇨(尿)**로 길거리에서 오줌을 누는 일을 말해. 부끄러운 일일 뿐 아니라 경범죄에 해당하여 10만 원 이하의 벌금이나 구류 처벌을 받을 수 있단다. 길 가는 사람을 협박하여 강제로 재물을 빼앗는 짓은 노상강도(路上强盜)라고 하지. 길 위에서 강도 짓을 했다는 뜻이야.

앞으로 나아가는 길은 진로(進路)라 하고, 힘들고 어려운 상황을 헤치고 살아 나갈 수 있는 길은 활로(活路)라고 해. 상품이 팔리는 방면이나 길은 판로(販路)라 하고, 통하여 다닐 수 있도록 만들어진 길은 통로(通路)라 한단다.

## 한자 문해력 UP!

| | | |
|---|---|---|
| **회로** | 돌 회(回) + 길 로(路)<br>▶ 돌아서 가는 길 | 뜻 전기가 어떤 점을 떠나 도체(導體)를 돌아서 다시 그 점으로 돌아오기까지의 길<br>예문 회로를 미세하게 만들수록 발열의 영향이 커진다. |
| **신작로** | 새로울 신(新) + 만들 작(作) + 길 로(路)<br>▶ 새롭게 만든 길 | 뜻 자동차가 다닐 수 있을 정도로 새로 만든 큰길<br>예문 중학교 때, 버스비가 없어서 이 신작로를 걸어 다녔다. |
| **활주로** | 미끄러울 활(滑) + 달릴 주(走) + 길 로(路)<br>▶ 미끄러지면서 달리는 길 | 뜻 비행기가 착륙하거나 이륙할 때에 사용하는 길<br>예문 비행기가 이륙하기 위해서는 활주로를 달려야 한다. |

### 쓰며 익히자

| 路 | | | | | |
|---|---|---|---|---|---|
| 길 로 | | | | | |

# 綠 록

뜻 | **푸르다, 초록빛**

글자 형성 풀이 | **실 사(糸) + 근본 록(彔)**

실의 근본은 푸른색이다.

**일상에서 어떻게 쓰일까?** 이양하 선생은 「신록예찬」이라는 수필에서, '신록'에는 우리의 마음에 참다운 기쁨과 위안을 주는 이상한 힘이 있다고 했어. 신록은 눈을 씻고, 머리를 씻고, 가슴을 씻고, 마음의 구석구석을 하나하나 씻어 낸다고 했지.

신록이란, 늦봄이나 초여름에 새로 나온 잎의 연한 초록빛을 일컫는데 **새로울 신(新), 푸를 록(綠)**이란다. 새로운 푸르름이라는 뜻이지. 푸르른 잎으로 만든 차이기에 녹차(綠茶)고, 일 년 내내 잎이 늘 푸른 나무이기에 **항상 상(常), 푸를 록(綠), 나무 수(樹)**를 써서 '상록수'란다. 산에 초목이 무성하게 만드는 일은 산림녹화(山林綠化)라 하지.

## 한자 문해력 UP!

| | | |
|---|---|---|
| **녹지** | 푸를 록(綠) + 땅 지(地)<br>▶ 푸르른 땅 | 뜻 자연환경 보전과 공해, 재해 따위를 방지하기 위하여 특별히 풀이나 나무를 계획적으로 심어 가꾸는 곳<br>예문 도심 한가운데 공원을 만들고 녹지를 조성했다. |
| **엽록소** | 나뭇잎 엽(葉) + 푸를 록(綠) + 원료 소(素)<br>▶ 푸름을 원료로 삼는 나뭇잎 | 뜻 빛 에너지를 유기 화합물 합성을 통하여 화학 에너지로 전환시키는 녹색 색소<br>예문 나뭇잎을 잘라서 현미경으로 보면 엽록소가 보인다. |
| **초록동색** | 풀 초(草) + 푸를 록(綠) + 같을 동(同) + 색 색(色)<br>▶ 풀색과 녹색은 같은 색 | 뜻 같은 처지의 사람과는 잘 어울리게 됨<br>예문 초록동색이라고 끼리끼리 어울려 다니게 마련이다. |

**쓰며 익히자**

| 綠 | | | | | |
|---|---|---|---|---|---|
| 푸를 록 | | | | | |

# 料 료

뜻 | 헤아리다, 재료, 값

글자 형성 풀이 | 쌀 미(米) + 말 두(斗)

쌀을 말에 담는 이유는 양을 헤아리기 위해서다.
말은 부피를 측정하는 용기를 뜻한다.

**일상에서 어떻게 쓰일까?** 토지의 생산력을 높이고 식물이 잘 자라도록 땅이나 흙에 뿌려 주는 영양물질을 '비료'라 하는데, **살찔 비(肥), 재료 료(料)**로 살찌게 만드는 재료라는 뜻이야. 비료가 없었던 시절에는 퇴비(堆肥)와 인분(人糞)과 가축의 똥이 중요한 거름이었단다.

여러 가지 재료를 알맞게 맞추어 적절한 방식으로 음식을 만드는 일을 '요리'라 하는데 **재료 요(料), 다스릴 리(理)**야. 음식 재료를 잘 다스린다는 뜻이지. 료(料)는 자료(資料), 음료(飮料), 연료(燃料), 향신료(香辛料) 등에서는 재료를 뜻하고, 사용료(使用料), 임대료(賃貸料), 무료(無料), 보험료(保險料) 등에서는 값을 뜻한단다.

## 한자 문해력 UP!

| | | |
|---|---|---|
| **무료** | 없을 무(無) + 값 료(料)<br>▶ 값이 없다 | 뜻 값이나 삯이 필요 없음<br>예문 무료 행사에 줄이 길게 늘어섰다. |
| **과태료** | 잘못할 과(過) + 게으를 태(怠) + 값 료(料)<br>▶ 잘못이나 게으름의 값 | 뜻 의무를 태만하게 한 사람에게 부과하는 돈. 벌금과 달리 형벌의 성질을 가지지 않음<br>예문 불법 주정차 위반 과태료 고지서가 집으로 날아왔다. |
| **조미료** | 조절할 조(調) + 맛 미(味) + 재료 료(料)<br>▶ 맛을 조절하는 재료 | 뜻 음식 맛을 알맞게 맞추는 데 쓰는 재료<br>예문 조미료를 잘 쓰면 음식에 더욱 맛이 난다. |

## 쓰며 익히자

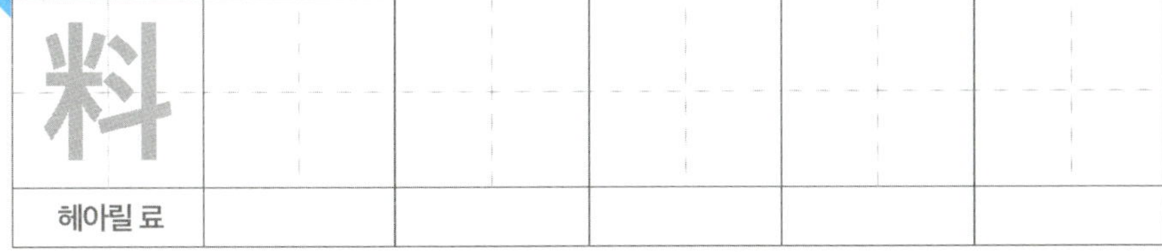

# 流 류

뜻 | 흐르다, 흐름

글자 형성 풀이 | 물 수(氵=水) + 깃발 유(㐬)

물이 깃발처럼 흔들린다는 것은 흐르고 있다는 증거다.

일상에서 어떻게 쓰일까? '한류' 열풍이 전 세계로 뻗어 나가고 있어. 우리나라의 대중문화 산업 및 문화 콘텐츠는 세계인이 주목하는 대상이 되고 있지. 한류는 한국의 문화 요소가 외국에서 인기를 얻는 현상을 일컫는 신조어인데 **한국 한(韓), 유행 류(流)**로 한국 문화의 유행이라는 뜻이란다. 소설가 한강의 노벨 문학상 수상으로 한류 열풍은 더욱 거세질 것 같아. 동음이의어에 '찰 한(寒)'을 쓰는 한류(寒流)도 있는데 온도가 비교적 낮은 해류를 말한단다.

특정한 행동 양식이 일시적으로 널리 퍼지는 일을 유행(流行)이라고 해. 또 끊임없이 흘러 움직이는 것을 '유동적'이라 하는데 **흐를 유(流), 움직일 동(動) 어조사 적(的)**이란다.

## 한자 문해력 UP!

**표류**

떠돌 표(漂) + 흐를 류(流)
▶ 떠돌아 흐르다

뜻 사람이나 배 등이 물 위에 떠서 정처 없이 흘러감
예문 시민들은 정치의 표류 현상에 대해 식상해하고 있다.

**역류**

거스를 역(逆) + 흐를 류(流)
▶ 거슬러 흐르다

뜻 물이나 액체류가 거꾸로 흐름
예문 하수구의 물이 역류하여 집 안으로 들어왔다.

**아류**

버금 아(亞) + 흐름 류(流)
▶ 버금가는 흐름

뜻 문학, 예술, 학문 등에서 독창성이 없이, 뛰어난 것을 모방함 또는 그런 작품이나 사람
예문 연극은 문학의 아류가 아닌 하나의 독립적인 예술이다.

## 쓰며 익히자

| 流 | | | | | |
|---|---|---|---|---|---|
| 흐를 류 | | | | | |

# 利 리

뜻 | 이롭다, 날카롭다, 이익

글자 형성 풀이 | 벼 화(禾) + 칼 도(刂=刀)

벼를 칼로 베면 이로움을 얻게 된다.

일상에서 어떻게 쓰일까? 두 사람이 이해관계로 서로 싸우는 사이에 엉뚱한 사람이 가로챈 이익을 어부지리(漁父之利)라고 해. '어부의 이익'이라는 뜻이지. 도요새가 조개의 속살을 먹으려고 부리를 조개 안에 넣는 순간 조개가 껍데기를 꽉 다물고 부리를 놓아주지 않았대. 서로 다투는 틈을 타서 어부가 도요새와 조개 둘 다 잡았다는 데서 유래한 말이란다.

적을 이롭게 하는 행위를 '이적 행위'라 하는데 **이로울 이(利), 원수 적(敵)**으로 원수를 이롭게 하는 행위라는 뜻이야. 또한 서로의 이익이나 손해에 영향을 미치는 관계를 이해관계(利害關係)라고 하지.

## 한자 문해력 UP!

|  |  |  |
|---|---|---|
| **권리** | 권세 권(權) + 이로울 리(利)<br>▶ 권세와 이익 | 뜻 다른 사람을 통솔하여 이끄는 힘<br>예문 권리도 잘 챙겨야 하고 의무도 잘 챙겨야 한다. |
| **예리** | 날카로울 예(銳) +<br>날카로울 리(利)<br>▶ 날카롭다 | 뜻 날이 서 있거나 끝이 뾰족함<br>예문 예리한 비평에 변명할 여지가 없었다. |
| **박리다매** | 엷을 박(薄) + 이익 리(利) +<br>많을 다(多) + 팔 매(賣)<br>▶ 엷은 이익을 보고 많이 팔다 | 뜻 이익을 적게 보는 대신 많이 팖<br>예문 이 가게의 영업 비결은 박리다매다. |



## 쓰며 익히자

| 利 | | | | | |
|---|---|---|---|---|---|
| 이로울 리 | | | | | |

# 賣 매

뜻 | 팔다

글자 형성 풀이 | 날 출(出) + 살 매(買)

나가서 사려 하면 파는 사람을 만날 수 있다.
사(士)는 원래는 출(出)이었는데 이후 변형된 것이다.

**일상에서 어떻게 쓰일까?** 상품이 '매진'되었다고 하지? 매진은 **팔 매(賣), 없어질 진(盡)**으로 몽땅 팔려서 없어졌다는 뜻이야. 차표나 입장권 등을 파는 곳을 매표소(賣票所)라 하고 물건이나 집 등을 남에게 팔아서 넘기는 일을 '건널 도(渡)'를 써서 매도(賣渡)라 한단다.

한번 산 물건을 다른 사람에게 되팔아 넘기는 일을 '전매'라 하는데 **굴릴 전(轉), 팔 매(賣)**로 굴려 판다는 뜻이야. 동음이의어에 **오로지 전(專), 팔 매(賣)**의 '전매'도 있어. 어떤 물건을 독점하여 판다는 뜻인데, 국가가 재정적 활동에 필요한 수입을 위하여 인삼이나 담배처럼 어떤 물건의 판매를 독점하는 것을 일컫는단다.

## 한자 문해력 UP!

| | | |
|---|---|---|
| **매출** | 팔 매(賣) + 날 출(出)<br>▶ 팔아서 나가게 하다 | 뜻 물건 따위를 내다 파는 일<br>예문 매출을 올리려면 젊은이들의 취향을 잘 알아야 한다. |
| **매도** | 팔 매(賣) + 건널 도(渡)<br>▶ 팔아서 건너가도록 하다 | 뜻 물건이나 집 등을 남에게 팔아서 넘김<br>예문 지금이 매도의 적기다. |
| **매점** | 팔 매(賣) + 가게 점(店)<br>▶ 파는 가게 | 뜻 큰 건물이나 시설에 딸려 물건을 파는 작은 가게<br>예문 학교 매점에서 사 먹는 빵은 정말 맛있다. |



## 쓰며 익히자

| 賣 | | | | | |
|---|---|---|---|---|---|
| 팔 매 | | | | | |

# 倍 배

뜻 | 곱, 곱절, 더하다

글자 형성 풀이 | 사람 인(亻=人) + 침 뱉을 부(咅)

사람에게 침을 뱉으면 곱절로 되돌아온다.

**일상에서 어떻게 쓰일까?** "배전의 열정으로 시험 준비에 몰두한다.", "배전의 노력을 기울인다."라고 하지. 여기서 '배전'은 **곱절 배(倍), 이전 전(前)**으로 이전보다 곱절이라는 뜻이야. '배가'도 비슷한 말인데 **곱절 배(倍), 더할 가(加)**로 곱절로 더한다는 뜻이란다.

2배수, 5배수는 어떤 뜻일까? '배수'가 **곱절 배(倍), 숫자 수(數)**이니까 2배수는 어떤 수의 곱절이 되는 수야. 5배수는 어떤 수의 다섯 배가 되는 수를 일컫겠지. 공배수(公倍數)는 뭐냐고? '여러 공(公)'을 써서 여럿에 관계되는 배수, 둘 이상의 정수(整數)나 정식(整式)에 공통되는 배수를 말해. 공배수 중에서 가장 작은 것을 최소공배수라 한단다.

## 한자 문해력 UP!

| | | |
|---|---|---|
| **배율** | 곱 배(倍) + 비율 율(率)<br>▶ 곱의 비율 | 뜻 렌즈나 현미경, 망원경 등으로 물체를 볼 때 생기는 실제 물체와의 크기 비율<br>예문 이 세균은 높은 배율의 현미경으로만 볼 수 있다. |
| **배속** | 곱 배(倍) + 빠를 속(速)<br>▶ 곱으로(두 배로) 빠름 | 뜻 속도가 원래에 비해 그 수치만큼 빠름<br>예문 철수는 시간을 아끼기 위하여 인터넷 강의를 1.5배속으로 빠르게 듣는다. |
| **용기백배** | 용감할 용(勇) + 기운 기(氣) + 백 백(百) + 곱 배(倍)<br>▶ 용감한 기운이 백 배가 되다 | 뜻 격려나 응원에 자극을 받아 힘이나 용기를 더 냄<br>예문 관중의 응원에 선수들은 용기백배하여 결국 승리를 거두었다. |

## 쓰며 익히자

# 費 비

뜻 | 쓰다, 비용, 소비하다

글자 형성 풀이 | 아닐 불(弗) + 돈 패(貝)

돈이 없는 이유는 썼기 때문이다.

**일상에서 어떻게 쓰일까?** '사교육비'의 부담을 줄이기 위해서는 정부나 교육계의 대책 마련이 중요해. 하지만 더 중요한 것은 사교육이 오히려 학력 신장을 방해할 수도 있다는 깨달음이야. 공교육비 외에 자신의 뜻에 따라 추가로 부담하는 비용을 사교육비라 하는데 **개인 사(私), 가르칠 교(敎), 기를 육(育), 비용 비(費)**로 개인이 따로 지출하는 교육비라는 뜻이란다.

'경조사비'는 **경사 경(慶), 조상할 조(弔), 일 사(事), 비용 비(費)**로 경사스러운 일을 축하하거나 궂은일을 위로하기 위해 상대에게 주는 돈이야. 여기서 조상(弔喪)은 죽음에 슬퍼하는 뜻을 드러내어 상주를 위문하는 일을 말한단다.

## 한자 문해력 UP!

| | | |
|---|---|---|
| **경비** | 경영할 경(經) + 비용 비(費)<br>▶ 경영에 드는 비용 | 뜻 어떤 일을 하는 데 쓰이는 비용<br>예문 체육 행사 경비는 사장님께서 부담한다고 했다. |
| **여비** | 여행 여(旅) + 비용 비(費)<br>▶ 여행에 드는 비용 | 뜻 여행에 드는 비용<br>예문 10만 원이나 되는 여비 마련이 쉽지 않다. |
| **판공비** | 힘쓸 판(辦) + 공무 공(公) + 비용 비(費)<br>▶ 공무에 힘쓰기 위한 비용 | 뜻 공무를 처리하는 데 드는 비용 또는 그런 명목으로 주는 돈<br>예문 판공비 사용 내역을 공개해야 한다. |

## 쓰며 익히자

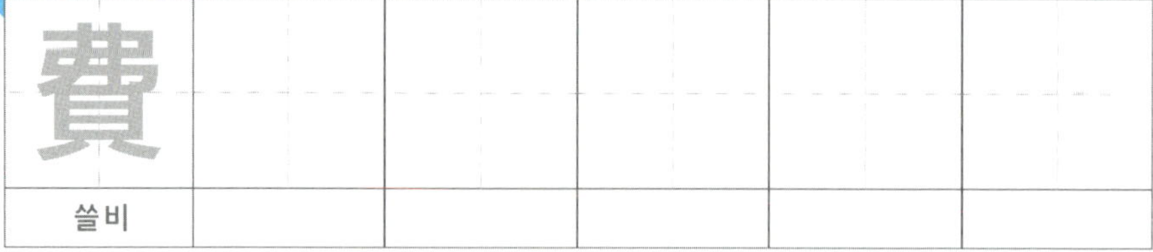

# 産 산

**뜻 | 낳다, 기르다**

**글자 형성 풀이 | 설 립(立) + 기슭 엄(厂) + 살 생(生)**

기슭에 집을 세우고 생명을 낳아 기른다.

**일상에서 어떻게 쓰일까?** 임신 및 분만, 신생아, 부인병을 맡아보는 의학의 한 분과를 '산부인과'라고 하지. '산과'와 '부인과'를 합한 이름이야. 산과는 **낳을 산(産), 분과 과(科)**로 아이를 낳는 일, 그러니까 임신이나 분만 등과 그에 관련된 병을 전문적으로 보는 분과지. 부인과는 여성과 관련된 질환을 진료하는 분과야. **여자 부(婦), 사람 인(人), 분과 과(科)**를 쓴단다.

산(産)은 출산(出産), 산모(産母)처럼 아이를 낳는다는 뜻으로도 쓰이고 생산(生産), 재산(財産), 농수산(農水産)처럼 무엇을 기르거나 만드는 일을 뜻하기도 해.

## 한자 문해력 UP!

| | | |
|---|---|---|
| **파산** | 깨뜨릴 파(破) + 낳을 산(産)<br>▶ 낳는 것을 깨뜨리다 | 뜻 개인이나 기업이 재산을 모두 잃고 망함<br>예문 금전적 유혹은 윤리관의 파산을 가져왔다. |
| **축산** | 가축 축(畜) + 기를 산(産)<br>▶ 가축을 기르다 | 뜻 가축을 길러 생활에 도움을 주는 일<br>예문 축산 폐수의 유입을 차단하여 더 이상 강물의 수질이 나빠지지 않도록 해야 한다. |
| **산업화** | 낳을 산(産) + 일 업(業) + 변화 화(化)<br>▶ 낳는 일이 많도록 변화하다 | 뜻 산업의 형태가 됨. 농업, 공업, 수산업, 임업, 광업 등의 생산이 목적으로 됨<br>예문 산업화에 따라 이농 현상이 급증하였다. |

**쓰며 익히자**

| 産 | | | | | |
|---|---|---|---|---|---|
| 낳을 산 | | | | | |

# 算 산

뜻 | **계산하다, 셈하다, 수**

글자 형성 풀이 | **대나무 죽(竹) + 눈 목(目) + 받들 공(廾)**

대나무를 눈으로 받들어야 계산할 수 있다.

**일상에서 어떻게 쓰일까?** 요즘에는 모든 것을 '전산'으로 처리하지. **전기 전(電), 계산할 산(算)**은 전자 회로를 이용해서 계산하는 일을 말해. 컴퓨터로 정보를 처리하는 일도 의미한단다.

급여 소득에서 원천 징수한 세액의 과부족을 연말에 정산하는 것을 '연말정산'이라 하는데 **해 년(年), 끝 말(末), 정밀할 정(精), 계산할 산(算)**으로 연말까지의 세금을 정밀하게 계산한다는 뜻이야. 국세청에서 1년 동안 간이세액표에 따라 징수한 근로소득세를 매년이 끝나고 나서 다시 따져 보는 절차지. 실제 소득보다 많은 세금을 납부했다면 초과 금액만큼 돌려주고, 적은 세금을 납부했다면 적게 낸 만큼을 징수한단다.

## 한자 문해력 UP!

|  |  |  |
|---|---|---|
| **오산** | 잘못할 오(誤) + 계산할 산(算)<br>▶ 잘못 계산하다 | 뜻 예상이나 추측을 잘못함<br>예문 벌금을 냈으니 미안해하지 않아도 된다고 생각하면 오산이다. |
| **추산** | 추리할 추(推) + 계산할 산(算)<br>▶ 추리하여 계산하다 | 뜻 짐작으로 미루어 계산함<br>예문 정부는 이번 홍수 피해가 백억에 이를 것이라 추산했다. |
| **환산** | 바꿀 환(換) + 계산할 산(算)<br>▶ 바꾸어서 계산하다 | 뜻 어떤 단위로 나타낸 수를 다른 단위로 고쳐 셈함<br>예문 돈으로는 환산할 수 없는 값진 마음이 고마웠다. |

경제 | 32

## 쓰며 익히자

# 商 상

뜻 | 장사, 상인, 헤아리다

글자 형성 풀이 | 설 립(立) + 빛날 경(冏)

서서 물건을 빛나도록 하는 것은 장사하기 위해서다.

**일상에서 어떻게 쓰일까?** "난상 토론을 거쳐서 결과를 도출했다."라고 해. "우리 가족은 중요한 일을 결정할 때마다 난상 토론을 거친다."라고도 하지. '난상 토론'은 **문드러질 난(爛), 헤아릴 상(商), 칠 토(討), 말할 론(論)**으로 문드러질 정도로 헤아리고 치면서(공격하면서) 말한다는 뜻이야. 여러 사람이 모여서 어떤 문제에 대하여 충분히 의논하는 일을 일컫지. 난상토론은 가장 이상적인 결론을 만들어 내는 현명한 방법일 수 있어.

상(商)은 장사를 뜻하는 말로도 흔하게 쓰인단다. 상점(商店), 상품(商品), 상표(商標), 도매상(都賣商), 상업화(商業化) 등이 그것이야.

## 한자 문해력 UP!

| 단어 | 풀이 | 뜻 / 예문 |
|---|---|---|
| **협상** | 화합할 협(協) + 헤아릴 상(商)<br>▶ 화합하기 위하여 헤아리다 | 뜻 입장이 서로 다른 양자 또는 다자가 무엇을 타결하기 위해 협의함<br>예문 임금 인상 문제를 놓고 노사 양측이 막바지 협상을 벌이고 있다. |
| **노점상** | 드러낼 노(露) + 가게 점(店) + 장사 상(商)<br>▶ 드러내 놓은 가게에서 하는 장사 | 뜻 길가에 물건을 벌여 놓고 파는 소규모의 장사<br>예문 노점상을 시작할 때도 많이 생각해야 한다. |
| **사농공상** | 선비 사(士) + 농사 농(農) + 만들 공(工) + 장사 상(商)<br>▶ 선비, 농부, 만드는 사람, 장사꾼 | 뜻 직업을 기준으로 가른 신분 계급. 선비, 농부, 공장(工匠), 상인의 네 계급<br>예문 예전에는 사농공상의 구분이 엄격하였다. |

## 쓰며 익히자

| 商 | | | | | |
|---|---|---|---|---|---|
| 장사 상 | | | | | |

# 選 선

뜻 | 가리다, 뽑다

글자 형성 풀이 | 뱀 사(巳) + 뱀 사(巳) + 함께 공(共) + 쉬엄쉬엄 갈 착(辶)

뱀과 뱀이 함께 쉬엄쉬엄 가는 이유는 좋은 곳을 가리기 위함이다.

**일상에서 어떻게 쓰일까?** 많은 사람 중에서 대표로 뽑혀 운동 경기에 나가는 사람을 '선수'라고 하지. 무슨 뜻일까? **가릴 선(選), 사람 수(手)**로 여러 사람 중에 가려 뽑힌 사람이라는 뜻이야. 일정한 분야에서 능수능란한 능력을 지닌 사람을 비유적으로 이르는 말이기도 하지.

많은 선수 중에서도 우수한 선수를 골라 뽑는 시합을 '선발전'이라 하는데 **가릴 선(選), 뽑을 발(拔), 시합 전(戰)**을 써. 가려서 훌륭한 선수를 뽑기 위한 시합이라는 뜻이지. '선거'는 **가릴 선(選), 들 거(擧)**로 마땅한 사람을 가려서 들어 올린다는 뜻이란다. 대선(大選)은 대통령 선거의 줄임말이고, 총선(總選)은 국회 의원 총선거의 줄임말이야.

## 한자 문해력 UP!

| | | |
|---|---|---|
| **선호** | 가릴 선(選) + 좋아할 호(好)<br>▶ 가려서 좋아하다 | 뜻 여러 가지 중에서 어떤 것을 특별히 좋아함<br>예문 생활 수준이 높아짐에 따라 친환경 식품의 선호가 두드러진다. |
| **경선** | 다툴 경(競) + 뽑을 선(選)<br>▶ 다투어서 뽑다 | 뜻 두 사람 이상의 후보가 경쟁하는 선거<br>예문 회장 선거는 반드시 경선을 거쳐야만 한다. |
| **민선** | 국민 민(民) + 뽑을 선(選)<br>▶ 국민이 뽑다 | 뜻 공직의 대표자를 일반 국민이 뽑음<br>예문 민선 자치 시대에 엽관주의를 완전히 배제하기는 현실적으로 쉽지 않다. |

## 쓰며 익히자

| 選 | | | | | |
|---|---|---|---|---|---|
| 가릴 선 | | | | | |

# 消 소

뜻 | **사라지다, 없애다**

글자 형성 풀이 | **물 수(氵=水) + 작을 초(肖)**

물이 작아졌다는 것은 작게 부서져서 수증기로 변해 사라졌다는 뜻이다.

**일상에서 어떻게 쓰일까?** 우체국에서 접수된 우편물의 우표나 소포 등에 찍는 도장을 '소인'이라 한다는 사실, 알고 있니? '소인'은 무슨 뜻일까? '인'이 '도장 인(印)'인 것은 알겠는데 '소'가 무슨 뜻인 줄 모르겠다고? '사라질 소(消)'야. 우표의 가치를 사라지도록 만드는 도장이라는 뜻이란다.

음식을 먹은 후에 '소화'가 잘 되었다고 하는데, **사라질 소(消), 될 화(化)**로 사라지게 되었다는 뜻이야. 불이 났을 때 불을 끄는 데 쓰는 기구를 소화기(消火器)라 하고, 좋지 않은 일이나 감정 따위를 풀어서 없애는 일을 해소(解消)라 하지.

## 한자 문해력 UP!

| | | |
|---|---|---|
| **소모** | 사라질 소(消) + 없앨 모(耗)<br>▶ 사라지고 없어지게 하다 | 뜻 연료나 에너지 등을 써서 없앰<br>예문 그런 일에 쓸데없이 정력을 소모하지 마라. |
| **소독** | 사라질 소(消) + 독 독(毒)<br>▶ 독을 사라지게 하다 | 뜻 상처나 물체 등에 묻어 있는 병원균을 약품이나 열, 햇빛 등으로 죽임<br>예문 아기의 젖병은 꼭 열탕 소독을 해야 한다. |
| **소방서** | 사라질 소(消) + 막을 방(防) + 관청 서(署)<br>▶ 불을 사라지게 하고 막는 관청 | 뜻 화재를 예방, 진압하는 등의 소방 업무를 시행하는 일선 소방 기관<br>예문 불이 난 것을 확인하자마자 소방서에 전화를 걸어 화재 신고를 했다. |

## 쓰며 익히자

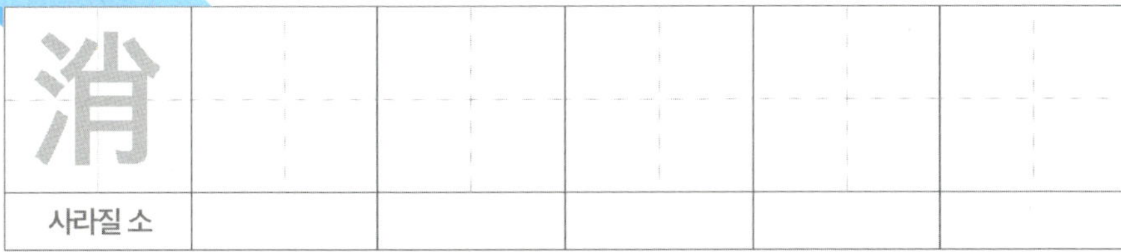

# 失 실

뜻 | **잃다, 잘못, 달아나다**

글자 형성 풀이 | **뚫을 곤(丨) + 화살 시(矢)**

화살로 뚫으면 생명을 잃게 된다.

**일상에서 어떻게 쓰일까?** '실업자'와 '실업가'를 같은 의미로 이해하는 친구들이 있어. 하지만 의미가 완전히 다른 단어란다. 실업자는 **잃을 실(失), 직업 업(業), 사람 자(者)**로 직업을 잃어버린 사람이고, '실업가'는 **열매 실(實), 일 업(業), 전문가 가(家)**로 어떤 일에서 열매를 많이 거두는 전문가라는 뜻이거든. 우리말로는 똑같은 '실업'이지만 한자의 뜻은 전혀 다르지. 실업가의 책무는 실업자에게 일자리를 제공해 주는 것이라 생각해 보면 어떨까?

실(失)은 잃는 것을 의미할 때 많이 쓰여. 자격을 잃어버린다는 뜻의 실격(失格)처럼 말이야. 잘못을 뜻하기도 하는데 실패(失敗), 실수(失手), 실언(失言) 등이 그것이란다.

## 한자 문해력 UP!

| 단어 | 풀이 | 뜻 / 예문 |
|---|---|---|
| **득실** | 얻을 득(得) + 잃을 실(失)<br>▶ 얻고 잃다 | 뜻 이익과 손해를 함께 이르는 말<br>예문 이번 전쟁으로 인한 득실을 따져 봐야 한다. |
| **실망** | 잃을 실(失) + 기대할 망(望)<br>▶ 기대를 잃어버리다 | 뜻 일이 바라는 대로 되지 않거나 기대에 어긋나서 마음이 상함<br>예문 기대가 적으면 실망도 적다. |
| **실례** | 잃을 실(失) + 예의 예(禮)<br>▶ 예의를 잃어버리다 | 뜻 말이나 행동이 예의에 어긋남<br>예문 지나친 겸손은 오히려 실례가 될 수 있다. |

**쓰며 익히자**

| 失 | | | | | |
|---|---|---|---|---|---|
| 잃을 실 | | | | | |

뜻 | **열매, 내용, 실제**

글자 형성 풀이 | **집 면(宀) + 꿸 관(貫)**

집에서 잘 꿰어 보관하여야 하는 것은 열매와 재물이다.

**일상에서 어떻게 쓰일까?** 조선 후기에, 성리학의 공리공론에 반대하여 새로운 방향을 모색한 사상이 널리 퍼졌는데 이를 '실학사상'이라고 했어. **실제 실(實), 학문 학(學), 생각 사(思), 생각 상(想)**으로 실제 생활에 도움 주는 학문을 중요하게 생각하는 사상이었단다. 실학사상은 정치적, 경제적인 현실 문제와 과학, 기술, 역사, 문학, 풍습과 같은 우리 문화에 관한 광범위한 연구를 통하여 당시 조선의 변화와 개혁을 주장하였지.

이론으로 배운 것을 실제로 경험하면서 익히는 것을 실습(實習), 실제로 쓰기에 알맞은 것을 실용적(實用的), 실제 일어난 일을 시대순으로 기록한 것을 실록(實錄)이라 한단다.

## 한자 문해력 UP!

| | | |
|---|---|---|
| **실연** | 실제 실(實) + 행할 연(演)<br>▶ 실제로 행하다 | 뜻 어떤 일이나 행동을 실제로 해 보임<br>예문 직접 실연해 보아야 한다. |
| **유실수** | 있을 유(有) + 열매 실(實) + 나무 수(樹)<br>▶ 열매가 있는 나무 | 뜻 먹을 수 있거나 유용한 열매가 열리는 나무<br>예문 운동장 둘레에 유실수를 심는 학교가 늘고 있다. |
| **사실무근** | 일 사(事) + 내용 실(實) + 없을 무(無) + 근거 근(根)<br>▶ 일의 내용에 근거가 없다 | 뜻 일이 실제로 근거가 없거나 전혀 사실과 다름<br>예문 그 소문은 사실무근이었다. |

**쓰며 익히자**

| 實 | | | | | |
|---|---|---|---|---|---|
| 열매 실 | | | | | |

# 弱 약

뜻 | 약하다, 어리다

글자 형성 풀이 | 활 궁(弓) + 얼음 빙(冫) + 활 궁(弓) + 얼음 빙(冫)

활이 얼면 약해진다.

**일상에서 어떻게 쓰일까?** 남자 나이 20세를 약관(弱冠)이라고 해. **약할 약(弱), 갓 관(冠)**으로 아직 약하긴 하지만 어른의 상징인 갓을 쓰는 나이라는 뜻이란다. 관(冠)은 갓을 의미해. 임금이 머리에 쓰는 관인 왕관(王冠), 우승자에게 씌우는 월계관(月桂冠) 등에서 쓰이지. "의관을 정제하였다."라고 하는데, 옷과 갓을 갖추었다는 뜻으로 남자가 옷을 정식으로 갖추어 입었을 때 쓰는 표현이야.

약육강식(弱肉强食)이라는 말 들어 보았지? 약한 동물은 고기(먹잇감)가 되고 강한 동물은 먹는다는 뜻이야. 약한 자는 강한 자에게 지배됨을 비유적으로 이르는 말로 쓰이고 있지.

## 한자 문해력 UP!

**미약**

작을 미(微) + 약할 약(弱)
▶ 작고 약하다

뜻 보잘것없이 약함
예문 미약하지만 우리의 힘을 보태기로 했다.

**박약**

얇을 박(薄) + 약할 약(弱)
▶ 얇고 약하다

뜻 의지나 체력 등이 굳세지 못하고 여림
예문 착하기는 하지만 의지가 박약한 아이들이 많다.

**취약**

연할 취(脆) + 약할 약(弱)
▶ 연하고 약하다

뜻 무르고 약하다
예문 취약 과목을 잘하려 하기보다 잘하는 과목을 더 잘하려 노력하는 것도 괜찮은 전략이다.

## 쓰며 익히자

| 弱 | | | | | |
|---|---|---|---|---|---|
| 약할 약 | | | | | |

# 業 업

뜻 | 일, 직업

글자 형성 풀이 | 풀 초(艹) + 풀 초(艹) + 양 양(羊) + 여덟 팔(八)

풀이 있는 곳에서 양 여덟 마리 이상을 키워야 일이라 할 수 있다.

**일상에서 어떻게 쓰일까?** 한국은 OECD 국가들 중에서도 대기업과 중소기업의 임금 격차가 큰 나라 중 하나라고 해. '기업' 간 격차를 줄이기 위한 근본적인 해결책이 필요하지. 기업은 **꾀할 기(企), 일 업(業)**으로 일을 꾀하여 만들어 내는 조직체라는 뜻이야. 이익을 얻기 위하여 재화나 용역을 생산하고 판매하는 조직체인 거지.

업(業)은 일을 의미해. 사업을 처음 시작하는 것을 '비롯할 창(創)'을 써서 창업(創業)이라 하고, 물건 만드는 일은 '만들 공(工)'을 써서 공업(工業)이라 한단다. '종업원'은 무슨 뜻일까? **따를 종(從), 일 업(業), 사람 원(員)**으로 주어진 일을 따라 하는 사람이라는 뜻이란다.

## 한자 문해력 UP!

| | | |
|---|---|---|
| **영업** | 경영할 영(營) + 일 업(業)<br>▶ 경영을 위해 하는 일 | 뜻 영리를 목적으로 하는 사업 또는 그런 경영<br>예문 그 회사는 여러 지점을 내고 영업을 시작하였다. |
| **분업** | 나눌 분(分) + 일 업(業)<br>▶ 일을 나누다 | 뜻 생산의 과정을 여러 부문으로 나누어, 각각 사람이 분담하여 일을 완성함<br>예문 급속한 산업의 발달은 분업을 촉진하였다. |
| **수공업** | 손 수(手) + 만들 공(工) + 일 업(業)<br>▶ 손으로 만드는 일 | 뜻 손과 간단한 도구를 사용하여 제품을 생산하는 작은 규모의 공업<br>예문 공예품들은 대부분 가내 수공업으로 만들어진다. |

## 쓰며 익히자

| 業 | | | | | |
|---|---|---|---|---|---|
| 일 업 | | | | | |

# 要 요

뜻 | 중요하다, 구하다, 요긴하다

글자 형성 풀이 | 덮을 아(襾) + 여자 여(女)

여자에게 이불을 덮어 주는 이유는 중요한 존재이기 때문이다.

일상에서 어떻게 쓰일까? 『격몽요결』이라는 책이 있어. 1577년에 율곡 이이(李珥)가 학문을 시작하는 이들을 가르치기 위하여 편찬한 책이지. 일종의 초등학교 교과서로 어린이들의 독서궁리(讀書窮理)와 학문 생활 및 일상생활의 윤리(倫理) 등에 관하여 자세히 가르치고 있단다. 조선 중기 이후 전국적인 필독서가 된 『격몽요결』은 **칠 격(擊), 어리석을 몽(蒙), 중요할 요(要), 비결 결(訣)**로 어리석음을 쳐서 깨뜨리는 중요한 비결이라는 뜻이야.

요(要)는 중요하다는 뜻으로 요주의(要注意), 요강(要綱), 요충지(要衝地), 요인(要因) 등에 쓰이지만, 요청(要請), 요구(要求), 수요(需要), 요망(要望) 등에서는 구한다는 뜻이란다.

## 한자 문해력 UP!

| | | |
|---|---|---|
| **요람** | 중요할 요(要) + 살펴볼 람(覽)<br>▶ 중요한 것만 살펴보다 | 뜻 중요한 내용만을 뽑아 간추려 놓은 책<br>예문 대학에서는 그 대학의 여러 학과를 소개하는 대학 요람을 내놓고 있다. |
| **요충지** | 중요할 요(要) + 길 충(衝) + 지역 지(地)<br>▶ 중요한 길목의 지역 | 뜻 군사적으로 아주 중요한 장소. 교통이나 상업에서 중요한 위치에 있어 핵심 역할을 하는 장소<br>예문 이곳은 옛날 국방의 요충지였다. |
| **불요불급** | 아니 불(不) + 중요할 요(要) + 아니 불(不) + 급할 급(急)<br>▶ 중요하지 않고 급하지도 않다 | 뜻 필요하지도 않고 급하지도 않음<br>예문 불요불급한 예산이나 효율성이 낮은 예산은 삭감하는 것이 옳다. |

## 쓰며 익히자

| 要 | | | | | |
|---|---|---|---|---|---|
| 중요할 요 | | | | | |

# 運 운

**뜻** | **옮기다, 운용하다, 운수**

**글자 형성 풀이** | **쉬엄쉬엄 갈 착(辶) + 군사 군(軍)**

군사들이 쉬엄쉬엄 가는 것은 물건을 옮기기 때문이다.

**일상에서 어떻게 쓰일까?** "무운을 빈다."라는 말 들어 보았을 거야. '무운'을 운수가 없다는 뜻으로 오해하면 안 된단다. '없을 무(無)'만 있는 게 아니라 '군인 무(武)'도 있기 때문이지. 무운은 **군인 무(武), 운수 운(運)**으로 군인으로서의 운수를 뜻해. '무운을 빈다'가 '행운을 빈다'와 같은 뜻으로 쓰이는 이유지. 조선 시대의 문반(文班), 무반(武班)을 이야기할 때도 이 한자를 쓴단다.

운(運)은 운수를 뜻하기도 하지만, 운하(運河), 운항(運航), 운송(運送)에서는 옮긴다는 뜻으로 쓰여. 운동(運動), 운영(運營), 운전(運轉)에서는 운용한다는 뜻으로 활용되지.

## 한자 문해력 UP!

| | | |
|---|---|---|
| **운하** | 옮길 운(運) + 내 하(河)<br>▶ 옮기는 데 쓰는 내 | 뜻 육지를 파서 인공적으로 강을 내고 배가 다닐 수 있게 만든 수로<br>예문 파나마 운하로 인해 태평양과 대서양은 마치 하나처럼 연결된다. |
| **운임** | 옮길 운(運) + 품삯 임(賃)<br>▶ 옮기는 데 드는 품삯 | 뜻 화물이나 여객을 실어 나르는 데 대한 대가로 받거나 주는 돈<br>예문 화물의 크기나 무게에 따라 운임이 다르다. |
| **비운** | 슬플 비(悲) + 운수 운(運)<br>▶ 슬픈 운수 | 뜻 슬픈 운명<br>예문 그는 고난과 비운을 견뎌 내고자 했다. |

**쓰며 익히자**

| 運 | | | | | |
|---|---|---|---|---|---|
| 옮길 운 | | | | | |

# 財 재

뜻 | **재물, 재산**

글자 형성 풀이 | **돈 패(貝) + 재주 재(才)**

돈이 재주를 부리면 재물을 얻을 수 있다.

**일상에서 어떻게 쓰일까?** 재단 법인이 있고 사단 법인이 있어. '법인'이 뭐냐고? **법 법(法), 사람 인(人)**으로 법적으로 사람이라는 뜻이야. '재단'은 **재물 재(財), 단체 단(團)**으로 재물을 모아 놓은 단체라는 뜻이지. 일정한 목적에 바친 재산을 개인 소유로 하지 아니하고 독립된 것으로 운영하기 위하여 법률적으로 구성된 법인을 재단 법인이라 한단다. 비영리 법인만 인정되는데 학교 법인, 종교 법인 등이 여기에 속하지.

'사단 법인'은 **회사 사(社), 단체 단(團)**으로 회사 형태의 단체라는 뜻이야. 법률에 의하여 법률적인 권리와 의무의 주체로 인정받은 법인이란다.

## 한자 문해력 UP!

| | | |
|---|---|---|
| **횡재** | 갑작스러울 횡(橫) + 재물 재(財)<br>▶ 갑작스럽게 재물을 얻다 | 뜻 노력을 들이지 않고 뜻밖에 재물을 얻음<br>예문 단체 손님이 이렇게 많다니 오늘 아주 횡재를 만났구나. |
| **축재** | 쌓을 축(蓄) + 재산 재(財)<br>▶ 재산을 쌓다 | 뜻 재물을 모아 쌓음<br>예문 부정 축재를 하게 된 경위를 집중적으로 질문하였다. |
| **내구재** | 견딜 내(耐) + 오랠 구(久) + 재물 재(財)<br>▶ 오래 견디는 재물 | 뜻 오래도록 사용할 수 있는 재화<br>예문 하반기에는 자동차, 컴퓨터 그리고 냉장고 등 내구재의 소비가 늘 것으로 예상했다. |

**쓰며 익히자**

# 貯 저

뜻 | **쌓다, 담다, 저축하다**

글자 형성 풀이 | **조개 패(貝) + 쌓을 저(宁)**

조개 껍질을 쌓는 일은 돈을 쌓는 일이다.

**일상에서 어떻게 쓰일까?** 1976년 도입되었다가 정부의 재정 부담으로 1995년 폐지되고, 2013년에 부활하였다가 2015년에 사라진 저축 상품이 있는데 바로 '재형저축'이야. 근로자가 소득의 일부를 일정 기간 저축함으로써 재산을 마련할 수 있도록 정부, 금융 기관, 사업주 등이 지원해 주는 상품이었지. **재산 재(財), 형성할 형(形), 쌓을 저(貯), 쌓을 축(畜)**으로 재산 형성을 위해 돈을 쌓아 간다는 뜻이었단다.

선인장, 백합, 용설란 등을 '저수 식물'이라고 해. **쌓을 저(貯), 물 수(水)**로 물을 쌓아둔다는 뜻이야. 줄기와 잎에 수분을 많이 가지고 있어서 건조에 잘 견디는 식물을 말하지.

## 한자 문해력 UP!

| | | |
|---|---|---|
| **저금** | 쌓을 저(貯) + 돈 금(金)<br>▶ 돈을 쌓다 | 뜻 돈을 절약하여 모아둠<br>예문 어렸을 적에는 용돈을 받으면 꼬박꼬박 저금통에 저금하였다. |
| **저유소** | 쌓을 저(貯) + 기름 유(油) + 장소 소(所)<br>▶ 기름을 쌓아두는 장소 | 뜻 석유나 휘발유 등의 기름을 저장하여 두는 곳<br>예문 주유소는 단순히 자동차에 급유만 하는 것이 아니라, 비상시를 대비한 저유소의 기능도 같이 한다. |
| **저수율** | 쌓을 저(貯) + 물 수(水) + 비율 율(率)<br>▶ 물이 쌓인 비율 | 뜻 저수지 등에서, 저수할 수 있는 양에 대하여 가두어 모아둔 물의 비율<br>예문 극심한 가뭄으로 저수율이 크게 떨어졌다. |

## 쓰며 익히자

| 貯 | | | | | | 
|---|---|---|---|---|---|
| 쌓을 저 | | | | | |

# 店 점

뜻 | 가게

글자 형성 풀이 | 집 엄(广) + 점령한 점(占)

물건이 점령한 집을 가게라고 한다.
엄(广)은 뜻을 나타내고, 점(占)은 음을 나타낸다.

일상에서 어떻게 쓰일까? 밤늦은 시간일지라도 편의점이 있어 컵라면과 삼각김밥을 사 먹을 수 있어서 좋다는 친구들이 있어. 필요한 물건들이 골고루 갖춰져 있고 접근성까지 좋은 편의점을 선호한다고 하더군. 고객의 편의를 위해 24시간 영업하는 잡화 상점을 '편의점'이라 하는데 **편할 편(便), 알맞을 의(宜), 가게 점(店)**으로 편하고 알맞은 가게라는 뜻이란다.

'개점휴업'이라는 말 들어 본 적 있니? 영업을 시작하였으나 장사가 잘되지 않아서 가게 문을 닫은 것과 같은 상태를 말하지. **열 개(開), 가게 점(店), 쉴 휴(休), 일 업(業)**으로 가게를 열고 있긴 하지만 일은 쉬고 있다는 뜻이란다.

## 한자 문해력 UP!

| | | |
|---|---|---|
| **연쇄점** | 이을 연(連) + 쇠사슬 쇄(鎖) + 가게 점(店)<br>▶ 쇠사슬처럼 이어지는 가게 | 뜻 동일한 경영 방침 아래 상품의 매입과 광고를 공동으로 하는 소매상의 점포 조직<br>예문 연쇄점은 보통 체인스토어로 불리운다. |
| **대리점** | 대신할 대(代) + 처리할 리(理) + 가게 점(店)<br>▶ 본사를 대신하여 처리하는 가게 | 뜻 특정 회사의 위탁을 받아 거래를 대리하거나 매개하는 일을 하는 가게<br>예문 회사에서 각 대리점에 판매량을 할당했다. |
| **백화점** | 일백 백(百) + 물품 화(貨) + 가게 점(店)<br>▶ 일백 가지 물품이 있는 가게 | 뜻 한 건물 안에 온갖 상품을 부문별로 나누어 진열하고 판매하는 대규모의 종합 상점<br>예문 백화점에는 온갖 상품이 다 있다. |

쓰며 익히자

| 店 | | | | | |
|---|---|---|---|---|---|
| 가게 점 | | | | | |

# 操 조

뜻 | 잡다, 다루다, 절개

글자 형성 풀이 | 손 수(扌) + 울 조(喿)

손이 우는(떨리는) 이유는 물건을 잡고 있기 때문이다.

**일상에서 어떻게 쓰일까?** 항공기를 일정한 방향과 속도로 움직이도록 다루는 기능과 자격을 갖춘 사람을 '조종사'라고 해. '조종'은 **잡을 조(操), 놓을 종(縱)**으로 잡고 놓는 일을 마음대로 한다는 뜻이야. 사(士)는 선비를 뜻하기도 하지만 전문적 기예를 닦은 사람이라는 의미로 많이 쓰인단다. 변호사(辯護士), 운전사(運轉士), 회계사(會計司) 등이 그 예야.

기계나 기구 따위를 일정한 방식에 따라 다루어 움직이도록 하는 일을 '조작'이라고 하지? **다룰 조(操), 만들 작(作)**이니까 다루어 만든다는 뜻이란다. 공장이나 어선 등에서 일하는 것을 조업(操業)이라 하는데 기계를 잡고 일을 한다는 뜻이야.

## 한자 문해력 UP!

| | | |
|---|---|---|
| **체조** | 몸 체(體) + 다룰 조(操)<br>▶ 몸을 다루다 | 뜻 신체의 발육과 건강을 위하여 몸을 조직적으로 움직이는 운동<br>예문 건강 체조는 마음을 안정시키는 효과가 있다. |
| **조심** | 다룰 조(操) + 마음 심(心)<br>▶ 마음을 다루다 | 뜻 잘못이나 실수가 없도록 말이나 행동에 신경을 씀<br>예문 나는 매사에 조심하지 못해 실수를 자주 한다. |
| **지조** | 뜻 지(志) + 절개 조(操)<br>▶ 뜻과 절개 | 뜻 원칙과 신념을 굽히지 아니하고 끝까지 지켜 나가는 꿋꿋한 의지 또는 그런 기개<br>예문 지조 높은 선비의 자세를 본받다. |

## 쓰며 익히자

| 操 | | | | | | |
|---|---|---|---|---|---|---|
| 잡을 조 | | | | | | |

# 地 지

뜻 | **땅, 장소, 지역**

글자 형성 풀이 | **흙 토(土) + 어조사 야(也)**

흙과 물이 있는 곳은 땅이다.
야(也)는 주전자를 그린 글자로 주전자로 땅에 물을 대는 모습이다.

**일상에서 어떻게 쓰일까?** '천지'는 **하늘 천(天), 땅 지(地)**로 하늘과 땅이라는 의미인데 세상, 우주, 세계를 뜻하는 말로 많이 쓰인단다. 특별히 경치나 분위기가 좋은 곳을 '별천지'라 하는데, '다를 별(別)'을 써서 지금까지 본 세상과 다른 땅이라는 뜻이지.

공중에 있는 목표를 공격하기 위하여 지상에서 발사하는 미사일을 '지대공 미사일'이라고 해. **땅 지(地), 대할 대(對), 하늘 공(空)**으로 땅에서 하늘에 대하여 쏘는 미사일이라는 뜻이야. 또 우리가 자주 쓰는 말 중에 '택지'가 있는데 **집 택(宅), 땅 지(地)**로 집을 짓기 위해 마련된 땅을 의미한단다.

## 한자 문해력 UP!

| | | |
|---|---|---|
| **지검** | 지역 지(地) + 검찰 검(檢)<br>▶ 지역 검찰 | 뜻 각 지역의 지방 법원에 대응하여 설치된 검찰청<br>예문 그 사건은 전주 지검이 수사하고 있다. |
| **지하철** | 땅 지(地) + 아래 하(下) + 철도 철(鐵)<br>▶ 땅 아래에 있는 철도 | 뜻 빠른 속도로 열차를 운행하기 위해 땅속으로 굴을 파서 설치한 철도<br>예문 교통이 혼잡할 때는 지하철 이용이 편리하다. |
| **지구촌** | 땅 지(地) + 공 구(球) + 마을 촌(村)<br>▶ 지구가 하나의 마을과 같음 | 뜻 온 인류가 서로 왕래하고 통신할 수 있는 세상, 지구를 한마을처럼 생각하여 쓰는 말<br>예문 교통수단과 통신 기기의 발달은 세계를 지구촌으로 만들었다. |

## 쓰며 익히자

| 地 | | | | | |
|---|---|---|---|---|---|
| 땅 지 | | | | | |

# 職 직

뜻 | **직책, 직분, 벼슬**

글자 형성 풀이 | **귀 이(耳) + 소리 음(音) + 창 과(戈)**

귀로 소리를 들은 후 창을 들고 일어서는 이유는 직무 때문이다.

**일상에서 어떻게 쓰일까?** 맡은 직무를 내놓고 물러나게 해 줄 것을 청원하는 서류를 '사직서'라고 해. **물러날 사(辭), 직분 직(職), 문서 서(書)**로 직분에서 물러나겠다는 뜻을 나타내는 문서라는 뜻이야. '나타낼 표(表)'를 써서 사표(辭表)라고도 하지.

직무를 수행하다가 죽는 일을 순직(殉職)이라 하는데 '목숨 바칠 순(殉)'을 사용해. 직무를 위해 목숨 바쳤다는 뜻이지. 직장으로 나가는 일은 '나아갈 취(就)'의 취직(就職)이고, 현재의 직업에서 물러남은 '물러날 퇴(退)'의 퇴직(退職)이야. 본인의 요청에 의해 직위에서 물러남을 '의원 면직'이라 하는데 **의지할 의(依), 원할 원(願), 벗어날 면(免), 직책 직(職)**이란다.

## 한자 문해력 UP!

| | | |
|---|---|---|
| **요직** | 중요할 요(要) + 직책 직(職)<br>▶ 중요한 직책 | 뜻 중요한 직위나 직책<br>예문 국가의 요직은 모조리 그들이 독차지하고 있다. |
| **전직** | 앞 전(前) + 직책 직(職)<br>▶ 이전에 맡았던 직책 | 뜻 이전에 가졌던 직업이나 직책<br>예문 검찰은 수뢰 혐의로 전직 장관을 기소했다. |
| **성직자** | 성스러운 성(聖) + 직분 직(職) + 사람 자(者)<br>▶ 성스러운 직분을 가진 사람 | 뜻 종교적인 직분을 맡은 사람. 목사, 신부, 스님 등을 통틀어 이르는 말<br>예문 성직자가 모범을 보여야 신도들도 바르게 살 수 있다. |

## 쓰며 익히자

| 職 | | | | | |
|---|---|---|---|---|---|
| 직책 직 | | | | | |

# 集 집

뜻 | **모으다, 모이다**

글자 형성 풀이 | **새 추(隹) + 나무 목(木)**

새는 나뭇가지를 보면 모이곤 한다.

**일상에서 어떻게 쓰일까?** 길에서 집배원을 보면 '혹시 저 가방 안에 내게 온 편지가?'라며 설레던 때가 있었어. '집배원'은 **모을 집(集), 배달할 배(配), 사람 원(員)**으로 모아서 배달해 주는 사람이야. 밤에 물고기를 잡을 때, 어류를 모여들게 하려고 배에 켜는 등불을 '집어등'이라 하는데 **모을 집(集), 물고기 어(魚), 등불 등(燈)**이란다.

시를 모아 엮은 책은 시집(詩集)이고, 소설을 모아 엮은 책은 소설집(小說集)이야. 개인 또는 여러 사람의 시나 문장을 한데 모아 엮은 책은 문집(文集)이고, 한 사람이나 같은 종류의 저작을 한데 모아서 출판한 간행물은 '모두 전(全)'을 써서 전집(全集)이라고 한단다.

## 한자 문해력 UP!

| | | |
|---|---|---|
| **집합** | 모을 집(集) + 합할 합(合)<br>▶ 모으고 합하다 | 뜻 여럿이 한곳에 모여 일정한 무리를 이룸. 특정한 조건에 맞는 사물들의 모임<br>예문 선(線)은 두 점 사이의 최단 거리에 있는 점의 집합이다. |
| **징집** | 부를 징(徵) + 모을 집(集)<br>▶ 불러서 모으다 | 뜻 국가가 군대에 복무할 의무를 지닌 사람들을 현역에 복무하도록 소집함<br>예문 징집이나 소집 등의 병무 행정은 병무청에서 관장한다. |
| **응집** | 엉길 응(凝) + 모을 집(集)<br>▶ 엉겨서 하나로 모으다 | 뜻 어느 한 곳에 엉겨서 모임<br>예문 우렁찬 만세 소리에 군중이 응집하기 시작했다. |

**쓰며 익히자**

| 集 | | | | | |
|---|---|---|---|---|---|
| 모을 집 | | | | | |

# 通 통

뜻 | **통하다, 알리다**

글자 형성 풀이 | **쉬엄쉬엄 갈 착(辶) + 길 용(甬)**

쉬엄쉬엄 길을 가게 되면 모두 통하게 되고 알게 된다.

**일상에서 어떻게 쓰일까?** 이동통신이 세상을 바꿔 놓았어. 하나의 단말기로 음성이나 영상, 데이터 등을 주고받도록 만들었으니까. '이동'은 **옮길 이(移), 움직일 동(動)**으로 옮겨 다니면서 움직인다는 뜻이야. '통신'은 **통할 통(通), 소식 신(信)**으로 소식을 통하게 한다는 뜻이지.

통(通)은 통한다는 뜻을 갖고 있어. 막히지 않고 잘 통하는 것은 **트일 소(疏), 통할 통(通)**의 '소통'이고, 나라들 사이에 서로 물품을 사고 파는 일은 **통할 통(通), 장사 상(商)**을 써서 '통상'이라고 해. 함께 통한다 해서 '함께 공(共)'의 공통(共通)이고, 흘러서 통하게 만든다 해서 '흐를 유(流)'의 유통(流通)인 거야.

## 한자 문해력 UP!

| | | |
|---|---|---|
| **보통** | 넓을 보(普) + 통할 통(通)<br>▶ 넓게 통하다 | 뜻 일반적으로 흔하게 또는 특별하거나 드물지 않고 평범한 것<br>예문 이 정도의 고생은 누구나 보통 겪는 일이다. |
| **통독** | 통할 통(通) + 읽을 독(讀)<br>▶ 통하도록 읽다 | 뜻 처음부터 끝까지 훑어 읽음<br>예문 엄마는 그 책을 세 번이나 통독하였다고 했다. |
| **통역** | 통할 통(通) + 번역할 역(譯)<br>▶ 통하여 번역하다 | 뜻 말이 통하지 아니하는 사람 사이에서 뜻이 통하도록 말을 옮겨 주는 일<br>예문 정상 회담을 위한 통역이 진행되었다. |

**쓰며 익히자**

| 通 | | | | | | |
|---|---|---|---|---|---|---|
| 통할 통 | | | | | | |

뜻 | **합하다, 들어맞다, 모으다**

글자 형성 풀이 | **사람 인(人) + 하나 일(一) + 입 구(口)**

사람들이 하나의 입으로 말할 때는 뜻이 합해졌을 때이다.

**일상에서 어떻게 쓰일까?** 삶은 선택의 연속이야. 직업의 선택도 중요하고 가치관의 선택도 중요하지만 배우자의 선택도 중요하지. 혼인할 남녀의 생년월일과 시간을 음양오행에 맞추어 부부로서의 길흉을 예측하는 일을 '궁합'이라 하지. 옛날에는 혼인을 하기에 앞서 반드시 거치는 과정으로 궁합이 나쁘면 혼인을 하지 않기도 했어. 궁합은 **집 궁(宮), 합할 합(合)**으로 집에서 한마음으로 합해질 수 있느냐에 대한 대답이란다.

우리는 평상시에 '합리적'이라는 말을 자주 쓰지. 합리적 가격, 합리적 절차, 합리적인 방법 등. 여기서 '합리'는 **들어맞을 합(合), 이치 리(理)**로 이치에 들어맞는다는 뜻이란다.

## 한자 문해력 UP!

| | | |
|---|---|---|
| **합승** | 합할 합(合) + 탈 승(乘)<br>▶ 합해서 타다 | 뜻 차에 여러 사람이 함께 탐<br>예문 예전에는 택시를 탈 때 합승을 하기도 했다. |
| **합작** | 합할 합(合) + 만들 작(作)<br>▶ 합하여서 만들다 | 뜻 일정한 목표를 달성하기 위하여 여럿이 힘을 합함<br>예문 민요는 민중들의 합작 가요라 할 수 있다. |
| **합법적** | 들어맞을 합(合) + 법 법(法) + 어조사 적(的)<br>▶ 법에 들어맞음 | 뜻 국가의 강제력을 수반하는 사회 규범에 맞는 것<br>예문 싸움은 평화적이고 합법적이어야 이길 수 있다. |

## 쓰며 익히자

| 合 | | | | | |
|---|---|---|---|---|---|
| 합할 합 | | | | | |

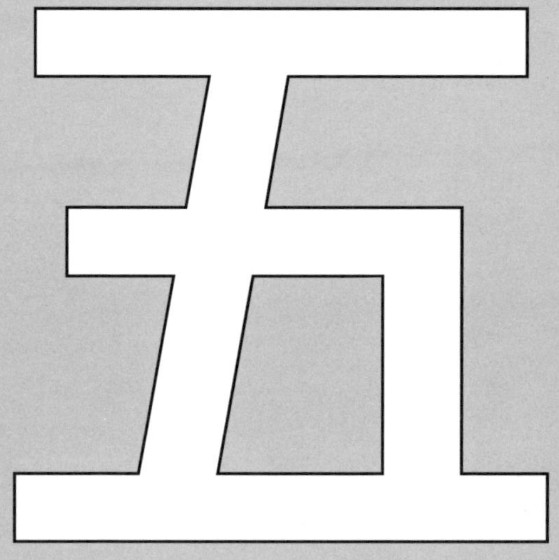

# 과학을 익히는 행복

과학 기술이 급속도로 발전하면서 우리가 사는 세상도 급격히 달라지고 있어.
우리 삶의 모습을 바꾸는 '과학'이란 대체 뭘까? 국어사전에서는 이렇게 정의하고 있어.
'보편적인 진리나 법칙의 발견을 목적으로 한 체계적인 지식,
넓은 뜻으로는 학(學)을 일컫고, 좁은 뜻으로는 자연과학을 일컬음.'
한자로는 '과정 과(科), 학문 학(學)' 과정을 세밀하게 연구하는 학문이라고 이해하면 될 것 같아.

# 角 각

뜻 | **뿔, 각도, 모퉁이**

글자 형성 풀이 | **뿔 각(角)**

짐승의 뾰족한 뿔과 주름을 본떠 만든 글자다.

**일상에서 어떻게 쓰일까?** '복지 사각지대' 혹은 '경찰 수사의 사각지대'라는 말 들어 보았지? 운전할 때는 항상 사각지대를 조심해야 한다고도 하지. '사각'은 **죽을 사(死), 각도 각(角)**으로 죽은 각도라는 뜻이야. 어느 각도에서도 보이지 않는 범위라는 뜻으로, 관심이나 영향이 미치지 못하는 구역을 비유적으로 이를 때 많이 쓰인단다.

각(角)은 뿔을 나타내. 사슴의 뿔을 녹각(鹿角)이라 하고, 뿔을 이용하여 쫓아간다는 뜻으로 서로 이기거나 앞서기 위해 힘을 겨루며 다툼을 각축(角逐)이라 하지. 삼각형(三角形), 대각선(對角線)에서는 각도를 뜻하고, 일각(一角)에서는 모퉁이라는 뜻이란다.

## 한자 문해력 UP!

| | | |
|---|---|---|
| **일각** | 하나 일(一) + 모퉁이 각(角)<br>▶ 하나의 모퉁이 | 뜻 한 귀퉁이 또는 한 부분<br>예문 일각에서는 이번 정책에 대해 우려를 표명하고 있다. |
| **다각적** | 많을 다(多) + 모퉁이 각(角) + 어조사 적(的)<br>▶ 모퉁이가 많다 | 뜻 여러 방면이나 부분에 걸친 것<br>예문 가장 좋은 방안을 다각적으로 논의하고 있다. |
| **각자무치** | 뿔 각(角) + 놈 자(者) + 없을 무(無) + 이 치(齒)<br>▶ 뿔이 있는 놈은 이빨이 없다 | 뜻 한 사람이 여러 가지 복이나 재주를 다 가질 수는 없다는 말<br>예문 세상이 공평한 이유는 각자무치이기 때문이다. |

**쓰며 익히자**

| 角 | | | | | |
|---|---|---|---|---|---|
| 뿔 각 | | | | | |

# 監 감

뜻 | 보다, 살피다, 감옥

글자 형성 풀이 | 신하 신(臣) + 사람 인(人) + 그릇 명(皿)

신하는 사람(백성)도 살펴야 하고, 그릇에 비친 자기의 모습도 잘 살펴야 한다.

**일상에서 어떻게 쓰일까?** 감독은 어떤 일을 하는 사람일까? **볼 감(監), 바로잡을 독(督)**으로 어떤 일에 잘못이 없도록 보살펴 단속하는 사람이라는 뜻이야. 영화나 운동 경기 등에서는 일의 전체를 지휘하며 실질적인 책임을 맡은 사람을 일컫지. 권한도 크지만 그만큼 어깨가 무거운 자리라고 할 수 있어.

죄수를 가두어 두는 방을 감방(監房)이라 하고, 사람을 강제로 일정한 곳에 가두어 드나들지 못하게 함을 감금(監禁)이라 하지. 학교를 살피고 관리하는 직책은 교감(校監)이라 한단다.

## 한자 문해력 UP!

|  |  |  |
|---|---|---|
| **감사** | 살필 감(監) + 조사할 사(査)<br>▶ 살펴보고 조사하다 | 뜻 단체나 조직의 업무 상황을 감독하고 조사함<br>예문 국정 감사에서 국회 의원이 호통치는 모습이 종종 목격되곤 한다. |
| **감시** | 살필 감(監) + 볼 시(視)<br>▶ 살피고 또 보다 | 뜻 어떤 대상을 단속하기 위해 주의하여 살핌<br>예문 언론의 가장 중요한 임무는 사회의 감시 역할이다. |
| **수감** | 거둘 수(收) + 감옥 감(監)<br>▶ 감옥으로 거두다 | 뜻 사람을 구치소나 교도소에 가둠<br>예문 그는 결국 교도소에 수감되고 말았다. |



## 쓰며 익히자

| 監 | | | | | |
|---|---|---|---|---|---|
| 볼 감 | | | | | |

# 改 개

뜻 | **고치다, 바로잡다, 바꾸다**

글자 형성 풀이 | **몸 기(己) + 칠 복(攵)**

몸을 치게 되면 고쳐지고 바뀌게 된다.

**일상에서 어떻게 쓰일까?** 개혁(改革)은 제도나 기구 등을 새롭게 뜯어고치는 일이야. 교육 개혁(敎育改革)은 교육의 제도와 내용, 교육 행정 및 재정 등 교육 운영 전반을 더 발전적인 방향으로 새롭게 고치면서 잘못을 바로잡는 일이지. 고인 물은 썩기 마련이란다. 두렵고 귀찮고 힘들지라도 고치는 것을 망설여서는 안 되는 이유야.

개(改)는 고친다는 뜻이야. 고쳐서 바르게 함을 개정(改正)이라 하고, 고쳐서 좋게 하는 것을 개선(改善)이라 하지. 헌법을 고쳐서 다시 정함을 개헌(改憲)이라 하고, 사고방식이나 시설, 조직 등을 고쳐 새롭게 만드는 것을 개조(改造)라 한단다.

## 한자 문해력 UP!

| | | |
|---|---|---|
| **개량** | 고칠 개(改) + 좋을 량(良)<br>▶ 좋게 고치다 | 뜻 구조, 성능 등을 고쳐서 더 좋게 함<br>예문 개량 한복은 활동이 편하도록 현대식으로 고친 한복이다. |
| **개편** | 고칠 개(改) + 엮을 편(編)<br>▶ 고쳐서 엮다 | 뜻 조직이나 기구 등을 고쳐 편성함<br>예문 교육 과정 개편에 따라 국사 교과서가 대폭 바뀌었다. |
| **회개** | 뉘우칠 회(悔) + 고칠 개(改)<br>▶ 뉘우치고 고치다 | 뜻 죄나 잘못을 뉘우치고 마음을 고쳐먹음<br>예문 나는 나의 잘못을 진심으로 반성하고 회개하였다. |

**쓰며 익히자**

| 改 | | | | | |
|---|---|---|---|---|---|
| 고칠 개 | | | | | |

# 計 계

뜻 | **세다, 계산하다, 계획하다**

글자 형성 풀이 | **말 언(言) + 열 십(十)**

말을 열 번 하면서 세고 헤아리다.

**일상에서 어떻게 쓰일까?** 상황의 불리함을 깨닫고 도망치는 일을 '삼십육계 줄행랑(三十六計줄行廊)'이라고 해. 전투할 때 취할 수 있는 36가지 방법을 소개한 『손자병법』에서 마지막 전략으로 도망치는 방법을 이야기하며 나온 말이야. 물론 적의 힘이 매우 강할 때 사용하는 방책이겠지. 상황이 불리할 때 피하는 것은 비겁한 일이 아니라 자신을 지키는 현명한 방법이라는 이야기에 고개 끄덕일 수 있을 것 같아.

계(計)는 한데 몰아서 계산한다는 통계(統計), 한데 모아서 계산한다는 집계(集計)에서는 계산을 의미하지만, 설계(設計), 가계(家計)에서는 계획한다는 뜻이란다.

## 한자 문해력 UP!

| | | |
|---|---|---|
| **시계** | 시간 시(時) + 셀 계(計)<br>▶ 시간을 셈하다 | 뜻 시각을 나타내거나 시간을 재는 기계<br>예문 몇 시쯤 되었는지 궁금해서 시계를 보았다. |
| **계좌** | 셀 계(計) + 자리 좌(座)<br>▶ 셈하는 자리 | 뜻 금융 기관에서 고객이 맡기거나 빌린 돈을 계산하고 기록하도록 부여한 자리<br>예문 계좌를 확인해 보니 용돈이 들어와 있었다. |
| **생계** | 생활 생(生) + 계획할 계(計)<br>▶ 생활을 계획하다 | 뜻 살림을 살아갈 방도나 형편<br>예문 생계를 걱정하지 않는 것만으로도 행복하다. |



**쓰며 익히자**

# 鼓 고

뜻 | 북, 북을 치다

글자 형성 풀이 | 악기 이름 주(壴) + 가를 지(支)

가르는 악기는 북이다.
음악에서 가르는 역할을 하는 것은 북이다.

**일상에서 어떻게 쓰일까?** "고무적인 반응을 보였다."라고 흔히 말하지. '고무'는 **북 칠 고(鼓), 춤출 무(舞)**로 북 치고 춤춘다는 뜻이야. 어떨 때 북을 치고 춤을 출까? 힘을 내도록 격려하여 용기를 북돋울 때 북과 장구를 치잖아. 긍정적이라는 뜻으로 이해하면 좋을 것 같아.

국악기 중에 '장구'와 '소고'가 있는데 장구는 **긴 장(長), 북 고(鼓)**로 긴 북이라는 뜻이야. 원래 '장고'였는데 현재는 '장구'가 표준어로 쓰인단다. 억울한 일을 임금에게 직접 호소하고자 할 때 치도록 달아 두었던 북을 '신문고'라 했는데 **말할 신(申), 들을 문(聞), 북 고(鼓)**로 백성이 말하면 듣기 위해 만든 북이라는 뜻이었단다.

## 한자 문해력 UP!

| | | |
|---|---|---|
| **고막** | 북 고(鼓) + 꺼풀 막(膜)<br>▶ 북의 역할을 하는 꺼풀 | 뜻 청각 기관의 한 가지. 공기의 진동에 따라 막이 울려 음파를 청소골(聽小骨)을 통하여 내이(內耳)에 전달함<br>예문 총성들이 따갑게 고막을 후려쳤다. |
| **고수** | 북 고(鼓) + 손 수(手)<br>▶ 손으로 북을 치다 | 뜻 북을 치는 사람<br>예문 소리꾼은 고수의 장단에 맞추어 이야기를 뽑아냈다. |
| **승전고** | 이길 승(勝) + 전쟁 전(戰) + 북 고(鼓)<br>▶ 전쟁에 이겼음을 알리는 북 | 뜻 싸움에 이겼을 때 치는 북<br>예문 승전고를 울려 승리의 소식을 알려라. |

## 쓰며 익히자

| 鼓 | | | | | |
|---|---|---|---|---|---|
| 북 고 | | | | | |

# 科 과

**뜻 |** 과목, 과정

**글자 형성 풀이 |** 벼 화(禾) + 말 두(斗)

벼를 말에 담아 본 뒤에나 농사짓는 과정에 대해 평가할 수 있다.

**일상에서 어떻게 쓰일까?** '과학'이란 무엇일까? 국어사전에서는 일정한 목적과 방법으로 그 원리를 연구해 하나의 체계를 세우는 학문이라 설명하고 있어. 한자로는 **과목 과(科), 학문 학(學)**이야. 세부적인 과목으로 나눠서 구체적으로 연구한다는 뜻이지. 잘게 나누고 쪼갠 뒤 깊게 파고들어 뿌리를 알아내고 가장 근원적인 것들을 연구하는 학문이라고 이해하면 돼.

회사에서의 '과장'과 종합병원에서의 '과장'은 한자가 다르단다. 회사에서의 과장(課長)은 '과정 과(課)'로 사무 조직의 한 구분이지. 부(部)의 아래, 계(係)의 위를 말해. 병원에서의 과장(科長)은 '과목 과(科)'로 학과나 연구 분야를 구분하는 단위란다.

## 한자 문해력 UP!

| | | |
|---|---|---|
| **내과** | 안 내(內) + 과목 과(科)<br>▶ 안을 위한 과목 | **뜻** 내장 기관에 생긴 병을 외과적 수술에 의하지 않고, 물리 요법이나 약으로 치료하는 의학 분야<br>**예문** 내과에 가서 정밀 검진을 받아 보자. |
| **학과** | 배울 학(學) + 과목 과(科)<br>▶ 배우는 과목 | **뜻** 교수 또는 연구의 편의를 위해 구분한 학술의 분과<br>**예문** 선생님과 함께 전공 학과를 고민해 보기로 했다. |
| **의과학** | 치료할 의(醫) + 과목 과(科) + 배울 학(學)<br>▶ 치료에 관한 과목을 배우다 | **뜻** 인간을 질병으로부터 보호하고 편안한 삶을 영위할 수 있게 하는 것을 목표로 하는 학문<br>**예문** 의학만큼 의과학도 중요하다. |

## 쓰며 익히자

| 科 | | | | | |
|---|---|---|---|---|---|
| 과목 과 | | | | | |

# 球 구

뜻 | **공, 구슬, 둥글다**

글자 형성 풀이 | **구슬 옥(王=玉) + 구할 구(求)**

구슬을 구하면 공이 된다.
옥(玉)은 뜻을 나타내고, 구(求)는 음을 나타낸다.

**일상에서 어떻게 쓰일까?** 스포츠는 공을 사용하는 것과 아닌 것으로 나눌 수 있어. 공을 사용하는 운동 경기를 '구기 종목'이라 하고, 대부분 '공 구(球)'를 쓴단다. '찰 축(蹴)'의 축구(蹴球), '바구니 농(籠)'의 농구(籠球), '탁자 탁(卓)'의 탁구(卓球), '들 야(野)'의 야구(野球), '피할 피(避)'의 피구(避球), '밀칠 배(排)'의 배구(排球)가 그것이야.

알뿌리가 있는 식물을 통틀어 '구근 식물'이라고 하지. 이때의 '구근'의 '구'도 '공 구(球)'냐고? 맞아. **공 구(球), 뿌리 근(根)**으로 공 모양으로 된 뿌리라는 뜻이란다.

## 한자 문해력 UP!

|  |  |  |
|---|---|---|
| **지구** | 땅 지(地) + 공 구(球)<br>▶ 공과 같은 모양의 땅 | 뜻 인류가 살고 있는 천체. 태양에서 셋째로 가까운 행성이며 달을 위성으로 가짐<br>예문 지구는 우리가 지켜야 할 아름다운 푸른 별이다. |
| **안구** | 눈 안(眼) + 공 구(球)<br>▶ 눈 안의 공 | 뜻 눈구멍 안에 들어 있는 공 모양의 기관<br>예문 안구 건조증도 디지털 시대의 신종 질병이다. |
| **구위** | 공 구(球) + 위엄 위(威)<br>▶ 공이 가진 위력 | 뜻 야구에서 투수가 던지는 공의 위력<br>예문 후반으로 갈수록 구위가 살아나는 투수가 있다. |

## 쓰며 익히자

| 球 | | | | | |
|---|---|---|---|---|---|
| 공 구 | | | | | |

# 技 기

뜻 | **재주, 솜씨**

글자 형성 풀이 | **손 수(扌=手) + 가를 지(支)**

손으로 갈라낼 수 있다면 솜씨와 재주가 있는 거다.

**일상에서 어떻게 쓰일까?** 운전하는 사람을 대접하여 이르는 말이 운전기사(運轉技士)야. '기사'는 **재주 기(技), 전문가 사(士)**로 재주가 있는 전문가라는 뜻이란다. 운전하는 것도 재주냐고? 지금은 너나없이 운전을 하니까 재주가 아니라고 생각할 수 있지만, 예전에는 운전할 줄 아는 사람이 무척 적었기에 재주꾼으로 대접받았단다.

자신만이 가진 특별한 기술이나 기능을 '특기'라 하는데 **특별할 특(特), 재주 기(技)**를 쓴단다. 또한 어떤 일을 특별히 다루어 기록하는 일도 '특기'라고 하는데, 이때는 **특별할 특(特), 기록할 기(記)**라고 쓰지.

## 한자 문해력 UP!

| | | |
|---|---|---|
| **연기** | 펼 연(演) + 재주 기(技)<br>▶ 재주를 펼침 | 뜻 연극이나 영화 등에서 배우가 맡은 인물의 행동이나 성격을 창조하여 표현함<br>예문 동생의 연기는 어색하기만 하였다. |
| **기교** | 재주 기(技) + 교묘할 교(巧)<br>▶ 교묘한 재주 | 뜻 아주 약삭빠르고 뛰어난 기술이나 솜씨<br>예문 그는 고난도의 기교로 기타를 연주했다. |
| **기술직** | 재주 기(技) + 기술 술(術) + 임무 직(職)<br>▶ 재주와 기술로 맡은 임무 | 뜻 기술 분야의 직무나 직업<br>예문 기술직에 관심이 있는 아들은 소신껏 특성화 고등학교를 지원하였다. |

**쓰며 익히자**

| 技 | | | | | |
|---|---|---|---|---|---|
| 재주 기 | | | | | |

# 氣 기

**뜻** | **기운, 기세, 날씨**

**글자 형성 풀이** | **기운 기(气) + 쌀 미(米)**

기운은 쌀을 만들고 쌀은 기운을 만든다.
기(气)는 음을 나타내고, 미(米)는 뜻을 나타낸다.

**일상에서 어떻게 쓰일까?** 코나 목구멍, 기관지 등의 호흡기 계통에 생기는 질병을 '감기'라 하는데, 왜 감기라 이름 붙였을까? **느낄 감(感), 기운 기(氣)**야. 기운을 새롭게 느낀다는 뜻이지. 지금까지와는 다른 기운을 느낀다고 이해하면 될 것 같아.

어떤 대상에 쏠리는 많은 사람의 관심이나 호감을 인기(人氣)라 하는데, 사람으로부터 받는 기운이라고 해석할 수 있어. 굳세고 씩씩한 기운은 '용감할 용(勇)'의 용기(勇氣)이고, 얼굴에 나타나는 기운은 **기운 기(氣), 색 색(色)**의 '기색'이야. 대기(大氣), 기온(氣溫), 기상(氣象), 일기(日氣) 등에서의 기(氣)는 하늘에 나타나는 조짐을 뜻한단다.

## 한자 문해력 UP!

| | | |
|---|---|---|
| **기승** | 기운 기(氣) + 이길 승(勝)<br>▶ 기운이 이기다 | 뜻 성미나 기세가 굳세어 누그러지지 않음<br>예문 늦더위의 기승으로 피서 인파가 더 늘었다. |
| **기세** | 기운 기(氣) + 형세 세(勢)<br>▶ 기운의 형세 | 뜻 힘 있고 기운차게 뻗는 모양이나 상태<br>예문 전세가 역전되자 선수들은 맹렬한 기세로 총공세를 펼쳤다. |
| **기상** | 날씨 기(氣) + 모양 상(象)<br>▶ 날씨의 모양 | 뜻 바람, 구름, 비 등 대기 중에서 일어나는 모든 현상<br>예문 태풍은 지나갔으나 기상은 여전히 변덕스러웠다. |

**쓰며 익히자**

| 氣 | | | | | |
|---|---|---|---|---|---|
| 기운 기 | | | | | |

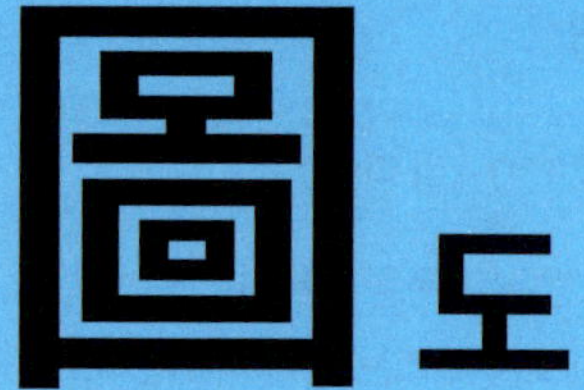

뜻 | 그림, 꾀하다

글자 형성 풀이 | 나라 국(口) + 인색할 비(啚)

나라나 지형을 인색하게(간략하게) 만든 것이 그림이고 지도다. 그림을 그릴 때는 먼저 계획을 해야 하기 때문에 꾀하다는 뜻도 있다.

**일상에서 어떻게 쓰일까?** 출판물이나 기록물을 모아서 보관해 두고 사람들이 이용할 수 있도록 한 시설을 '도서관'이라 하는데 **그림 도(圖), 책 서(書), 집 관(館)**이야. 그림과 책을 모은 집이라는 뜻이지. 옛날에는 도서관이 책만 읽는 공간이어서 학생들이 주로 이용했는데, 요즘은 문화 공간으로 변화하면서 어린아이들도 많이 이용하고 있어.

높은 곳에서 내려다본 상태의 그림이나 지도를 '조감도'라 하는데 **새 조(鳥), 볼 감(瞰), 그림 도(圖)**야. 새가 본 그림이라는 뜻이지. 그림이나 지도를 그리기 위해서는 생각을 해야 하기에 도(圖)에 꾀한다는 의미가 더해졌어. 의도(意圖), 기도(企圖), 시도(試圖) 등이 그것이지.

## 한자 문해력 UP!

|  |  |  |
|---|---|---|
| **구도** | 짤 구(構) + 그림 도(圖)<br>▶ 그림을 짜다 | 뜻 미적 효과를 얻기 위하여 모든 부분을 전체적으로 조화롭게 배치하는 도면 구성의 요령<br>예문 이 작품은 대칭 구도가 특이하구나. |
| **도감** | 그림 도(圖) + 살필 감(鑑)<br>▶ 살피는 그림 | 뜻 동물이나 식물의 사진이나 그림을 모아서 실물 대신 볼 수 있도록 엮은 책<br>예문 잘 모르는 야생화를 발견하여 도감을 찾아보았다. |
| **도모** | 꾀할 도(圖) + 꾀할 모(謀)<br>▶ 꾀하고 꾀하다 | 뜻 어떤 일을 이루려고 대책과 방법을 꾀함<br>예문 친목을 도모하기 위한 모임을 만들었다. |



## 쓰며 익히자

| 圖 | | | | | |
|---|---|---|---|---|---|
| 그림 도 | | | | | |

# 冷 랭

**뜻** | 차다, 식히다, 쌀쌀하다

**글자 형성 풀이** | 얼음 빙(冫) + 명령할 령(令)

얼음도 명령을 받으면 차가워진다.

**일상에서 어떻게 쓰일까?** 쌀쌀한 태도로 비웃는 일을 '냉소'라 해. **차가울 냉(冷), 웃을 소(笑)**로 차갑게 웃는다는 뜻이야. 차가움을 주는 웃음이라고 해석해도 좋을 것 같아. '될 대로 되어라', '이대로 망해 버려라' 등의 심리 상태를 냉소주의(冷笑主義)라 하는데, 정부나 사회, 인간 등을 비난하면서 그 현상을 비관적·염세적·냉소적으로 바라보는 사상이라 할 수 있어.

여름철 '냉방병'에 걸려 본 적 있니? **찰 냉(冷), 방 방(房), 병 병(病)**으로 방이 차갑기 때문에 생긴 병이라는 뜻이야. 냉방이 된 실내와 실외의 온도 차가 심하여 인체가 잘 적응하지 못해서 발생하는 것으로 가벼운 감기와 몸살, 권태 등의 증상을 보인단다.

## 한자 문해력 UP!

| | | |
|---|---|---|
| **냉혈** | 찰 냉(冷) + 피 혈(血)<br>▶ 차가운 피 | **뜻** 사람의 성품이 인정이 없고 냉정함을 비유적으로 이르는 말<br>**예문** 저 사람의 별명은 냉혈 인간이야. |
| **공랭식** | 공기 공(空) + 찰 랭(冷) + 방식 식(式)<br>▶ 공기로 차갑게 만드는 방식 | **뜻** 기계나 기관 등의 열을 공기로 냉각시키는 방식<br>**예문** 전기 냉방기는 공랭식, 수랭식, 열펌프식으로 크게 나뉜다. |
| **고랭지** | 높을 고(高) + 찰 랭(冷) + 지역 지(地)<br>▶ 높고 차가운 지역 | **뜻** 낮은 위도에 위치하며 표고(標高)가 600~700미터 이상으로, 높고 몹시 한랭한 고원이나 산지<br>**예문** 고랭지 배추는 김장용으로 좋다. |



### 쓰며 익히자

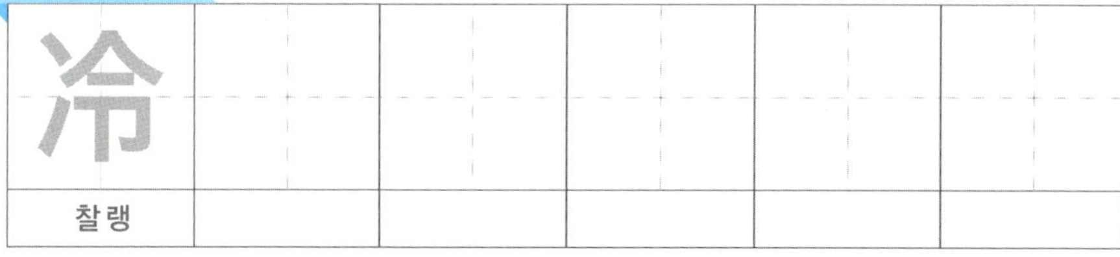

# 練 련

뜻 | **익히다, 단련하다, 누이다**

글자 형성 풀이 | **실 사(糸) + 분간할 간(柬)**

실을 분간하려면 익히고 단련해야 한다.

**일상에서 어떻게 쓰일까?** 교사, 학생, 학부모가 함께 참여하는 수련회가 있으면 좋을 것 같아. 서로를 이해하는 기회가 될 수 있을 것이 분명하기 때문이지. 여럿이 함께 몸과 마음을 단련하기 위해 갖는 여행이나 행사를 '수련회'라 하는데 **닦을 수(修), 단련할 련(練), 모임 회(會)**로 닦고 단련하기 위한 모임이라는 뜻이란다.

기술이 능숙한 노동자를 '숙련공'이라고 하는데 **익을 숙(熟), 익힐 련(練), 장인 공(工)**이야. 능숙하게 익힌 장인이라는 뜻이지. 예전에 학생들에게 기본적인 군사 교육을 했었는데, 이를 '교련'이라 했어. **교육 교(敎), 단련할 련(練)**으로 교육과 훈련이라는 뜻이야.

## 한자 문해력 UP!

| | | |
|---|---|---|
| **연습** | 익힐 연(練) + 익힐 습(習)<br>▶ 익히고 익히다 | 뜻 학문이나 기예 등이 익숙하도록 되풀이하여 익힘<br>예문 연습은 실전처럼, 실전은 연습처럼 하는 게 좋다. |
| **훈련병** | 따를 훈(訓) + 익힐 련(練) + 병사 병(兵)<br>▶ 따르고 익히는 병사 | 뜻 각 부대에 배치되기 전, 훈련 기관에서 훈련받는 병사<br>예문 훈련병 때의 고생은 삶 전체에서 보약이 된다. |
| **세련미** | 신선할 세(洗) + 익힐 련(練) + 아름다울 미(美)<br>▶ 신선하게 익힌 아름다움 | 뜻 어색함 없이 품위 있고 깔끔하게 잘 다듬어진 데서 느껴지는 맛<br>예문 다보탑이 세련미를 풍긴다면 석가탑은 투박하고 질박한 멋을 풍긴다. |



**쓰며 익히자**

| 練 | | | | | |
|---|---|---|---|---|---|
| 익힐 련 | | | | | |

# 理 리

**뜻 | 다스리다, 이치**

**글자 형성 풀이 | 구슬 옥(王=玉) + 마을 리(里)**

구슬을 마을로 가져오면 사람들을 잘 다스릴 수 있다.

**일상에서 어떻게 쓰일까?** 마음속으로 이리저리 따져 깊이 생각하는 것을 '궁리'라고 해. **궁구할 궁(窮), 이치 리(理)**로 이치를 속속들이 파고들어 연구한다는 뜻이지. 어떠한 사물의 이치를 깊이 연구하는 것이 궁리인 거야. 무엇이든 궁리하지 않으면 확실하게 알 수 없고, 새로운 것을 발견하거나 만들어 낼 수 없기 때문에 궁리는 중요하단다.

개념적으로 사유하는 능력을 '이성'이라 하는데 **이치 이(理), 성품 성(性)**으로 이치에 맞게 판단하는 성품이라는 뜻이야. 참과 거짓, 선과 악을 구별하여 바르게 판단하는 능력을 뜻하기도 하지.

## 한자 문해력 UP!

| | | |
|---|---|---|
| **총리** | 모두 총(總) + 다스릴 리(理)<br>▶ 모두를 다스리다 | 뜻 대통령을 보좌하고, 대통령의 명을 받아 행정 각부를 거느리고 관할하는 공무원<br>예문 대통령 자리가 비었을 땐 국무총리가 그 직을 대행한다. |
| **원리** | 근원 원(原) + 이치 리(理)<br>▶ 근원이 되는 이치 | 뜻 사물이나 현상의 근본이 되는 이치<br>예문 국제 사회는 힘의 원리가 지배하는 사회다. |
| **무리** | 없을 무(無) + 이치 리(理)<br>▶ 이치가 없다 | 뜻 이치에 맞지 않거나 알맞은 정도에서 벗어남<br>예문 엄마가 화를 내는 것도 무리가 아니었다. |

## 쓰며 익히자

| 理 | | | | | | |
|---|---|---|---|---|---|---|
| 다스릴 리 | | | | | | |

# 明 명

**뜻** | **밝다, 밝히다, 분명하다**

**글자 형성 풀이** | **태양 일(日) + 달 월(月)**

태양이 있기에 낮이 밝은 것이고 달이 있기에 밤에도 밝은 것이다.

**일상에서 어떻게 쓰일까?** "민주주의는 공명정대한 선거에서 출발한다."는 말 들어 보았니? 하는 일이나 태도가 사사로움이나 그릇됨 없이 아주 정당하고 떳떳함을 '공명정대'라 하는데 **공평할 공(公), 밝을 명(明), 바를 정(正), 큰 대(大)**란다. 물품이나 금액 따위의 내용을 분명하고 자세하게 적은 문서는 '명세서'라 하는데 **분명할 명(明), 자세할 세(細), 문서 서(書)**야.

죽음을 표현하는 말에 "유명을 달리했다."가 있어. **어두울 유(幽), 밝을 명(明)**으로 어두움과 밝음을 다르게 하였다는 뜻이지. 밝은 이 세상에서 어두운 저세상으로 떠나갔다는 이야기인 거야.

## 한자 문해력 UP!

| | | |
|---|---|---|
| **여명** | 검을 여(黎) + 밝을 명(明)<br>▶ 검은색이 남은 밝음 | 뜻 희미하게 날이 밝아 오는 빛 또는 그런 무렵<br>예문 여명의 시간이 나는 참 좋다. |
| **문명** | 문화 문(文) + 밝을 명(明)<br>▶ 밝게 빛나는 문화 | 뜻 사회의 여러 가지 기술적·물질적인 측면의 발전에 의해 이루어진 결과물<br>예문 기계 문명이 사람을 노예화하였다는 주장도 있다. |
| **명약관화** | 밝을 명(明) + 같을 약(若) + 볼 관(觀) + 불 화(火)<br>▶ 밝음이 불을 보는 것 같다 | 뜻 더 말할 나위 없이 명백함<br>예문 잡혀가면 옥살이를 하게 될 게 명약관화였다. |



**쓰며 익히자**

| 明 | | | | | |
|---|---|---|---|---|---|
| 밝을 명 | | | | | |

# 物 물

뜻 | 물건, 만물, 사물

글자 형성 풀이 | 소 우(牛) + 말 물(勿)

소 키우는 일을 말면(그만두면) 물건도 사라진다.

**일상에서 어떻게 쓰일까?** 자연 현상의 보편적 법칙을 연구하는 자연과학의 한 분야를 '물리학'이라 하는데 **사물 물(物), 이치 리(理), 학문 학(學)**으로 사물의 이치를 연구하는 학문이라는 뜻이야. 우리는 가끔 "물의를 일으켜서 미안하다."라는 말을 듣곤 하지. 어떤 사람의 좋지 않은 행동에 대하여 많은 사람이 이러쿵저러쿵 논하는 상태를 '물의'라 해. **사물 물(物), 의논할 의(議)**로 사물에 대하여 의논한다는 뜻이란다.

물(物)은 물건이나 사물, 존재 등의 의미로 쓰여. 돈이나 값나가는 물건을 재물(財物)이라 하고, 설계에 따라 여러 가지 재료를 얽어서 만든 시설물을 구조물(構造物)이라고 한단다.

## 한자 문해력 UP!

| | | |
|---|---|---|
| **선물** | 드릴 선(膳) + 물건 물(物)<br>▶ 드리는 물건 | 뜻 남에게 인사나 정을 나타내는 뜻으로 물건을 줌 또는 그렇게 준 물건<br>예문 선물은 주는 사람 받는 사람 모두에게 기쁨을 준다. |
| **뇌물** | 뇌물 뇌(賂) + 물건 물(物)<br>▶ 뇌물로 준 물건 | 뜻 이권을 얻을 목적으로 직무에 종사하는 사람을 매수하기 위하여 넌지시 주는 부정한 돈이나 물품<br>예문 뇌물 받은 사람도 나쁘고, 준 사람도 나쁘다. |
| **박물관** | 넓을 박(博) + 만물 물(物) + 집 관(館)<br>▶ 넓고 만물이 있는 집 | 뜻 오래된 유물이나 문화적·학술적 의의가 깊은 자료를 수집하여 보관하고 전시하는 곳<br>예문 박물관 견학을 가기 전에 예습해야만 한다. |



## 쓰며 익히자

| 物 | | | | | |
|---|---|---|---|---|---|
| 물건 물 | | | | | |

# 發 발

뜻 | 피다, 나타내다, 일어나다

글자 형성 풀이 | 등질 발(癶) + 활 궁(弓) + 몽둥이 수(殳)

등지고 있는 사람을 활로 쏘거나 몽둥이로 때리면 불만이 나타난다.

**일상에서 어떻게 쓰일까?** 발(發)을 '필 발'이라고 읽어. 핀다는 뜻이야. '발아'는 **필 발(發), 싹 아(芽)**로 싹이 피어난다는 뜻이지. 그런데 사실은 일어난다는 의미로 더 많이 쓰인단다. 전기를 일어나게 하는 장소이기에 **일어날 발(發), 전기 전(電), 장소 소(所)**의 '발전소'고, 자주 일어나는 일이기에 **자주 빈(頻), 일어날 발(發)**의 '빈발'이지.

암을 발생시킬 확률이 높은 물질이기에 발암물질(發癌物質)이고, 증서를 발행하는 일이기에 '증서 권(券)'을 써서 발권(發券)이라고 해. 순간적으로 빨리 대처할 수 있는 능력을 순발력(瞬發力)이라 하는데, '눈 깜짝일 순(瞬)'으로 눈 깜짝할 사이에 일어나는 힘이라는 뜻이야.

## 한자 문해력 UP!

|  |  |  |
|---|---|---|
| **만발** | 찰 만(滿) + 필 발(發)<br>▶ 꽉 차게 피다 | 뜻 꽃이 활짝 다 핌<br>예문 꽃이 만발했으나 찾는 이가 없다. |
| **발굴** | 나타낼 발(發) + 파낼 굴(掘)<br>▶ 나타내기 위해 파내다 | 뜻 땅속에 파묻혀 있던 역사적 유물 등을 파냄 또는 세상에 알려지지 않거나 뛰어난 것을 찾아 밝혀냄<br>예문 전통의 발굴과 계승은 풍요로운 미래를 위한 것이다. |
| **자발적** | 스스로 자(自) + 일어날 발(發) + 어조사 적(的)<br>▶ 스스로 일어나다 | 뜻 남에게 의존하지 않고 자기 스스로 나서서 함<br>예문 공부도 자발적일 때 효과가 크다. |



**쓰며 익히자**

| 發 | | | | | |
|---|---|---|---|---|---|
| 필 발 | | | | | |

# 變 변

뜻 | **변하다, 고치다**

글자 형성 풀이 | **실 사(糸) + 말씀 언(言) + 실 사(糸) + 칠 복(攵)**

실로 말을 묶은 후 치면 모든 게 변한다.

**일상에서 어떻게 쓰일까?** "임기응변으로 위기를 넘겼다.", "재빠른 임기응변에 놀랐다."라고 하지? **임할 임(臨), 위기 기(機), 응할 응(應), 변할 변(變)**은 위기에 잘 임하고, 변하는 일에 재빠르게 대응한다는 뜻이야. '임시방편'도 비슷한 말인데 **임할 임(臨), 때 시(時), 방법 방(方), 편할 편(便)**으로 때에 임하여 편리한 방법대로 한다는 뜻이란다. 갑자기 생긴 일을 그때의 사정에 따라 둘러맞춰서 처리함을 일컫지.

다르게 바꾸어 새롭게 고침을 변경(變更)이라 하고, 갑자기 변하는 것을 급변(急變), 또는 돌변(突變)이라 한단다.

## 한자 문해력 UP!

| | | |
|---|---|---|
| **변고** | 변할 변(變) + 사고 고(故)<br>▶ 사고로 변하다 | 뜻 갑작스럽게 일어난 좋지 않은 일<br>예문 뜻하지 않은 변고를 당하였음에도 그는 태연하게 행동했다. |
| **변사체** | 변할 변(變) + 죽을 사(死) + 몸 체(體)<br>▶ 죽어서 변한 몸 | 뜻 뜻밖의 사고로 돌연히 죽은 사람의 시체<br>예문 변사체가 발견되어 경찰이 수사에 나섰다. |
| **변주곡** | 변할 변(變) + 연주할 주(奏) + 노래 곡(曲)<br>▶ 변화시켜서 연주하는 노래 | 뜻 주제의 리듬, 선율, 화음 등을 여러 가지의 방법으로 변화시켜서 전체를 하나의 악곡으로 만든 것<br>예문 변주곡만큼 다양한 편곡의 음악은 없다. |

## 쓰며 익히자

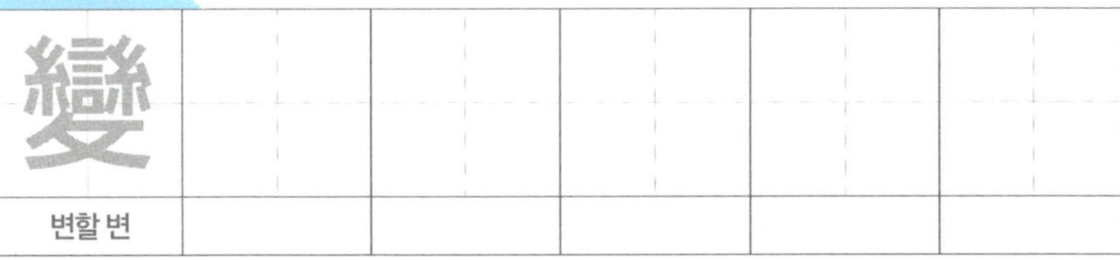

뜻 | 얼음, 얼다

글자 형성 풀이 | 물 수(水) + 점 주(丶)

물이 점이 될 경우는 얼었을 때이다.

**일상에서 어떻게 쓰일까?** '빙산(氷山)의 일각(一角)'은 대부분이 숨겨져 있고 겉으로 드러나는 것은 극히 일부분에 지나지 않을 때 쓰는 표현이야. 부정적 의미로 많이 쓰이곤 하지. '빙산'은 **얼음 빙(氷), 산 산(山)**으로 산처럼 큰 얼음덩어리야. 극지(極地)에서 밀려 내려와 바다 위를 떠다니는 얼음덩어리지. 일각(一角)은 하나의 모서리, 그러니까 산처럼 큰 것 중의 작은 일부분이라는 뜻이란다.

'얼음 빙(氷)'이라고 했어. 얼음이 얼어붙은 길바닥을 빙판(氷板)이라 하고, 얼음을 넣어 두었던 창고를 **돌 석(石), 얼음 빙(氷), 창고 고(庫)**를 써서 '석빙고'라 했단다.

## 한자 문해력 UP!

| | | |
|---|---|---|
| **박빙** | 엷을 박(薄) + 얼음 빙(氷)<br>▶ 엷은 얼음 | 뜻 거의 차이가 나지 않음을 비유적으로 이르는 말<br>예문 오늘 시합은 한 점을 다투는 박빙의 승부였다. |
| **결빙기** | 맺을 결(結) + 얼음 빙(氷) + 시기 기(期)<br>▶ 얼음이 맺히는 시기 | 뜻 날씨가 추워져 물이 어는 시기<br>예문 저 강은 결빙기가 되면 걸어서 건널 수 있다. |
| **쇄빙선** | 부술 쇄(碎) + 얼음 빙(氷) + 배 선(船)<br>▶ 얼음을 깨부수는 배 | 뜻 얼어붙은 강이나 바다의 얼음을 깨뜨려 부수고 항해를 할 수 있는 배<br>예문 북극해는 쇄빙선이 아니고서는 접근할 수 없다. |



**쓰며 익히자**

| 氷 | | | | | |
|---|---|---|---|---|---|
| 얼음 빙 | | | | | |

# 素 소

뜻 | 본디, 바탕, 희다, 단순하다

글자 형성 풀이 | 주인 주(主) + 가는 실 사(糸)

주인이 실을 뽑으면 그것은 옷의 바탕이 된다.

**일상에서 어떻게 쓰일까?** "음악에는 소질이 없지만, 미술에는 소질이 있다."고 해. "타고난 소질을 잘 길러야 한다."고도 하지. 본디부터 가지고 있어 발전할 가능성이 있는 어떤 일에 대한 재능의 바탕을 '소질'이라고 하는데 **바탕 소(素), 바탕 질(質)**로 태어날 때 타고난 바탕이라는 뜻이야.

소(素)는 하얗다, 단순하다는 의미로도 쓰인단다. 흰옷을 소복(素服)이라 하는데 이때는 하얗다는 뜻이지. 연필이나 목탄 등으로 사물의 형태나 명암을 위주로 그리는 그림을 소묘(素描)라 하는데 이때는 단순하다는 뜻인 거야.

## 한자 문해력 UP!

| | | |
|---|---|---|
| **효소** | 삭힐 효(酵) + 본디 소(素)<br>▶ 본디 삭히는 물질 | 뜻 동식물과 미생물의 생체 세포 내에서 생산되는 고분자 유기 화합물을 통틀어 이르는 말<br>예문 효소는 발효 식품에 많이 들어 있다. |
| **원소** | 근본 원(元) + 바탕 소(素)<br>▶ 근본과 바탕이 되는 것 | 뜻 모든 물질을 구성하는 기본적 요소<br>예문 원소는 현재까지 118종이 알려져 있다. |
| **소재** | 바탕 소(素) + 재료 재(材)<br>▶ 바탕의 재료 | 뜻 어떤 것을 만드는 데 바탕이 되는 재료<br>예문 대중가요는 대부분 사랑을 소재로 삼고 있다. |

## 쓰며 익히자

| 素 | | | | | |
|---|---|---|---|---|---|
| 본디 소 | | | | | |

# 寫 사

뜻 | **베끼다, 본뜨다**

글자 형성 풀이 | **집 면(宀) + 절구 구(臼) + 쌀 포(勹) + 불 화(灬=火)**

집에서 절구질한 것을 싸서 불붙이면 모양을 본뜰 수 있다.

**일상에서 어떻게 쓰일까?** '복사'가 우리 삶의 중심에 자리 잡은 지 오래되었어. 기계를 이용하여 문서를 종이 위에 그대로 찍어 내는 일을 복사라 하는데 **겹칠 복(複), 베낄 사(寫)**로 겹쳐질 수 있도록 그대로 베낀다는 뜻이야. 디지털 시대가 되면서 '복사'의 의미도 확대되었어. 글자나 그림을 종이 위에 찍어 내는 일뿐 아니라 컴퓨터나 스마트폰으로 그림이나 문서의 원본을 그대로 복제하는 것도 모두 복사라고 하지.

사본을 제출하라는 경우가 많은데 **베낄 사(寫), 원본 본(本)**으로 원본을 베낀 거라는 뜻이야. 손으로 베끼어 쓴 책이나 서류는 '붓 필(筆)'을 써서 '필사본'이라 한단다.

## 한자 문해력 UP!

| | | |
|---|---|---|
| **사진** | 베낄 사(寫) + 참 진(眞)<br>▶ 참되게 베낌 | 뜻 광학적 방법으로 감광 재료면에 박아 낸 물체의 영상<br>예문 사진보다 실물이 더 아름다웠다. |
| **묘사** | 그릴 묘(描) + 베낄 사(寫)<br>▶ 그림을 그리듯 베낌 | 뜻 어떤 대상이나 현상 등을 있는 그대로 언어로 서술하거나 그림으로 그려서 나타냄<br>예문 이 소설은 등장인물의 심리 묘사가 돋보인다. |
| **피사체** | 당할 피(被) + 베낄 사(寫) + 물건 체(體)<br>▶ 베낌을 당하는 물건 | 뜻 사진이나 영화 등을 찍을 때, 그 대상이 되는 물체<br>예문 피사체를 너무 근접에서 촬영하면 초점이 맞지 않을 수 있다. |



## 쓰며 익히자

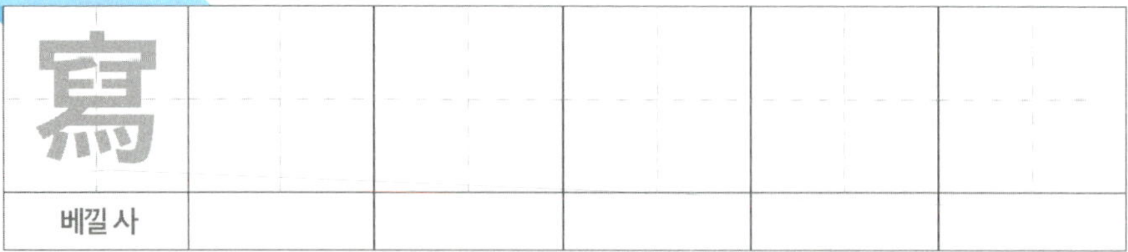

# 線 선

**뜻 | 줄, 실**

**글자 형성 풀이 | 실 사(糸) + 샘 천(泉)**

실과 샘은 모두 줄과 선을 만든다.

**일상에서 어떻게 쓰일까?** 사소한 오해가 싸움의 '도화선'이 될 수 있어. 도화선은 어떠한 사건을 일으키게 만든 직접적인 원인을 말해. **이끌 도(導), 불 화(火), 줄 선(線)**으로 불을 이끄는 선이라는 뜻이란다.

기차와 지하철은 '선로'를 따라서 달리지. 열차나 전차의 바퀴가 다닐 수 있도록 땅 위에 깔아 놓은 가늘고 긴 강철재가 선로야. **줄 선(線), 길 로(路)**로 줄처럼 만든 길이라는 뜻이란다. '사선'은 뭘까? '비스듬할 사(斜)'의 사선(斜線)은 비스듬하게 그은 선이고, '죽을 사(死)'의 사선(死線)은 죽음의 선이라는 뜻인데, 죽을 고비를 뜻하는 말로 쓰인단다.

## 한자 문해력 UP!

| | | |
|---|---|---|
| **전선** | 싸움 전(戰) + 줄 선(線)<br>▶ 싸움이 벌어지는 줄 | 뜻 직접 전투가 벌어지는 지역이나 그런 지역을 가상적으로 연결한 선<br>예문 전선에 있을 때 유독 그리운 사람의 얼굴이 많이 떠올랐다. |
| **능선** | 모서리 능(稜) + 줄 선(線)<br>▶ 모서리를 이은 선 | 뜻 산등성이를 따라 죽 이어진 선<br>예문 능선을 타고 기어오르기 시작하였다. |
| **복선** | 엎드릴 복(伏) + 줄 선(線)<br>▶ 엎드려 있는 선 | 뜻 소설이나 희곡 등에서, 앞으로 발생할 사건에 대하여 그에 관련된 일을 미리 넌지시 비쳐 보이는 일<br>예문 작품 곳곳에 복선이 깔려 있었다. |

**쓰며 익히자**

| 線 | | | | | |
|---|---|---|---|---|---|
| 줄 선 | | | | | |

# 設 설

뜻 | 베풀다, 세우다

글자 형성 풀이 | 말 언(言) + 몽둥이 수(殳)

말로 지시하고 몽둥이로 치면 무엇인가를 만들고 세워 베풀 수 있다.

**일상에서 어떻게 쓰일까?** "사람은 얼마나 비겁하고 이기적인 존재인가?", "자유 없이 살기를 원하십니까?"처럼 단정적인 긍정문을 의문문으로 표현하여 독자의 동의를 구하는 표현법을 '설의법'이라고 하지. **세울 설(設), 의문 의(疑), 방법 법(法)**으로 의문을 세워서 만든 방법이라는 뜻이란다. 알면서 모르는 척 물어보는 방법이라고 이해해도 괜찮아.

설(設)은 세우거나 늘어놓는 것을 뜻해. 통계를 내거나 조사하기 위해 어떤 주제에 대해서 문제를 내어 묻는 일을 '설문'이라 하는데 **세울 설(設), 물을 문(問)**으로 물음을 세운다는 뜻이야. 설비나 제도 등이 새로 마련되어 그 일이 시작되는 것은 개설(開設)이라 한단다.

## 한자 문해력 UP!

| | | |
|---|---|---|
| **건설** | 세울 건(建) + 세울 설(設)<br>▶ 세우고 세우다 | 뜻 건물이나 구조물, 설비 등을 만들어 세움<br>예문 신도시가 건설되면서 주변이 몰라보게 변했다. |
| **부설** | 붙을 부(附) + 세울 설(設)<br>▶ 붙여서 세우다 | 뜻 주된 기관이나 건물에 부속시켜 설치한 시설<br>예문 친구는 사범 대학의 부설 고등학교에 다니고 있다. |
| **부대시설** | 붙을 부(附) + 이을 대(帶) + 행할 시(施) + 세울 설(設)<br>▶ 붙여 이어서 행하기 위해 세운 것 | 뜻 기본이 되는 것에 덧붙어 있는 시설<br>예문 샤워실이나 휴게실, 식당 등의 부대시설이 잘되어 있어 매우 좋았다. |

## 쓰며 익히자

| 設 | | | | | |
|---|---|---|---|---|---|
| 베풀 설 | | | | | |

# 速 속

뜻 | **빠르다, 빨리하다**

글자 형성 풀이 | **쉬엄쉬엄 갈 착(辶) + 묶을 속(束)**

쉬엄쉬엄 가도 여럿이 묶어 힘을 합하면 빨리 갈 수 있다.

**일상에서 어떻게 쓰일까?** '속도'는 **빠를 속(速), 정도 도(度)**로 빠르기의 정도를 의미해. '더할 가(加)'가 붙은 가속도는 속도가 점점 더하여 빨라진다는 뜻이지. '같을 등(等)'이 붙은 등가속도(等加速度)는 속도가 더해지는 비율이 같다는 이야기란다. '등속도'는 **같을 등(等), 빠를 속(速), 정도 도(度)**이니까 물체의 속력과 이동 방향이 모두 일정한 경우라고 이해하면 돼.

'알릴 보(報)'를 쓰는 속보(速報)는 새로 들어온 사실을 빨리 알린다는 뜻이고, '걸음 보(步)'를 쓰는 속보(速步)는 빨리 걷는다는 뜻이야. 제한 속도보다 지나치게 빠름은 '지나칠 과(過)'를 써서 과속(過速)이고, 일을 빨리 이루어냄은 '이룰 성(成)'을 써서 속성(速成)이란다.

## 한자 문해력 UP!

| | | |
|---|---|---|
| **졸속** | 서투를 졸(拙) + 빠를 속(速)<br>▶ 서투르게 빠르다 | 뜻 일을 지나치게 서둘러서 어설프고 서투름<br>예문 부실 공사는 졸속 행정과 부정부패가 빚어낸 결과이다. |
| **속단** | 빠를 속(速) + 판단할 단(斷)<br>▶ 빠르게 판단하다 | 뜻 신중히 생각하지 않고 서둘러 판단을 내림<br>예문 한쪽 이야기만 듣고 속단을 내려서는 안 된다. |
| **속사포** | 빠를 속(速) + 쏠 사(射) + 대포 포(砲)<br>▶ 빠르게 쏘는 대포 | 뜻 탄알을 쉽게 장전하여 빨리 발사할 수 있는 포<br>예문 그 개그맨의 특기는 속사포 쏘듯이 내뱉는 말이다. |

## 쓰며 익히자

速

빠를 속

# 術 술

뜻 | 재주, 꾀

글자 형성 풀이 | 다닐 행(行) + 차조 출(朮)

다니면서 차조를 먹는 것도 재주다.

일상에서 어떻게 쓰일까? 철, 구리, 납 등의 비금속(卑金屬)을 금이나 은 같은 귀금속(貴金屬)으로 변화시키고, 나아가서는 늙지 않고 오래 사는 약을 만들려던 화학 기술을 '연금술'이라 했어. **단련할 연(鍊), 쇠 금(金), 재주 술(術)**로 쇠를 단련하는 재주라는 뜻이었지.

남을 괴롭히거나 시기하는 못된 마음을 '심술'이라 하는데 **마음 심(心), 재주 술(術)**로 마음을 괴롭게 만드는 재주라는 뜻이야. 여러 가지 도구나 손재주로 사람의 눈을 속여 신기하고 이상한 일을 보여주는 재주를 '마술'이라 하는 것 알지? **마귀 마(魔), 재주 술(術)**로 마귀가 부리는 재주라는 뜻이란다.

## 한자 문해력 UP!

|  |  |  |
|---|---|---|
| **수술** | 손 수(手) + 재주 술(術)<br>▶ 손으로 부리는 재주 | 뜻 병을 치료하기 위해 피부나 몸의 일부를 의료 기구로 자르거나 째거나 도려내거나 함<br>예문 간단한 수술은 국부 마취만으로도 가능하다. |
| **상술** | 장사할 상(商) + 재주 술(術)<br>▶ 장사하는 재주 | 뜻 장사하는 솜씨나 꾀<br>예문 필요에 의한 구매보다 상술에 의한 구매가 많다. |
| **최면술** | 재촉할 최(催) + 잠잘 면(眠) + 재주 술(術)<br>▶ 잠을 재촉하는 재주 | 뜻 일련의 암시로 인위적으로 잠에 가까운 상태로 이끌어 내는 수법<br>예문 의사는 최면술을 써서 과거를 털어놓게 했다. |



## 쓰며 익히자

| 術 | | | | | |
|---|---|---|---|---|---|
| 재주 술 | | | | | |

# 植 식

뜻 | **심다, 세우다, 수립하다**

글자 형성 풀이 | **나무 목(木) + 곧을 직(直)**

나무는 곧게 심어야 한다.

**일상에서 어떻게 쓰일까?** 서구 열강들은 약소국들을 정복하여 '식민지'로 삼았지. 정치적·경제적으로 다른 나라에 예속되어 독립 국가로서의 자주적인 주권을 상실한 나라를 식민지라고 했어. **심을 식(植), 백성 민(民), 땅 지(地)**로 자기 백성을 심어서 다스리는 땅이라는 뜻이야. 그렇다면 '열강'은 무슨 뜻일까? **여러 열(列), 강대국 강(强)**으로 여러 강대국이라는 뜻이지.

움직이기에 '움직일 동(動)'의 동물(動物)이고, 심어 있기에 '심을 식(植)'의 식물(植物)이야. 살아 있는 조직이나 장기를 몸의 다른 부분, 또는 다른 사람 몸에 옮겨 붙이는 일을 '이식'이라 하는데 **옮길 이(移), 심을 식(植)**으로 옮겨 심는다는 뜻이란다.

## 한자 문해력 UP!

| | | |
|---|---|---|
| **식수** | 심을 식(植) + 나무 수(樹)<br>▶ 나무를 심음 | 뜻 나무를 심음 또는 그 나무<br>예문 개교 50주년을 기념하는 식수 행사가 있었다. |
| **야생식물** | 들 야(野) + 살 생(生) + 심을 식(植) + 사물 물(物)<br>▶ 들에 사는 식물 | 뜻 산과 들에서 저절로 나서 자라는 식물<br>예문 야생식물을 산나물로 오인하는 경우가 있다. |
| **식민사관** | 심을 식(植) + 백성 민(民) + 역사 사(史) + 관점 관(觀)<br>▶ 식민지 역사로 보는 관점 | 뜻 한 나라가 자력으로는 아무것도 해낼 수 없어서 다른 나라로부터 모든 것을 이식받았다고 보는 역사관<br>예문 왜곡된 식민사관에서 벗어나야 한다. |

## 쓰며 익히자

| 植 | | | | | | |
|---|---|---|---|---|---|---|
| 심을 식 | | | | | | |

# 約 약

뜻 | **묶다, 맺다, 약속하다**

글자 형성 풀이 | **실 사(糸) + 구기 작(勺)**

실을 구기(국자)에 가져다 대는 것은 묶기 위해서다.

**일상에서 어떻게 쓰일까?** 분수의 분모와 분자를 공약수로 나누어 간단하게 하는 일을 '약분'이라 하는데 **축약할 약(約), 분수 분(分)**으로 분수를 축약한다는 뜻이란다. 분모와 분자 사이의 공약수가 1뿐이어서 더 이상 약분되지 않는 분수를 '기약 분수'라 하는데 **이미 기(旣), 약분 약(約)**으로 이미 약분되어 있다는 뜻이야.

약(約)은 약속을 뜻하는 말로도 많이 쓰인단다. 어떤 것을 확보해 두기 위해 미리 약속한 것은 '미리 예(豫)'를 써서 예약(豫約)이라 하고, 약속하여 정하는 일은 '정할 정(定)'을 써서 약정(約定)이라고 하지.

## 한자 문해력 UP!

| | | |
|---|---|---|
| **집약** | 모을 집(集) + 묶을 약(約)<br>▶ 모아서 묶음 | 뜻 여럿을 한데 모아 간추림<br>예문 과학 기술이 집약된 첨단 산업을 육성해야 한다. |
| **공약** | 여러 공(公) + 약속 약(約)<br>▶ 여러 사람에게 약속함 | 뜻 정부, 정당, 입후보자 등이 어떤 일에 대해 사회 공중에게 실행할 것을 약속함<br>예문 공약(公約)이 공약(空約)이 되지 않도록 노력해야 한다. |
| **해약** | 풀 해(解) + 약속 약(約)<br>▶ 약속을 풀어냄 | 뜻 계약을 깨뜨려서 없었던 것으로 함<br>예문 그는 5년 동안 납입해 온 보험을 해약했다. |



## 쓰며 익히자

# 藥 약

뜻 | 약, 약초

글자 형성 풀이 | 풀 초(艹) + 즐거울 락(樂)

즐거움을 주는 풀은 약이 된다.

**일상에서 어떻게 쓰일까?** 약(藥)은 적정 용량을 잘 써야 몸에 좋은 역할을 한단다. 대부분의 약은 부작용이 있거든. 약을 '오용'하는 것도 나쁘지만 '남용'하는 것 역시 나쁜 이유지. 오용은 뭐고, 또 남용은 뭘까? 오용은 **그릇할 오(誤), 사용 용(用)**으로 잘못 사용하는 것을 말해. 남용은 **넘칠 남(濫), 사용 용(用)**으로 지나치게 많이 사용하는 것을 의미하지.

약(藥)만 약인 게 아니고 '약제 제(劑)'도 약을 의미한단다. 살충제(殺蟲劑)는 해충을 죽이는 약이고, 제초제(除草劑)는 잡초를 죽이는 약이야. '방향제'는 **향기 방(芳), 향기 향(香), 약제 제(劑)**로 좋은 향기로 기분을 상쾌하게 하는 약제를 말하지.

## 한자 문해력 UP!

| | | |
|---|---|---|
| **약재** | 약 약(藥) + 재목 재(材)<br>▶ 약으로 쓰는 재목 | 뜻 약을 짓는 데 쓰는 재료<br>예문 산에 가서 캐온 귀한 약재니 소중하게 다루어라. |
| **마약** | 마비될 마(痲) + 약 약(藥)<br>▶ 마비시키는 약 | 뜻 강한 진정 작용과 마취 작용을 지니고 있으며 습관성이 있어 오래 사용하면 중독이 되는 물질<br>예문 마약에 중독되면 몸과 정신이 망가진다. |
| **의약품** | 의원 의(醫)+ 약 약(藥) + 물건 품(品)<br>▶ 의원이 약으로 쓰는 물건 | 뜻 병을 치료하는 데 쓰는 약품<br>예문 우리는 당신의 기부금으로 아프리카에 의약품을 공급할 것입니다. |

## 쓰며 익히자

| 藥 | | | | | |
|---|---|---|---|---|---|
| 약 약 | | | | | |

# 陽 양

뜻 | **태양, 볕, 양기, 밝음**

글자 형성 풀이 | **언덕 부(阝) + 볕 양(昜)**

언덕에 볕이 드는 것은 태양이 솟아올랐기 때문이다.

**일상에서 어떻게 쓰일까?** 우리나라의 양산 쓰는 문화가 미국에서도 열풍을 일으키고 있다고 하지? '양산'은 **태양 양(陽), 우산 산(傘)**으로 태양을 막기 위한 우산이라는 뜻이야. 양(陽)은 양지(陽地), 양력(陽曆), 석양(夕陽), 차양막(遮陽幕)에서처럼 태양이나 볕을 의미해.

또한 양(陽)은 음(陰)의 반대 개념으로 밝음, 양기, 수컷이라는 의미로 쓰이기도 해. 두 개의 전극 사이에 전류가 흐를 때 전위가 높은 쪽의 극인 양극(陽極), 어떤 수가 0보다 큰 수인 양수(陽數), 허약한 양기를 보충하는 일인 보양(補陽), 숨겨져 있는 것을 겉으로 드러나게 되는 일인 양성화(陽性化) 등이 그것이란다.

## 한자 문해력 UP!

| | | |
|---|---|---|
| **양력** | 태양 양(陽) + 책력 력(曆)<br>▶ 태양을 이용한 책력 | 뜻 지구가 태양을 한 바퀴 도는 시간을 일 년으로 하는 달력<br>예문 24절기는 음력이 아닌 양력을 기준으로 만들어졌다. |
| **태양** | 클 태(太) + 밝을 양(陽)<br>▶ 큰 밝음을 주는 것 | 뜻 태양계의 중심에 있으며, 지구를 비롯한 8개의 행성을 거느리고 있는 항성<br>예문 옛날에는 태양을 숭배하는 사람들이 많았다. |
| **양성** | 양기 양(陽) + 성질 성(性)<br>▶ 양기의 성질 | 뜻 병을 진단하기 위하여 화학적·생물학적 검사를 한 결과 특정한 반응이 나타나는 일<br>예문 결핵 검사에서 양성 반응이 나타났다. |



## 쓰며 익히자

| 陽 | | | | | |
|---|---|---|---|---|---|
| 태양 양 | | | | | |

# 養 양

**뜻 | 기르다, 먹이다, 봉양하다**

**글자 형성 풀이 | 양 양(羊) + 밥 식(食)**

양에게 밥을 주어 기르고 봉양한다.

**일상에서 어떻게 쓰일까?** 입양 대상과의 나이 차이가 60이 넘으면 입양을 제한하던 규정이 사라지면서, 고령자도 양육 능력만 충분하면 입양할 수 있게 되었어. 양자로 들어가는 일을 '입양'이라 하는데 **들 입(入), 기를 양(養)**으로 들여와 기른다는 뜻이란다.

양(養)은 기르다, 받들어 모신다는 의미로 많이 쓰여. 양자로 들어간 집의 부모를 양부모(養父母)라 하는데, '기를 양(養)'을 써서 길러 준 부모라는 뜻이야. 입양으로 자식의 자격을 얻은 사람인 양자(養子)는 기른 자녀라는 뜻이겠지. '계모'는 **이을 계(繼), 어미 모(母)**로 친엄마에 이어 엄마 역할을 하는 엄마라는 뜻이란다.

## 한자 문해력 UP!

| | | |
|---|---|---|
| **교양** | 가르칠 교(敎) + 기를 양(養)<br>▶ 가르치고 기르다 | 뜻 지식, 정서, 도덕 등을 바탕으로 길러진 고상하고 원만한 품성<br>예문 문학은 교양 있는 사람들의 독점물일 수 없다. |
| **양식** | 기를 양(養) + 번성할 식(殖)<br>▶ 길러서 번성하게 만들다 | 뜻 이용 가치가 높은 물고기나 해조, 버섯 등을 인공적으로 길러서 번식하게 함<br>예문 남해안 지방에서는 굴 양식을 많이 한다. |
| **요양** | 병 고칠 요(療) + 봉양할 양(養)<br>▶ 병을 고치고 봉양하다 | 뜻 환자가 질병을 치료하기 위하여 편안한 장소에서 쉬면서 심신을 보살핌 또는 그러한 치료<br>예문 아버지는 요양을 위해 고향으로 가셨다. |

## 쓰며 익히자

| 養 | | | | | |
|---|---|---|---|---|---|
| 기를 양 | | | | | |

# 魚 어

**뜻** | **물고기**

**글자 형성 풀이** | **물고기 어(魚)**

물고기의 모양을 그대로 그려 만든 글자다. 田으로 몸통을 표현하고 灬로 꼬리 지느러미를 나타낸다.

**일상에서 어떻게 쓰일까?** '어두육미'라는 말이 있지. **물고기 어(魚), 머리 두(頭), 고기 육(肉), 꼬리 미(尾)**로 물고기는 머리가 맛있고 고기는 꼬리가 맛있다는 말이야. 사실일까? 사람마다 취향이 다르니 틀리다고 하기 어렵지만, 살이 많은 몸통은 자식에게 양보하고 자신은 먹을 게 별로 없는 물고기의 머리와 가축의 꼬리에 만족하는 부모의 마음을 표현한 게 아닐까?

'물고기 어(魚)'에 '물 수(氵)'를 덧붙이면 '고기 잡을 어(漁)'가 되지. 북어(北魚), 어항(魚缸), 어패류(魚貝類) 등에는 '물고기 어(魚)'를 쓰고, 어업(漁業), 어민(漁民), 어선(漁船), 농어촌(農漁村), 어획량(漁獲量) 등에는 '고기 잡을 어(漁)'를 쓴단다.

## 한자 문해력 UP!

| | | |
|---|---|---|
| **어패류** | 물고기 어(魚) + 조개 패(貝) + 무리 류(類)<br>▶ 물고기와 조개의 무리 | 뜻 어류와 조개류를 아울러 이르는 말<br>예문 콜레라는 어패류를 생식하면 감염될 수 있다. |
| **건어물** | 마를 건(乾) + 물고기 어(魚) + 물건 물(物)<br>▶ 말린 물고기 | 뜻 생선이나 조개류 등을 말린 식품<br>예문 건어물 시장에는 마른오징어가 널려 있었다. |
| **담수어** | 맑을 담(淡) + 물 수(水) + 물고기 어(魚)<br>▶ 맑은 물에 사는 물고기 | 뜻 민물에 사는 물고기<br>예문 한국의 담수어는 다양하고 독특한 생태계를 이루고 있다. |



## 쓰며 익히자

| 魚 | | | | | |
|---|---|---|---|---|---|
| 물고기 어 | | | | | |

# 熱 열

뜻 | 뜨겁다, 덥다, 열중하다

글자 형성 풀이 | 흙 토(土) + 여덟 팔(八) + 흙 토(土) + 알 환(丸) + 불 화(灬)

흙으로 여덟 개의 흙 알을 빚어 불에 구우면 뜨거움을 느끼게 된다.

**일상에서 어떻게 쓰일까?** 겨울에는 따뜻하고 여름에는 시원한 집을 지으려면 천장과 벽에 단열재를 설치해야 해. 일정한 온도를 유지하거나 열을 차단하기 위해 사용하는 재료를 '단열재'라 하는데 **끊을 단(斷), 뜨거울 열(熱), 재료 재(材)**로 뜨거움을 끊어 내는 재료라는 뜻이란다.

열(熱)은 뜨겁다, 덥다, 열중한다는 뜻으로 쓰여. 어떤 일에 열렬한 애정을 가지고 열중하는 마음을 열정(熱情), 뜨거운 기운이나 달아오른 분위기를 열기(熱氣)라 하지. 이열치열(以熱治熱)은 열을 열로 다스린다는 뜻이야. 열이 날 때 땀을 낸다든지, 뜨거운 차를 마셔서 더위를 이긴다든지, 힘은 힘으로 물리칠 때 쓰는 표현이란다.

## 한자 문해력 UP!

| | | |
|---|---|---|
| **열망** | 뜨거울 열(熱) + 바랄 망(望)<br>▶ 뜨겁게 바라다 | 뜻 열렬히 바람<br>예문 통일에 대한 열망은 더 많이 고조되어야 한다. |
| **아열대** | 버금 아(亞) + 뜨거울 열(熱) + 지역 대(帶)<br>▶ 버금가는 뜨거운 지역 | 뜻 열대와 온대의 중간에 위치하는 기후대<br>예문 지구 온난화로 우리나라의 날씨가 점점 아열대의 기후를 닮아 가고 있다고 한다. |
| **탐구열** | 찾을 탐(探) + 연구할 구(究) + 열중할 열(熱)<br>▶ 찾아서 연구에 열중하다 | 뜻 진리나 학문 등을 깊이 파고들어 연구하는 열성<br>예문 노학자의 끊임없는 탐구열은 가히 제자들의 존경을 받을 만하였다. |

## 쓰며 익히자

| 熱 | | | | | |
|---|---|---|---|---|---|
| 뜨거울 열 | | | | | |

# 葉 엽

뜻 | 잎

글자 형성 풀이 | **풀 초(艹) + 세상 세(世) + 나무 목(木)**

풀로 세상에 나온 나무에는 반드시 잎이 있다.

**일상에서 어떻게 쓰일까?** 사라져 가는 것들에 대한 아쉬움이 많은데, '편지'도 그중 하나야. 편지를 기다리는 설렘과 편지를 손안에 넣었을 때의 흥분, 봉투를 뜯어 내용을 읽어 내려갈 때의 콩닥거림은 문자메시지 혹은 SNS와는 비교 불가라는 생각이야. 편지는 **소식 편(便), 종이 지(紙)**로 소식을 전하는 종이란다.

규격을 한정하고 우편 요금을 냈다는 표시로 증표(證標)를 인쇄한 편지로 '엽서'가 있었단다. **잎 엽(葉), 글 서(書)**로 잎사귀에 쓰는 글이라는 뜻이야. '관제엽서'는 **관청 관(官), 만들 제(製)**으로 관청(우체국)에서 만든 엽서였어.

## 한자 문해력 UP!

| | | |
|---|---|---|
| **낙엽** | 떨어질 낙(落) + 잎 엽(葉)<br>▶ 떨어지는 잎 | 뜻 나무나 꽃으로부터 이미 떨어진 잎<br>예문 숲속에 떨어진 낙엽은 썩어 거름이 된다. |
| **고엽제** | 마를 고(枯) + 잎 엽(葉) + 약 제(劑)<br>▶ 잎을 말리는 약 | 뜻 식물의 잎을 인위적으로 떨어뜨리는 약제<br>예문 월남전에서 사용된 고엽제로 수많은 사람이 질병에 시달렸다. |
| **지엽적** | 가지 지(枝) + 잎 엽(葉) + 어조사 적(的)<br>▶ 가지나 잎처럼 작은 것 | 뜻 사물이나 사건에서 본질적이 아니라 부차적인 부분에 속하거나 관계된 것<br>예문 지엽적인 문제에 매달려서는 안 된다. |

과학 | 32

## 쓰며 익히자

| 葉 | | | | | |
|---|---|---|---|---|---|
| 잎 엽 | | | | | |

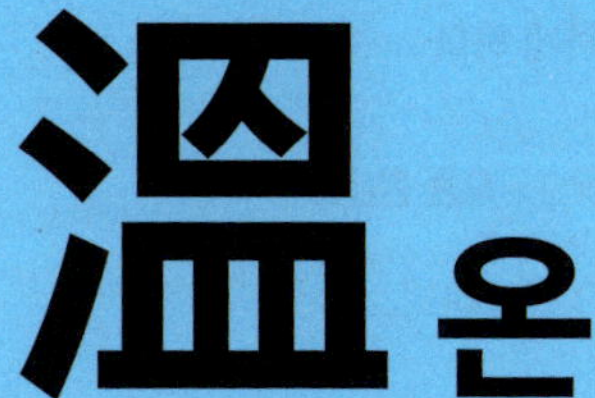

뜻 | **따뜻하다, 익히다, 온도**

글자 형성 풀이 | **물 수(氵=水) + 가둘 수(囚) + 그릇 명(皿)**

물을 가두는 그릇은 따뜻하게 된다.

**일상에서 어떻게 쓰일까?** "상온에서 보관해도 괜찮다."라는 말을 처음 들었을 때, 고개를 갸우뚱하였지. '위 상(上)', '따뜻할 온(溫)'으로 생각했기 때문이야. 그런데 그 뜻이 아니었단다. **보통 상(常), 온도 온(溫)**이었던 거지. 상온은 보통의 온도라는 뜻이야.

온고지신(溫故知新)이라는 말 알지? 온(溫)이 따뜻하다는 의미로 많이 쓰이지만, 여기에서는 익힌다는 뜻이야. 그러므로 옛것을 익히고 그것을 통하여 새것을 안다는 뜻이 되지. '온정주의'는 **따뜻할 온(溫), 정 정(情)**을 써서 아랫사람에게 따뜻하고 동정심이 있는 태도로 대하려는 생각을 일컫는단다.

**한자 문해력 UP!**

| | | |
|---|---|---|
| **온도** | 따뜻할 온(溫) + 정도 도(度)<br>▶ 따뜻함의 정도 | 뜻 차가움과 뜨거움의 정도를 나타내는 수치<br>예문 휘발유는 온도가 조금만 올라가도 부피가 쉽게 팽창한다. |
| **온천** | 따뜻할 온(溫) + 샘 천(泉)<br>▶ 따뜻한 물이 나오는 샘 | 뜻 지열에 의하여 지하수가 그 지역의 평균 기온 이상으로 데워져 솟아나오는 샘<br>예문 겨울철이라 그런지 온천에 유난히 사람이 많다. |
| **온유** | 따뜻할 온(溫) + 부드러울 유(柔)<br>▶ 따뜻하고 부드러움 | 뜻 성격과 태도 등이 온화하고 부드러움<br>예문 그녀는 겸손과 온유로 사람을 대한다. |

**쓰며 익히자**

| 溫 | | | | | |
|---|---|---|---|---|---|
| 따뜻할 온 | | | | | |

뜻 | 완전하다, 완전하게 하다

글자 형성 풀이 | 집 면(宀) + 으뜸 원(元)

집을 으뜸으로 지어야 완전하다.

**일상에서 어떻게 쓰일까?** '완판 스타'는 광고하는 제품이나 착용한 제품이 모두 판매될 정도로 영향력이 있는 스타를 일컫는다는 사실, 알고 있겠지? '완판'은 **완전할 완(完), 판매할 판(販)**으로 완전하게 모두 판매했다는 뜻이니까.

야구 용어에 '완봉승'과 '완투승'이 있어. 투수가 경기가 끝날 때까지 상대팀에게 득점을 전혀 허용하지 않고 이기는 것을 완봉승이라 하지. **완벽할 완(完), 막을 봉(封), 이길 승(勝)**으로 점수를 주지 않고 완벽하게 막아서 이겼다는 뜻이야. 완투승은 '던질 투(投)'를 써서 한 투수가 교대 없이 한 경기를 끝까지 던져 얻은 승리를 말한단다.

## 한자 문해력 UP!

| | | |
|---|---|---|
| **미완** | 아닐 미(未) + 완전할 완(完)<br>▶ 완전하지 않다 | 뜻 아직 끝을 다 맺지 못함<br>예문 미완인 채로 마무리되어서는 안 된다. |
| **완납** | 완전할 완(完) + 바칠 납(納)<br>▶ 완전하게 바치다 | 뜻 납부해야 할 것을 관계 기관에 모두 냄<br>예문 회비를 완납하지 않으면 혜택을 받을 수 없다. |
| **완숙기** | 완전할 완(完) + 익을 숙(熟) + 기간 기(期)<br>▶ 완전하게 익은 기간 | 뜻 완전히 무르익는 시기<br>예문 완숙기가 되기 전에 벼를 베게 되면 청치나 쭉정이가 많아지고 저장하는 동안 벌레가 생기기 쉽다. |



**쓰며 익히자**

**뜻** | **구름, 습기**

**글자 형성 풀이** | **비 우(雨) + 말할 운(云)**

비가 말했다. 내 부모는 구름이라고.

**일상에서 어떻게 쓰일까?** '청운'의 꿈을 안고 공부에 매진하는 친구들이 있어. 청운은 **푸를 청(靑), 구름 운(雲)**으로 푸른 구름이라는 뜻인데, 높은 지위나 벼슬을 비유적으로 이르는 말로 쓰인단다. 왜 높은 지위나 벼슬을 의미하냐고? 푸른색의 구름이 어두운색보다 높이 떠 있기 때문이지.

자식이 객지에서 고향에 계신 어버이를 그리는 마음을 '망운지정'이라고 하는데, **내다볼 망(望), 구름 운(雲), ~의 지(之), 감정 정(情)**을 쓴단다. 구름을 바라보는 감정이라는 뜻인데, 구름을 타고 고향에 가서 부모님을 보고 싶은 마음이라고 생각하면 된단다.

## 한자 문해력 UP!

| | | |
|---|---|---|
| **전운** | 전쟁 전(戰) + 구름 운(雲)<br>▶ 전쟁이 구름처럼 퍼지다 | **뜻** 전쟁이 벌어지려는 살기 띤 형세<br>**예문** 중동 지역에 전운이 감돌자, 외신부 기자들이 바쁘게 움직이기 시작했다. |
| **운집** | 구름 운(雲) + 모을 집(集)<br>▶ 구름처럼 모이다 | **뜻** 구름처럼 모인다는 뜻으로, 많은 사람이 모여듦을 비유적으로 이르는 말<br>**예문** 수십만의 군중이 시청 앞에 운집해 있었다. |
| **풍운아** | 바람 풍(風) + 구름 운(雲) + 사람 아(兒)<br>▶ 바람과 구름 같은 사람 | **뜻** 좋은 기회를 타고 활동하여 세상에 두각을 나타내는 사람<br>**예문** 그는 업계를 휩쓸었던 시대의 풍운아였다. |

**쓰며 익히자**

| 雲 | | | | | |
|---|---|---|---|---|---|
| 구름 운 | | | | | |

# 雄 웅

뜻 | 뛰어나다, 수컷, 두목

글자 형성 풀이 | 팔뚝 굉(厷) + 새 추(隹)

팔뚝만큼 큰 새가 뛰어난 두목이 된다.

**일상에서 어떻게 쓰일까?** 사찰에서 중심이 되는 건물은 '대웅전'이야. **큰 대(大), 뛰어날 웅(雄), 큰 집 전(殿)**으로 크게 뛰어난 영웅을 모신 큰 집이라는 뜻이지. 대웅(大雄)은 부처님을 가리킨단다. '법당'은 **부처의 가르침 법(法), 집 당(堂)**으로 부처의 가르침을 전하는 집이야.

여러 영웅이 각 지역을 차지하고 서로 세력을 다투는 일을 '군웅할거'라 하는데 **무리 군(群), 영웅 웅(雄), 나눌 할(割), 자리 잡고 살 거(據)**로 무리의 영웅들이 영토를 나누어 자리 잡았다는 뜻이란다. 웅(雄)은 자웅동체(雌雄同體), 자웅이체(雌雄異體)에서는 수컷을 의미하기도 하지.

## 한자 문해력 UP!

|  |  |  |
|---|---|---|
| **영웅** | 꽃부리 영(英) + 뛰어날 웅(雄)<br>▶ 꽃부리처럼 뛰어나다 | 뜻 사회의 이상적 가치를 실현하거나 그 가치를 대표할 만한 사람 또는 지혜와 용기가 뛰어난 인물<br>예문 이번 승리로 그는 국민적 영웅이 되었다. |
| **웅장** | 뛰어날 웅(雄) + 장할 장(壯)<br>▶ 뛰어나고 장대하다 | 뜻 규모 따위가 거대하고 성대하다<br>예문 비장하고도 웅장한 선율이 가슴을 울렸다. |
| **자웅동체** | 암컷 자(雌) + 수컷 웅(雄) + 같을 동(同) + 몸 체(體)<br>▶ 암컷과 수컷이 같은 몸에 있다 | 뜻 한 개체에 암수 두 생식 기관을 갖춘 것<br>예문 지렁이, 달팽이, 선충 등은 자웅동체다. |

## 쓰며 익히자

| 雄 | | | | | |
|---|---|---|---|---|---|
| 뛰어날 웅 | | | | | |

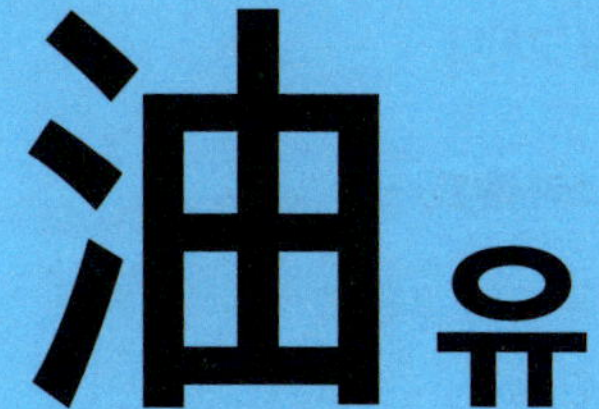

뜻 | 기름

글자 형성 풀이 | 물 수(氵=水) + 말미암을 유(由)

물로 말미암은 것이 기름이다.

**일상에서 어떻게 쓰일까?** 우유의 '유'와 식용유의 '유'가 다르다는 것 알고 있니? 우유는 '젖 유(乳)'를 쓰지만, 식용유나 석유에서는 '기름 유(油)'를 쓰지. 기름은 원래 식물이나 동물에서 추출한 것이었어. 그런데 '석유'가 들어오면서, 땅속이나 바닷속에 묻혀 있는 천연 그대로의 자원도 '유(油)'라 이름 붙이게 되었단다. 석유는 **돌 석(石), 기름 유(油)**로 땅속에서 나는 가연성 기름을 일컫는단다.

정제한 석유라 해서 **정제할 정(精), 기름 유(油)**의 '정유'이고, 물감을 기름으로 개어 그린 그림은 유화(油畫)야. 기름을 나르는 배는 '통 조(槽)'를 써서 유조선(油槽船)이라고 하지.

## 한자 문해력 UP!

| | | |
|---|---|---|
| **유전** | 기름 유(油) + 밭 전(田)<br>▶ 기름이 있는 밭 | 뜻 석유가 나는 곳<br>예문 중동 지역에는 유전이 많다. |
| **유인물** | 기름 유(油) + 찍을 인(印)<br>+ 물건 물(物)<br>▶ 기름으로 찍은 물건 | 뜻 원본에서 베껴 옮긴 인쇄물<br>예문 학교 폭력 방지를 위한 유인물을 배포했다. |
| **윤활유** | 젖을 윤(潤) + 미끄러울 활(滑)<br>+ 기름 유(油)<br>▶ 젖어서 미끄럽게 만드는 기름 | 뜻 기계의 마찰을 방지할 목적으로 쓰는 기름 또는 그러한 것에 대한 비유적 표현<br>예문 놀이와 휴식은 바쁜 일상에서 윤활유 역할을 한다. |

**쓰며 익히자**

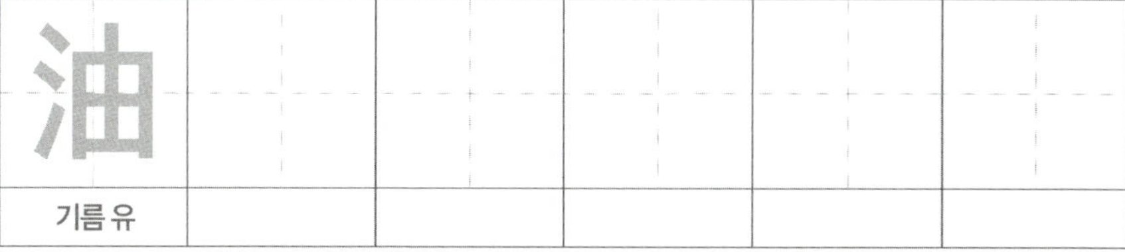

# 醫 의

뜻 | 의원, 의사, 병을 고치다

글자 형성 풀이 | 앓는 소리 예(殹) + 술 유(酉)

앓는 소리 내는 사람을 술(알코올)로 소독하고 치료하는 사람을 의사라 한다.

**일상에서 어떻게 쓰일까?** 한의원(韓醫院)이 맞을까? 한의원(漢醫院)이 맞을까? 韓은 '대한민국 한'이고, 漢은 '중국 한'이야. 답을 이제 알겠지? 예부터 우리나라에서 발달한 의술로 병이 난 사람을 치료하는 병원은 한의원(韓醫院)이야. '수의사'는 **짐승 수(獸), 병 고칠 의(醫), 전문가 사(師)**로 짐승의 병을 고치는 전문가를 말하지.

'의약 분업'이 뭘까? **의사 의(醫), 약 약(藥), 나눌 분(分), 일 업(業)**으로 의사와 약사가 업무를 나누어 맡는 제도야. 의사는 진찰과 처방을 하고, 약사는 약의 조제만을 하도록 하는 제도로 우리나라에서는 2000년부터 시행되었지.

## 한자 문해력 UP!

| | | |
|---|---|---|
| **의료** | 의사 의(醫) + 병 고칠 료(療)<br>▶ 의사가 병을 고치다 | 뜻 의술로 병을 고치는 일<br>예문 의료 복지는 보편주의와 평등주의를 지향해야 한다. |
| **개업의** | 열 개(開) + 사업 업(業) + 의사 의(醫)<br>▶ 사업을 시작한 의사 | 뜻 자신의 병원이나 의원을 경영하며 진료하는 의사<br>예문 그는 개업의가 되어 자신의 병원을 오픈했다. |
| **주치의** | 중심 주(主) + 치료할 치(治) + 의사 의(醫)<br>▶ 중심이 되어 치료하는 의사 | 뜻 어떤 사람의 병을 맡아서 치료하는 것을 책임진 의사<br>예문 아버지의 주치의를 만나 현재 상황과 치료 방법을 물어보았다. |

**쓰며 익히자**

| 醫 | | | | | |
|---|---|---|---|---|---|
| 의원 의 | | | | | |

# 材 재

**뜻 | 재목, 재료, 재능, 자질**

**글자 형성 풀이 | 나무 목(木) + 재주 재(才)**

나무를 재주 있게 다루면 재목이나 재료가 된다.

**일상에서 어떻게 쓰일까?** '건재 약국'에서 파는 물건과 '건재상'에서 파는 물건은 같을까, 다를까? 완전히 다르단다. 건재 약국은 **마를 건(乾), 재료 재(材)**로 마른 재료의 약을 파는 약국, 그러니까 조제하지 않은 원료 그대로의 약재를 파는 가게를 말해. 건재상은 **건축 건(建), 재료 재(材), 장사 상(商)**으로 건축물에 쓰는 재료를 파는 가게야.

재(材)는 재목, 재료, 재능의 뜻으로 많이 쓰인단다. 예술 작품을 만드는 데 바탕이 되는 재료는 소재(素材)라 하고, 가르치거나 학습하는 데 쓰이는 재료는 교재(教材)라고 하지.

## 한자 문해력 UP!

| 어휘 | 구성 | 뜻 / 예문 |
|---|---|---|
| **호재** | 좋을 호(好) + 재료 재(材)<br>▶ 좋은 재료 | 뜻 증권 거래에서, 시세를 올리는 요인이 되는 조건이나 상황<br>예문 정부의 경제 시책은 증시에 호재로 작용할 것 같다. |
| **취재** | 취할 취(取) + 재료 재(材)<br>▶ 재료를 취함 | 뜻 문학 작품이나 기사 등을 쓰는 데 필요한 자료나 재료를 찾아내서 수집하거나 조사하여 얻음<br>예문 다음 작품의 구상과 취재를 위해 여행을 떠났다. |
| **적재적소** | 적당할 적(適) + 재능 재(材) + 적당할 적(適) + 자리 소(所)<br>▶ 적당한 재능과 적당한 자리 | 뜻 어떤 일을 맡기기에 알맞은 재능을 가진 사람을 알맞은 자리에 씀<br>예문 인재를 적재적소에 배치하는 게 중요하다. |

## 쓰며 익히자

| 材 | | | | | |
|---|---|---|---|---|---|
| 재목 재 | | | | | |

# 災 재

뜻 | 재앙, 화재, 죄악

글자 형성 풀이 | 내 천(巛=川) + 불 화(火)

냇물이 불어나는 것도 재앙이고 불이 나는 것도 재앙이다.

**일상에서 어떻게 쓰일까?** 천재지변으로 수많은 '이재민'이 발생했다는 뉴스 뒤에는, 전국에서 도움의 손길이 이어지고 있다는 또 다른 소식이 따라오곤 하지. 재해를 입은 사람을 '이재민'이라 하는데 **근심할 이(罹), 재앙 재(災), 백성 민(民)**으로 재앙으로 근심하는 백성이라는 뜻이야.

지진, 홍수, 태풍 등 자연 현상으로 일어나는 재난을 '천재지변'이라고 해. **하늘 천(天), 재앙 재(災), 땅 지(地), 변고 변(變)**으로 하늘이 준 재앙과 땅이 준 변고라는 뜻이지. 천재(天災)의 상대어는 인재(人災)인데, '사람 인(人)'을 써서 사람이 일으킨 재난이라는 뜻이야.

## 한자 문해력 UP!

|  |  |  |
|---|---|---|
| **재해** | 재앙 재(災) + 피해 해(害)<br>▶ 재앙으로 인한 피해 | 뜻 가뭄, 화재, 전염병, 지진, 태풍, 해일, 홍수 등으로 인해 일어나는 갑작스러운 재난과 피해<br>예문 지구 온난화로 인한 재해가 늘어나고 있다. |
| **산재** | 산업 산(産) + 재앙 재(災)<br>▶ 산업 현장에서 일어난 재앙 | 뜻 작업 환경이나 작업 행동 등 노동 과정에서 입는 노동자의 신체적, 정신적 피해<br>예문 기업과 정부에서 산재 예방을 위한 지원을 대폭 강화해야 한다. |
| **재난** | 재앙 재(災) + 어려울 난(難)<br>▶ 재앙으로 인한 어려움 | 뜻 뜻하지 않게 생긴 불행한 변고 또는 천재지변으로 인해 생긴 불행한 사고<br>예문 재난에 효율적으로 대처하기 위한 전담 기관이 있어야 한다. |



쓰며 익히자

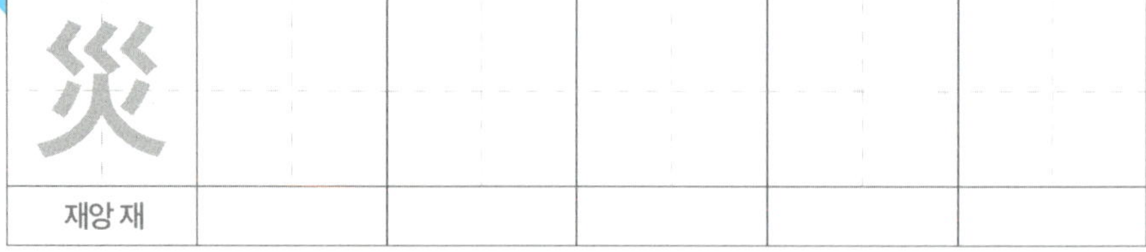

# 電 전

뜻 | **전기, 번개, 전신, 전자**

글자 형성 풀이 | **비 우(雨) + 말할 신(申)**

비가 번개를 치며 말하면 전기가 발생한다.
신(申)은 번개가 내려치는 모습을 나타낸다.

**일상에서 어떻게 쓰일까?** 예전에는 '전보'라는 게 있었어. 전신(電信)으로 단시간에 보내는 통신이나 통보를 전보라고 했지. **전신 전(電), 알릴 보(報)**로 전신으로 알린다는 뜻이야. 전보를 전해 주는 선을 연결한 기둥은 전봇대 혹은 전신주라고 했단다.

전(電)은 원래 번개라는 뜻이었어. '전기'가 들어오면서 글자가 필요했는데, 새롭게 글자를 만들지 않고 전(電)을 가져다가 전기라는 의미를 덧붙였지. '전신'을 사용하면서는 또 전신이라는 의미도 더해졌지. 그리고 전자 제품과 컴퓨터가 나오면서부터는 전자(電子)라는 뜻까지 확장되었단다.

## 한자 문해력 UP!

| | | |
|---|---|---|
| **전격** | 번개 전(電) + 칠 격(擊)<br>▶ 번개처럼 치다 | 뜻 번개처럼 갑작스럽게 행함<br>예문 그는 뇌물 수수 혐의로 검찰에 전격 체포되었다. |
| **전송** | 전신 전(電) + 보낼 송(送)<br>▶ 전신으로 보내다 | 뜻 전류나 전파를 이용해 문서나 사진을 먼 곳으로 보냄<br>예문 인터넷으로 원고 전송이 가능하니 얼마나 편리한가. |
| **전산** | 전자 전(電) + 계산할 산(算)<br>▶ 전자로 계산하다 | 뜻 전자 회로를 이용하여 계산하는 데 사용하는 기계<br>예문 전산으로 처리를 시작한 후 오류가 많이 줄어들었다. |

**쓰며 익히자**

| 電 | | | | | |
|---|---|---|---|---|---|
| 전기 전 | | | | | |

# 切 절

**뜻** | **끊다, 모두**

**글자 형성 풀이** | **일곱 칠(七) + 칼 도(刀)**

일곱 번 칼질하면 끊어지게 된다.

**일상에서 어떻게 쓰일까?** '절차탁마'하여 성공한 사람을 본 적 있을 거야. 학문이나 도덕, 기예 등을 열심히 배우고 익혀 수련함을 비유적으로 이르는 말이 절차탁마인데 **끊을 절(切), 갈 차(磋), 쫄 탁(琢), 갈 마(磨)**를 쓴단다. 옥이나 뿔 등을 끊어 낸 다음에 갈아 내고, 또 뾰족한 도구로 쫀 다음에 갈아서 빛을 낸다는 뜻이야. '절치부심'은 **끊을 절(切), 이 치(齒), 썩힐 부(腐), 마음 심(心)**이야. 몹시 화가 나서 이를 끊고(갈고) 마음을 썩힌다는 뜻이지.

절(切)은 모두라는 뜻으로 쓰이기도 하는데 이때는 '체'로 발음한단다. "재산 일체를 학교에 기부하였다."에서 일체(一切)를 예로 들 수 있지.

## 한자 문해력 UP!

|  |  |  |
|---|---|---|
| **절단** | 끊을 절(切) + 끊을 단(斷)<br>▶ 끊고 끊다 | 뜻 자르거나 베어서 끊음<br>예문 다리를 절단해야 하는 위기를 넘겼다. |
| **절제** | 끊을 절(切) + 없앨 제(除)<br>▶ 끊어서 없애다 | 뜻 한 덩어리에서 부분을 잘라 냄<br>예문 흉부를 절개하지 않고 흉강경을 이용해 종양을 절제하는 데 성공했다. |
| **절상** | 끊을 절(切) + 올릴 상(上)<br>▶ 끊어서 위로 올림 | 뜻 화폐 가치의 수준을 높이는 일<br>예문 원화의 절상은 해외 수출 상품의 가격 상승으로 이어져 국산 제품이 가격 경쟁력을 잃게 된다. |



## 쓰며 익히자

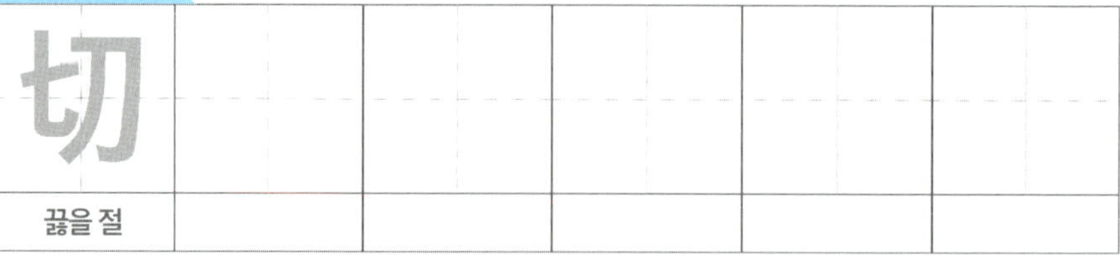

# 製 제

뜻 | 만들다, 짓다

글자 형성 풀이 | 억제할 제(制) + 옷 의(衣)

천을 억제하여 옷을 만들고 짓는다.

**일상에서 어떻게 쓰일까?** '수제품'이라서 비싸다고 이야기하곤 해. 손으로 직접 만든 물품을 수제품이라 하는데, **손 수(手), 만들 제(製), 물건 품(品)**으로 손으로 만든 물품이라는 뜻이야.

과자 만드는 일을 제과(製菓)라 하고, 약 만드는 일을 제약(製藥)이라고 해. 종이 만드는 일을 제지(製紙)라 하고, 구두 만드는 일을 제화(製靴)라고 하지. 밀가루 만드는 일은 제분(製粉)이라 한단다. 원래의 것을 그대로 본떠서 만든 물품은 복제품(複製品)이라고 하지. 미국에서 만든 제품을 일컫는 미제(美製), 일본에서 만든 일제(日製), 독일에서 만든 독일제(獨逸製)가 높이 평가되어 인기를 끌던 때가 있었단다.

## 한자 문해력 UP!

|  |  |  |
|---|---|---|
| **제품** | 만들 제(製) + 물건 품(品)<br>▶ 만들어진 물건 | 뜻 판매를 목적으로 원료를 이용해 만들어 낸 물품<br>예문 제품을 제조하는 일도 중요하지만 판매하는 일이 더 중요하다. |
| **제철** | 만들 제(製) + 쇠 철(鐵)<br>▶ 쇠를 만들다 | 뜻 철광석을 제련하여 철을 뽑아냄<br>예문 우리나라의 제철 산업 1번지는 포항이다. |
| **정제** | 맑을 정(精) + 만들 제(製)<br>▶ 맑게 만들다 | 뜻 불순물을 제거하여 순수하게 함<br>예문 석유 정제 과정에서 생산되는 원유의 가공품으로는 휘발유, 등유, 경유 등이 있다. |



## 쓰며 익히자

| 製 | | | | | |
|---|---|---|---|---|---|
| 만들 제 | | | | | |

# 調 조

뜻 | **고르다, 조절하다**

글자 형성 풀이 | **말씀 언(言) + 두루 주(周)**

말을 두루두루 하는 이유는 고르게 만들려는 목적 때문이다.

**일상에서 어떻게 쓰일까?** 친구들이 갈등하는 상황에서 '조정'에 나서 본 적 있니? 조정이 뭐냐고? **고를 조(調), 가지런할 정(整)**으로 고르게 하고 가지런하게 한다는 뜻이야. 고르지 못한 것을 알맞게 조절(調節)하여 정상 상태로 만드는 일이지.

'조율'도 비슷한 뜻인데 **고를 조(調), 가락 율(律)**이야. 음악의 가락을 고르게 한다는 뜻이지. 원래는 악기의 음을 일정한 표준음에 맞도록 고르는 일을 일컫는 말이었는데, 일이나 의견 따위를 적절하게 다루어 조화롭게 한다는 의미로 많이 쓰이고 있어. 기업의 사업 구조나 조직 구조를 개편하여 효율성을 높이는 일을 구조 조정(構造調整)이라 한단다.

## 한자 문해력 UP!

**조화**

고를 조(調) + 화목할 화(和)
▶ 고르게 화목하다

뜻 어긋나거나 부딪침이 없이 서로 고르게 잘 어울림
예문 그 연극은 무대 장치와 등장인물의 조화가 뛰어났다.

**협조**

도울 협(協) + 고를 조(調)
▶ 도와서 고르게 하다

뜻 힘을 합하여 서로 조화를 이룸
예문 그들은 정중하게 협조를 요청했다.

**호조**

좋을 호(好) + 조절할 조(調)
▶ 좋게 조절되다

뜻 상황이나 형편 등이 좋은 상태
예문 인플레가 진정되면서 수출도 비교적 호조를 띠고 있다.



**쓰며 익히자**

| 調 | | | | | |
|---|---|---|---|---|---|
| 고를 조 | | | | | |

# 種 종

뜻 | 씨, 심다, 종류

글자 형성 풀이 | 벼 화(禾) + 무거울 중(重)

벼 중에 무거운 것을 골라 씨로 보관해야 한다.

**일상에서 어떻게 쓰일까?** 라이거(Liger)나 타이곤(Tigon)이라는 말, 들어 보았니? 수컷 사자와 암컷 호랑이 사이에 태어난 새끼를 '라이거'라 하고, 수컷 호랑이와 암컷 사자 사이에 태어난 새끼가 '타이곤'이라 해. '이종 교배'의 산물이지. 이종 교배는 **다를 이(異), 종류 종(種), 사귈 교(交), 짝 배(配)**로 종이 다른 생물의 암수를 교배하는 일이란다.

이종 격투기가 인기 스포츠가 된 이유는 모든 격투기를 한데 아우르며 진정한 강자를 가리기 때문이라고 해. 여기서도 이종(異種)은 다른 종류라는 뜻이고, '격투기'는 **겨룰 격(格), 싸움 투(鬪), 재주 기(技)**로 겨루기 위해 싸우는 재주라는 뜻이란다.

## 한자 문해력 UP!

| | | |
|---|---|---|
| **종족** | 씨 종(種) + 겨레 족(族)<br>▶ 같은 씨의 겨레 | 뜻 같은 종류에 딸리는 생물 전체를 이르는 말<br>예문 나라나 종족마다 결혼 제도에 차이가 있다. |
| **토종** | 고향 토(土) + 씨 종(種)<br>▶ 고향에서 자라는 씨 | 뜻 본디부터 그곳에서 나는 종자<br>예문 토종 농산물을 많이 애용하기로 했다. |
| **개량종** | 고칠 개(改) + 좋을 량(良) + 씨 종(種)<br>▶ 고쳐서 좋게 만든 씨 | 뜻 더 나은 품질을 가진 것으로 육성한 동식물의 새 품종<br>예문 유전 공학의 발전으로 개량종 연구가 활발하다. |

## 쓰며 익히자

| 種 | | | | | |
|---|---|---|---|---|---|
| 씨 종 | | | | | |

# 終 종

뜻 | **끝, 마치다**

글자 형성 풀이 | **가는 실 사(糸) + 겨울 동(冬)**

가는 실 만드는 일은 겨울에 끝내야 한다.

**일상에서 어떻게 쓰일까?** 하수를 정화(淨化)하여 하천으로 방류하는 곳을 하수 종말 처리장(下水終末處理場)이라고 해. **끝 종(終), 끝 말(末)**로 하수를 하천이나 바다로 흘려 보내기 전에 마지막으로 처리하는 곳이야. '하수'가 뭐냐고? **아래 하(下), 물 수(水)**로 아래로 흘러가는 물을 말하지. 빗물이나 집, 공장 등에서 쓰고 버리는 더러운 물을 뜻해.

종업식(終業式)은 한 학년의 학업이 끝났다는 뜻이고, 종무식(終務式)은 한 해의 업무가 끝났다는 뜻이야. 어떤 일이 끝난 것을 축하하기 위한 모임을 속되게 이르는 말이 '쫑파티'인데, 종(終)을 세게 발음한 '쫑'에 'party'가 더해진 말이란다.

## 한자 문해력 UP!

| | | |
|---|---|---|
| **임종** | 임할 임(臨) + 마칠 종(終)<br>▶ 끝마침에 임하다 | 뜻 죽음을 맞이함 혹은 부모가 돌아가실 때 그 곁을 지키고 있음<br>예문 아버지는 임종 때 아들을 용서한다고 하셨다. |
| **종일반** | 마칠 종(終) + 날 일(日) + 반 반(班)<br>▶ 날이 끝날 때까지 운영되는 반 | 뜻 아침부터 저녁까지 보육이나 수업 등이 이루어지는 반<br>예문 맞벌이 부부를 위한 종일반도 운영하고 있다. |
| **자초지종** | ~부터 자(自) + 처음 초(初) + 이를 지(至) + 끝 종(終)<br>▶ 처음부터 끝까지 | 뜻 처음부터 끝까지의 과정<br>예문 사랑하고 결혼하게 된 자초지종은 대략 이렇다. |



## 쓰며 익히자

| 終 | | | | | | 
|---|---|---|---|---|---|
| 끝 종 | | | | | |

뜻 | **풀, 잡초, 거칠다**

글자 형성 풀이 | **싹 날 초(艹) + 이를 조(早)**

싹 나는 시간이 이른 식물은 풀이다.

**일상에서 어떻게 쓰일까?** 진시황(秦始皇)이 얻고자 했던 약초, 먹으면 늙지 않는다는 상상의 약초를 '불로초'라 하였어. **아니 불(不), 늙을 로(老), 풀 초(草)**로 늙지 않게 만드는 풀이라는 뜻이지. 의지할 데가 없어 정처 없이 떠도는 신세를 '부평초'에 비유하곤 하는데 **뜰 부(浮), 개구리밥 평(萍), 풀 초(草)**로 물에 떠 있는 개구리밥이라는 뜻이란다.

원고나 문건의 안(案)을 잡아 쓰는 일을 초안(草案)이라 하고, 처음 쓴 원고를 초고(草稿)라 하며, 어떤 사업을 일으켜 시작하는 시기를 초창기(草創期)라 하는데, 이때의 초(草)는 처음, 거칠다는 뜻이란다.

## 한자 문해력 UP!

| | | |
|---|---|---|
| **벌초** | 벨 벌(伐) + 풀 초(草)<br>▶ 풀을 베다 | 뜻 무덤의 잡풀을 베고 다듬어서 깨끗이 하는 일<br>예문 벌초할 때 벌 떼의 습격을 조심해야 한다. |
| **초원** | 풀 초(草) + 들판 원(原)<br>▶ 풀이 있는 들판 | 뜻 풀이 나 있는 들판<br>예문 유목민은 초원을 따라 유랑한다. |
| **제초제** | 없앨 제(除) + 풀 초(草) + 약 제(劑)<br>▶ 풀을 없애는 약 | 뜻 농작물을 해치지 아니하고, 잡초만을 없애는 데 쓰는 약제<br>예문 제초제에 함유되어 있는 다이옥신이란 물질은 청산가리보다 1만 배나 독성이 강하다고 한다. |

**쓰며 익히자**

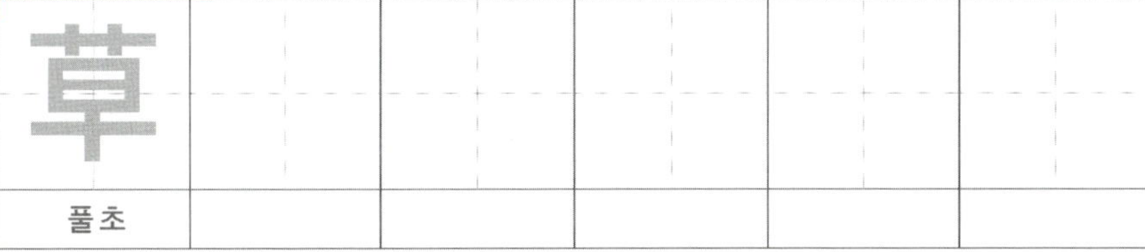

# 平 평

뜻 | 평평하다, 고르다, 편안하다

글자 형성 풀이 | 방패 간(干) + 여덟 팔(八)

방패를 여덟게 가지면 마음이 편안해지고 안정된다.

**일상에서 어떻게 쓰일까?** 한반도는 '오대양 육대주'로 나아가는 항구라고 이야기한 선각자가 있었어. 독립운동가이자 교육자였던 김교신 선생이지. 오대양(伍大洋)은 다섯 개의 큰 바다라는 뜻이고, 육대주(六大洲)는 여섯 개의 큰 대륙을 뜻한단다. 오대양 중 하나인 '태평양'은 **클 태(太), 평평할 평(平), 큰 바다 양(洋)**으로 크고 평평한 바다라는 뜻이야.

평(平)은 평평하는 뜻뿐만 아니라 고르다, 편안하다는 의미로도 쓰이지. '형평성'을 고려해야 한다고 하는데, 형평성은 **저울질할 형(衡), 평평할 평(平), 성질 성(性)**으로 저울질해서 평평하게 하는 성질이라는 뜻이야. 균형을 이루는 성질을 말하지.

## 한자 문해력 UP!

| | | |
|---|---|---|
| **평야** | 평평할 평(平) + 들 야(野)<br>▶ 평평한 들판 | 뜻 기복이 매우 작고, 지표면이 평평하고 너른 들<br>예문 강 하류에는 기름진 평야가 발달한다. |
| **평화** | 편안할 평(平) + 화목할 화(和)<br>▶ 편안하고 화목하다 | 뜻 전쟁이나 갈등이 없이 평온함<br>예문 아버지의 폭력으로 가정의 평화가 깨졌다. |
| **평지풍파** | 평평할 평(平) + 땅 지(地) + 바람 풍(風) + 물결 파(波)<br>▶ 평평한 땅에 세찬 바람과 거센 물결이 일어남 | 뜻 평온한 자리에서 생각하지 못한 다툼이 일어남을 비유적으로 이르는 말<br>예문 평지풍파는 말로 인해 일어나는 경우가 많다. |



## 쓰며 익히자

# 風 풍

뜻 | **바람, 관습, 경치, 경관**

글자 형성 풀이 | **보통 범(凡) + 벌레 충(虫)**

보통의 벌레라도 바람을 만들어 낼 수 있다.

**일상에서 어떻게 쓰일까?** 『아낌없이 주는 나무』에서 나무는 주인공에게 모든 것을 아낌없이 주었어. 그리고 행복했다고 말하였지. 나무는 우리에게 열매와 가지, 몸통만 주는 것이 아니란다. 홍수와 산사태, 그리고 바람을 막아 주기도 하지. 바람을 막아 내기 위하여 가꾼 숲을 '방풍림'이라 하는데 **막을 방(防), 바람 풍(風), 수풀 림(林)**이지.

'풍치림'은 뭐냐고? **경치 풍(風), 이룰 치(致), 수풀 림(林)**으로 자연의 경치를 이루는 수풀이라는 뜻이야. 멋스러운 정취를 더하기 위하여 가꾸는 나무숲이 풍치림인 거지. 풍(風)은 풍경화(風景畫)에서처럼 모습이나 경관이라는 의미로도 쓰인단다.

## 한자 문해력 UP!

| | | |
|---|---|---|
| **풍문** | 바람 풍(風) + 소문 문(聞)<br>▶ 바람처럼 들리는 소문 | 뜻 바람결에 떠도는 소문<br>예문 풍문으로 떠돌던 말은 거짓인 경우가 많다. |
| **풍속** | 관습 풍(風) + 습관 속(俗)<br>▶ 관습으로 내려온 습관 | 뜻 옛날부터 그 사회에 전해 오는 생활 전반의 습관이나 버릇 등을 이르는 말<br>예문 혼수를 중요하게 여기는 결혼 풍속은 사라져야 한다. |
| **풍전등화** | 바람 풍(風) + 앞 전(前) + 등불 등(燈) + 불 화(火)<br>▶ 바람 앞의 등불 | 뜻 매우 위태로운 처지나 오래 견디지 못할 상태를 비유적으로 이르는 말<br>예문 풍전등화일지라도 희망을 버려서는 안 된다. |

## 쓰며 익히자

| 風 | | | | | |
|---|---|---|---|---|---|
| 바람 풍 | | | | | |

# 海 해

뜻 | 바다

글자 형성 풀이 | 물 수(氵=水) + 언제나 매(每)

물이 언제나 하는 일은 바다를 향해 흘러가는 일이다.

**일상에서 어떻게 쓰일까?** '해발' 몇 미터까지 올라가 보았니? 우리나라에서 제일 높은 산인 한라산은 해발 1,950미터야. 해발이란 **바다 해(海), 뽑을 발(拔)**로 바다에서부터 뽑아 올린 높이라는 뜻이야. 평균 해수면을 기준으로 잰 높이지. 해수면(海水面)은 바닷물의 표면이고, 해풍(海風)은 바다에서 불어오는 바람이야. 한없이 넓고 큰 바다를 망망대해(茫茫大海)고 하지.

"인생은 고해다."라고 말하지. '고해'는 **고통 고(苦), 바다 해(海)**로 고통의 바다라는 뜻이야. 괴로움이 끝이 없는 인간 세상에 대한 비유로 고해가 많이 쓰이곤 한단다. 고뇌의 바다에 빠진 채 살아가는 사람들을 고해중생(苦海衆生)이라고도 해.

## 한자 문해력 UP!

| | | |
|---|---|---|
| **공해** | 여러 공(公) + 바다 해(海)<br>▶ 여럿이 함께 사용하는 바다 | 뜻 모든 나라가 공통으로 사용할 수 있는 바다<br>예문 공해에서 외국 함대에 피랍되었던 우리 어선의 선원들이 무사히 고국으로 돌아왔다. |
| **해외** | 바다 해(海) + 바깥 외(外)<br>▶ 바다의 바깥 | 뜻 다른 나라를 이르는 말<br>예문 처음 해외로 여행 갔을 때가 생생하다. |
| **해안** | 바다 해(海) + 언덕 안(岸)<br>▶ 바다 옆의 언덕 | 뜻 바다와 맞닿은 부분의 육지<br>예문 그 해안에서는 지금도 낙지가 많이 잡힌다. |

## 쓰며 익히자

| 海 | | | | | | |
|---|---|---|---|---|---|---|
| 바다 해 | | | | | | |

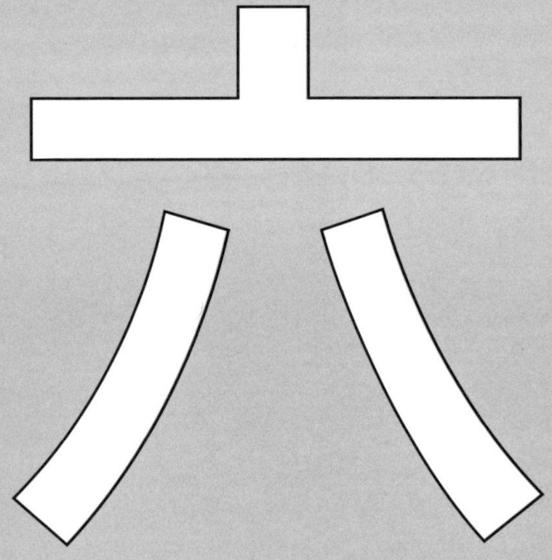

# 언어를 깨우치는 기쁨

—

사람과 짐승을 구분하는 가장 분명한 요소는 '언어'를 쓰느냐, 못 쓰느냐가 아닐까 싶어.
인간을 인간답게 만든 것이 언어라는 이야기야. 국어사전에도 언어를 이렇게 정의하고 있지.
'인간의 사상이나 감정을 표현하고 의사를 소통하기 위한 소리나 문자 등의 수단.'
소통하기 위해서는 언어가 필요하고, 또 행복하기 위해서는 언어로 된 말을 잘 들어야 하지.
'말씀 언(言), 말씀 어(語)' 그래서인지 한자로는 말씀 그 자체를 의미하고 있단다.

뜻 | **옳다, 가능하다**

글자 형성 풀이 | **장정 정(丁) + 입 구(口)**

힘 있는 장정들이 입을 열어 가능하다고 말한다.

**일상에서 어떻게 쓰일까?** 이집트의 피라미드는 세계 7대 '불가사의' 중 하나라고 하지? 불가사의가 뭐냐고? **아니 불(不), 가능할 가(可), 생각 사(思), 의논할 의(議)**로 생각하고 의논하기도 가능하지 않을 정도로 너무 이상한 일을 말해. 보통 사람의 생각으로는 도저히 미루어 헤아릴 수 없을 만큼 이상야릇하다는 뜻인 거지.

"산림이 훼손되면 홍수 때 큰 피해를 당하는 것이 불문가지다."라고도 해. '불문가지'는 **아니 불(不), 물을 문(問), 가능할 가(可), 알 지(知)**란다. 묻지 않아도 아는 것이 가능하다는 뜻이지. 묻지 않아도 뻔히 알 수 있을 만큼 확실하다는 이야기인 거야.

## 한자 문해력 UP!

|  |  |  |
| --- | --- | --- |
| **재가** | 결단할 재(裁) + 옳을 가(可)<br>▶ 옳다고 결단하다 | 뜻 결재권을 가진 사람이나 단체가 안건을 허락하여 승인함<br>예문 나의 재가 없이는 어떤 일도 해서는 안 된다. |
| **가망** | 가능할 가(可) + 바랄 망(望)<br>▶ 가능하길 바라다 | 뜻 될 만하거나 가능성이 있는 희망<br>예문 가망이 없다는 말에 크게 좌절했다. |
| **가시적** | 가능할 가(可) + 볼 시(視) + 어조사 적(的)<br>▶ 보는 것이 가능하다 | 뜻 눈으로 볼 수 있는 것<br>예문 가시적 성과를 위해 모두 최선을 다하였다. |

### 쓰며 익히자

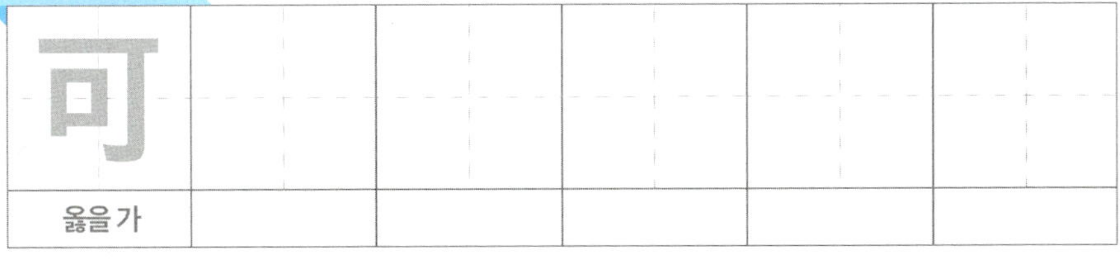

# 更 경

뜻 | **고치다, 다시, 밤**

글자 형성 풀이 | **말할 왈(曰) + 어른 장(丈)**

말하는 사람이 어른이면 고쳐야 하고 다시 해야 한다.

**일상에서 어떻게 쓰일까?** "장관을 경질하기로 했다."는 얘기 들어 보았지? 잘못에 대한 책임을 물어 어떤 직위에 있는 사람을 다른 사람으로 바꾸는 것을 '경질'이라 하는데 **고칠 경(更), 번갈아들 질(迭)**로 고치고 번갈아들인다는 뜻이야.

경(更)은 고친다고 해석될 때는 '경'으로 발음하고, 다시를 뜻할 때는 '갱'으로 발음한단다. 기록은 경신(更新)했다고 하고 주민등록증은 갱신(更新)했다고 하는 이유야. 예전에는 하룻밤을 다섯으로 나누어 시간을 말했는데 이때 쓰인 초경(初更), 오경(三更) 등에서는 경(更)을 밤이라는 뜻으로 썼어. 초경은 밤 7시~9시이고, 오경은 새벽 3시~5시란다.

## 한자 문해력 UP!

| | | |
|---|---|---|
| **경신** | 고칠 경(更) + 새로울 신(新)<br>▶ 고쳐서 새롭게 하다 | 뜻 어떤 분야의 이전 최고치나 최저치를 깨뜨림<br>예문 이번 대회에서 신기록 경신에 도전한다. |
| **삼경** | 세 번째 삼(三) + 밤 경(更)<br>▶ 세 번째 밤 | 뜻 하룻밤을 다섯으로 나눈 오경 중 셋째의 시각으로 밤 열 한 시부터 새벽 한 시 사이<br>예문 삼경이 지나자 졸음이 쏟아졌다. |
| **추경안** | 쫓을 추(追) + 고칠 경(更) + 안건 안(案)<br>▶ 뒤쫓아서 고치는 안건 | 뜻 이미 성립된 본예산을 변경하여 다시 정한 예산으로 '추가 경정 예산'의 줄임말<br>예문 추경안 제출은 특히 신중해야 한다. |

## 쓰며 익히자

| 更 | | | | | | |
|---|---|---|---|---|---|---|
| 고칠 경 | | | | | | |

# 能 능

뜻 | **능하다, 뛰어나다**

글자 형성 풀이 | **나 모(厶) + 달 월(月) + 비수 비(匕) + 비수 비(匕)**

내가 달을 보면서 비수를 갈았던 이유는 할 수 있다는 자신감 때문이었다.

**일상에서 어떻게 쓰일까?** 요즘 AI를 많이 이야기하는데 'Artificial Intelligence'의 약자야. '인공 지능'이라고 하지. '인공'은 **사람 인(人), 만들 공(工)**으로 사람이 만들었다는 뜻이야. '지능'은 **알 지(知), 능할 능(能)**으로 알아내는 능력을 뜻하지. 인공 지능은 인간의 지능이 가지는 판단, 추론, 학습 등의 기능을 갖춘 컴퓨터 시스템을 일컫는단다. 컴퓨터가 사람처럼 생각하고 학습할 수 있도록 만들어진 기술이라고 이해하면 돼. 언어를 이해하고, 음성을 번역하며, 문제를 해결하기도 하지. 많은 데이터를 바탕으로 문제를 해결하기도 하고, 새로운 아이디어를 내기도 한단다.

## 한자 문해력 UP!

| | | |
|---|---|---|
| **기능** | 기계 기(機) + 능할 능(能)<br>▶ 기계처럼 능하다 | 뜻 하는 구실이나 작용을 함<br>예문 차가 오래되어 브레이크 제동 기능이 떨어졌다. |
| **만능** | 일만 만(萬) + 능할 능(能)<br>▶ 일만 가지 일에 능하다 | 뜻 모든 일을 다 잘하거나 해결함 또는 그런 사물<br>예문 컴퓨터를 만능이라 여겨서는 안 된다. |
| **예능** | 재주 예(藝) + 능할 능(能)<br>▶ 재주에 능하다 | 뜻 연극이나 영화, 음악, 미술, 무용 등의 연예 분야를 통틀어 이르는 말<br>예문 그는 예능에 소질이 없음을 인정해야 했다. |

## 쓰며 익히자

# 短 단

뜻 | **짧다, 작다, 모자라다**

글자 형성 풀이 | **화살 시(矢) + 콩 두(豆)**

화살로 콩을 맞히려면 거리가 짧아야 한다.

**일상에서 어떻게 쓰일까?** '그 언젠가 나를 위해 꽃다발을 전해 주던 그 소녀'로 시작하는 노래가 있어. 조용필의 〈단발머리〉라는 노래지. 그런데 잘 따져 보니, 잘못 만들어진 말 같아. '단발'이 **짧을 단(短), 머리털 발(髮)**로 짧은 머리라는 뜻인데 여기에 또 머리를 덧붙였잖아.

어떤 사물이 가지고 있는 좋은 점과 모자라는 점을 장단점(長短點)이라 하는데, 이때의 장(長)은 훌륭하다는 의미고, 단(短)은 부족하다 혹은 모자라다는 의미야. 장(長)은 길다는 뜻만이 아니라 훌륭하다, 뛰어나다는 의미로도 쓰이지. 마찬가지로 단(短)도 짧다는 뜻과 함께 부족하다, 모자라다는 의미로도 쓰인단다.

## 한자 문해력 UP!

| | | |
|---|---|---|
| **단축** | 짧을 단(短) + 줄일 축(縮)<br>▶ 짧게 줄이다 | 뜻 시간이나 거리가 짧게 줄임<br>예문 노동 시간 단축에 대해서는 이미 폭넓은 공감대가 형성돼 있다. |
| **단명** | 짧을 단(短) + 목숨 명(命)<br>▶ 짧은 목숨 | 뜻 명이 짧아서 일찍 죽음<br>예문 흡연, 과음, 비만, 운동 부족은 단명을 재촉한다. |
| **단화** | 짧을 단(短) + 신발 화(靴)<br>▶ 짧은 신발 | 뜻 목이 짧아 발목 아래로 오는 구두<br>예문 키가 큰 그녀는 단화를 즐겨 신었다. |

## 쓰며 익히자

| 短 | | | | | |
|---|---|---|---|---|---|
| 짧을 단 | | | | | |

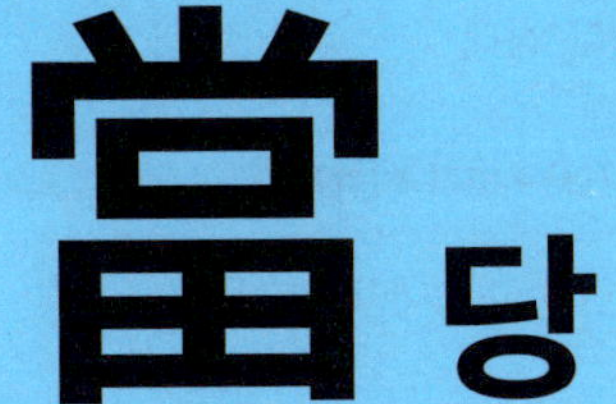


뜻 | **마땅하다, 맡다, 마주 대하다**

글자 형성 풀이 | **숭상할 상(尙) + 밭 전(田)**

밭을 숭상하는 일은 마땅한 일이다.

**일상에서 어떻게 쓰일까?** 당신은 **마주 대할 당(當), 몸 신(身)**으로 마주 대하고 있는 몸이라는 뜻이야. 그런데 이 말은 상황에 따라 다르게 쓰인단다. "당신 덕분입니다."라고 말할 때는 듣는 이를 조금 높여 가리키는 말이야. 그런데 "당신이 뭔데 상관이야?"에서는 싸울 때나 언쟁할 때 상대방을 얕잡아 가리키는 말이란다. "당신만을 사랑해."에서는 부부간에 상대방을 가리키는 말이지.

직장인들이 정해진 급여 외에 특별한 사유에 따라 받는 보수를 '수당'이라 하는데 **손 수(手), 마땅할 당(當)**이란다. 손을 쓴 만큼, 마땅하게 받는 돈이라고 이해하면 좋을 것 같아.

## 한자 문해력 UP!

| | | |
|---|---|---|
| **감당** | 견딜 감(堪) + 마땅할 당(當)<br>▶ 마땅히 견디다 | 뜻 일을 맡아서 능히 해내거나 견디어 냄<br>예문 예상보다 일이 커져서 감당이 안 된다. |
| **할당** | 나눌 할(割) + 맡을 당(當)<br>▶ 나누어 맡다 | 뜻 일정한 양이나 수에서 각각의 몫을 나누어 줌<br>예문 우리 부서에 할당된 업무량이 너무 많다. |
| **당사자** | 맡을 당(當) + 일 사(事) + 사람 자(者)<br>▶ 일을 맡은 사람 | 뜻 어떤 일에 직접 관계한 사람<br>예문 당사자의 의견이 가장 중요하다. |

**쓰며 익히자**

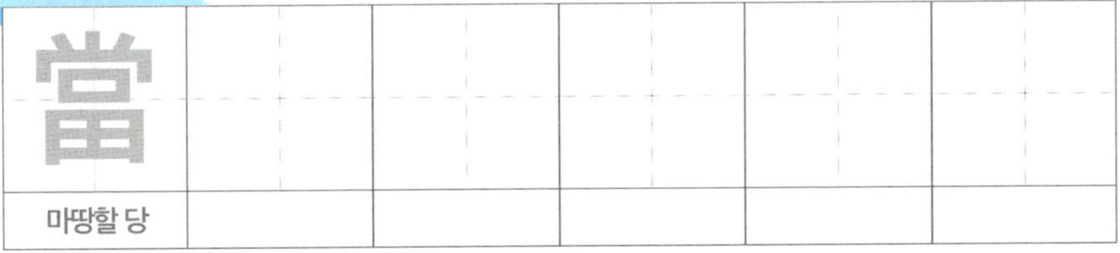

# 對 대

**뜻** | **대하다, 대답하다, 상대**

**글자 형성 풀이** | **일 업(業) + 마디 촌(寸)**

일을 마디만큼 조금만 하고 상대방을 대한다.

**일상에서 어떻게 쓰일까?** '큰 대(大)'와 '대신할 대(代)'도 있지만 '대할 대(對)'도 있어. 북한을 상대로 하여 펼치는 정책을 대북 정책이라 하는데 **대할 대(對), 북한 북(北)**으로 북한을 대하는 정책이라는 뜻이야.

국회 의원이 국회법에 따라 국회 본회의 기간에 정부에 대하여 일정한 사항에 관하여 설명을 요구하고 그 의견을 묻는 일을 대정부 질문(對政府質問)이라 하지. 정부를 상대로 하는 질문이라는 뜻이야. 대정부 투쟁(對政府鬪爭)도 있어. 정부에 대하여 싸우고 다툰다는 뜻인데, 정부 정책의 부당함을 호소하기 위하여 벌이는 여러 가지 정치적 운동이란다.

## 한자 문해력 UP!

**대등**

대할 대(對) + 같을 등(等)
▶ 같게 대하다

뜻 서로 견주어 높고 낮음이나 낫고 못함이 없이 비슷함
예문 우리는 서로 대등한 관계라는 걸 잊지 마.

**대항**

대할 대(對) + 막을 항(抗)
▶ 대하여 막다

뜻 굽히거나 지지 않으려고 맞서서 버티거나 항거함
예문 그는 불의에 대항해야 한다며 주먹을 불끈 쥐었다.

**대담**

대할 대(對) + 말할 담(談)
▶ 대하여 말하다

뜻 서로 마주 대하고 이야기함
예문 대담을 할 때는 서로 존중의 마음을 가져야 한다.

### 쓰며 익히자

| 對 | | | | | |
|---|---|---|---|---|---|
| 대할 대 | | | | | |

# 到 도

뜻 | **이르다, 도달하다, 닿다**

글자 형성 풀이 | **도달할 지(至) + 칼 도(刂=刀)**

도달한 후 칼로 표시해야 도달했다고 할 수 있다.

**일상에서 어떻게 쓰일까?** 독서의 중요성은 여러 번 강조해도 지나치지 않아. 글을 읽되 정성을 다하여 읽어야 하는데, 옛사람들은 '독서삼도'를 이야기했어. **읽을 독(讀), 책 서(書), 석 삼(三), 이를 도(到)**로 책을 읽을 때에는 세 가지에 이르러야 한다는 뜻이지.

입으로 다른 말 않고 책을 읽어야 한다는 구도(口到), 눈으로 다른 것은 보지 말고 책만 보아야 한다는 안도(眼到), 마음을 하나로 가다듬고 오로지 글 읽는 일에만 집중해야 하는 심도(心到)가 그것이야. 독서할 때는 입은 닫고, 눈은 책만 보고, 마음은 읽는 데만 도달해야 한다는 이야기, 마음에 새기고 실천하면 좋겠어.

## 한자 문해력 UP!

**당도**

마땅할 당(當) + 이를 도(到)
▶ 마땅하게 이르다

뜻 미리 정해 놓은 어떤 곳이나 시점에 닿아서 이름
예문 학교에 당도하는 즉시 연락해야 한다.

**도래**

도달할 도(到) + 올 래(來)
▶ 도달하여 오다

뜻 어떤 기회나 시기가 닥쳐옴
예문 빙하기의 도래를 우려하는 사람들이 있다.

**쇄도**

빠를 쇄(殺) + 도달할 도(到)
▶ 빠르게 도달하다

뜻 손님이나 주문이 한꺼번에 빠르고 세차게 몰려듦
예문 주문이 쇄도해서 며칠째 쉬지 못하고 있다.

## 쓰며 익히자

# 落 락

**뜻** | **떨어지다, 마을**

**글자 형성 풀이** | **풀 초(艹) + 물 수(氵=水) + 각각 각(各)**

풀잎에 맺힌 물방울은 제각각 떨어진다.

**일상에서 어떻게 쓰일까?** 아무 상관 없는 일이 같은 시각에 일어나 억울하게 의심을 받거나 난처하게 되었을 때 '오비이락'이라고 이야기하지. **까마귀 오(烏), 날 비(飛), 배나무 이(梨), 떨어질 락(落)**으로 까마귀 날아가는 순간에 배가 떨어졌다는 뜻이야. 배가 떨어진 게 까마귀 때문이 아님에도 하필 그 순간에 배가 떨어져서 까마귀의 소행으로 의심받게 되었다는 뜻이란다.

공중에서 사람이나 물체를 안전하게 땅 위로 내려 주는 기구를 낙하산이라 하지? **떨어질 낙(落), 아래 하(下), 우산 산(傘)**으로 아래로 떨어지는 우산같이 생긴 물건이라는 뜻이지.

## 한자 문해력 UP!

| | | |
|---|---|---|
| **단락** | 구분 단(段) + 떨어질 락(落)<br>▶ 구분 지어 떨어지다 | **뜻** 글이나 음악, 영화 등의 이야기 진행 과정에서 내용상 일단 끊어지는 자리<br>**예문** 이 글은 세 개의 단락으로 나눌 수 있다. |
| **누락** | 샐 누(漏) + 떨어질 락(落)<br>▶ 새어서 떨어지다 | **뜻** 마땅히 기록되어야 할 것이 기록에서 빠짐<br>**예문** 명부에서 내 이름이 누락되었다. |
| **군락지** | 무리 군(群) + 마을 락(落) + 지역 지(地)<br>▶ 무리가 마을을 이룬 지역 | **뜻** 비슷한 생육 조건을 가진 식물들이 군락을 이루어 자생하는 지역<br>**예문** 삼나무 군락지에서 삼림욕도 할 수 있다. |

## 쓰며 익히자

| 落 | | | | | |
|---|---|---|---|---|---|
| 떨어질 락 | | | | | |

**뜻 | 없다**

**글자 형성 풀이 | 없을 무(無)**

건물이 불에 타버려서 남은 게 없다.
잘 지어진 건물 밑에서 불이 타오르고 있는 모습을 그린 글자다.

**일상에서 어떻게 쓰일까?** "종횡무진 활약했다."고 하지? 자유자재로 거침없이 행동하는 것을 '종횡무진'이라 하는데 **세로 종(縱), 가로 횡(橫), 없을 무(無), 다할 진(盡)**으로 세로로 가로로 다함이 없이 돌아다녔다는 뜻이란다.

'무화과'도 있어. **없을 무(無), 꽃 화(花), 열매 과(果)**이니까 꽃이 없이 열매 맺는 과일이라는 뜻인데, 알고 보니 잘못된 이름이었더라고. 겉에서 볼 때 꽃이 눈에 띄지 않을 뿐, 속에서는 꽃이 핀다고 해. 우리가 먹는 무화과 열매의 안쪽이 바로 꽃이거든. 하긴, 꽃이 피지 않고는 열매 맺을 수는 없으니까. 이름이 잘못 붙여졌다고 보는 게 옳아.

## 한자 문해력 UP!

| | | |
|---|---|---|
| **무단** | 없을 무(無) + 끊어질 단(斷)<br>▶ 끊어져 없어지다 | 뜻 사전에 연락이나 허락이 없음<br>예문 그는 무단으로 결근하여 감봉 처분을 받았다. |
| **무소불위** | 없을 무(無) + 바 소(所) + 못할 불(不) + 할 위(爲)<br>▶ 못 할 바가 없다 | 뜻 못 할 일이 없이 다 함<br>예문 그는 절대 왕정의 군주처럼 무소불위한 권력을 휘둘렀다. |
| **안하무인** | 눈 안(眼) + 아래 하(下) + 없을 무(無) + 사람 인(人)<br>▶ 눈 아래에 사람이 없다 | 뜻 방자하고 교만하여 다른 사람을 업신여김을 이르는 말<br>예문 돈 좀 벌었다고 안하무인으로 행동하면 안 되지. |

**쓰며 익히자**

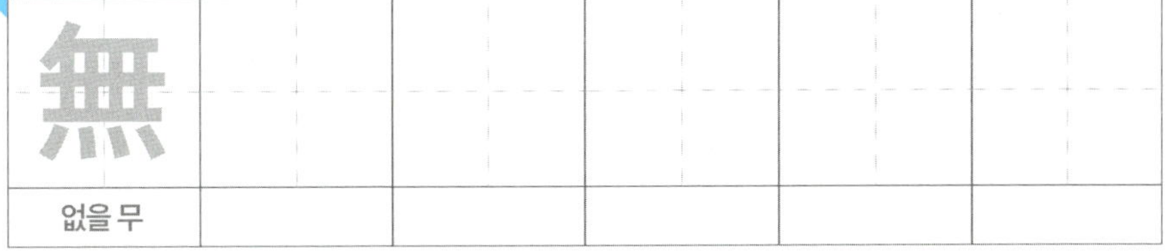

# 別 별

뜻 | 다르다, 나누다, 헤어지다

글자 형성 풀이 | 헤어질 령(另) + 칼 도(刂=刀)

헤어지게 만들려고 칼로 자르면 나누어진다.

**일상에서 어떻게 쓰일까?** '별명'을 놀리기 위한 호칭이라 생각했어. 그래서 화를 낸 적도 있었지. 알고 보니 별명은 **다를 별(別), 이름 명(名)**으로 다른 이름이라는 뜻이었어. 본래 이름과는 또 다른 이름. 그렇지만 친구가 싫어 하면 부르지 말아야 한단다.

별(別)일, 별(別)사람, 별(別)놈에서의 별(別)은 보통과는 다르다는 뜻이란다. 학교별(學校別), 성별(性別), 능력별(能力別)에서의 별(別)은 그것에 따라 나누어 구별한 단위를 뜻하지. 떠나는 사람에 대한 아쉬움을 표하고 앞날의 행운을 바라는 뜻으로 베푸는 모임을 송별회(送別會)라 하는데 이때는 헤어짐을 뜻한단다.

## 한자 문해력 UP!

| | | |
|---|---|---|
| **변별** | 분별할 변(辨) + 다를 별(別)<br>▶ 다름을 분별하다 | 뜻 사물의 옳고 그름이나 좋고 나쁨을 가림<br>예문 이번 시험에서는 변별력을 충분히 높였다. |
| **결별** | 헤어질 결(訣) + 다를 별(別)<br>▶ 헤어져 달라지다 | 뜻 기약 없는 이별을 함 또는 관계를 영원히 끊음<br>예문 그들은 성격 차이로 결국 결별을 선언했다. |
| **별기군** | 다를 별(別) + 재주 기(技) + 군대 군(軍)<br>▶ 다른 재주를 갖춘 군대 | 뜻 조선 고종 18년(1881)에 조직된 근대식 군대<br>예문 임오군란 때 구식 군대가 왜국 공사관을 피습하자 별기군의 입장은 난처해졌다. |

## 쓰며 익히자

| 別 | | | | | | |
|---|---|---|---|---|---|---|
| 다를 별 | | | | | | |

뜻 | **아니다, 못하다, 없다**

글자 형성 풀이 | **아니 불(不)**

땅(一) 아래에 뿌리만 있는 모습이다.
싹을 틔우지 못한 상태로 아직은 완성되지 않았다,
아직은 없다는 뜻을 나타낸다.

**일상에서 어떻게 쓰일까?** 불(不)은 단독으로 쓰이기보다는 어떤 단어 앞에 붙어서 그 단어를 부정하는 의미로 많이 쓰인단다. 부자유(不自由), 불이익(不利益), 불성실(不誠實), 부동산(不動産), 부도덕(不道德), 부정확(不正確), 불변(不變), 부정(不正) 등이 그 예가 되지.

그리고 불(不)은 ㄷ, ㅈ으로 시작되는 단어 앞에서는 '부'로 발음한단다. 그렇다면 不知不識間은 어떻게 읽어야 할까? 그래. '부지불식간'이야. 부실(不實)처럼 ㄷ, ㅈ으로 시작되는 단어가 아님에도 '부'로 발음하는 경우도 있어. 발음의 자연스러움을 고려한 음운 변화라고 이해하면 좋을 것 같아.

## 한자 문해력 UP!

| | | |
|---|---|---|
| **부덕** | 없을 부(不) + 덕 덕(德)<br>▶ 덕이 없다 | 뜻 덕이 없거나 부족함<br>예문 지도자라면 자신의 부덕을 탓할 줄 알아야 한다. |
| **역부족** | 힘 역(力) + 아닐 부(不) + 충족할 족(足)<br>▶ 힘이 충족되지 않다 | 뜻 힘이나 기량이 미치지 못함<br>예문 역부족을 느낄지라도 포기하지 말아야 한다. |
| **부동시** | 아닐 부(不) + 같을 동(同) + 시력 시(視)<br>▶ 시력이 같지 않다 | 뜻 오른쪽 눈과 왼쪽 눈의 굴절이 다르거나 같은 종류의 굴절이라도 그 굴절도가 다른 증상<br>예문 부동시는 양안(兩眼)의 시력 차가 크다. |

**쓰며 익히자**

# 鮮 선

뜻 | 곱다, 선명하다, 신선하다, 생선

글자 형성 풀이 | 물고기 어(魚) + 양 양(羊)

물고기와 양은 신선해야 한다.

**일상에서 어떻게 쓰일까?** 우리나라 최초의 국가는 '조선'이야. '고조선' 아니냐고? 1392년에 이성계가 고려를 무너뜨리고 나라를 세운 후 조선이라 이름 붙이면서, 혼동을 피하기 위해 단군왕검이 세운 나라는 '옛 고(古)'를 붙여 고조선이라고 이름을 바꾼 거란다. 조선은 **아침 조(朝), 고울 선(鮮)**이야. 아침처럼 고운 나라, 아침처럼 깨끗한 나라를 의미하지.

선(鮮)은 선혈(鮮血)에서는 신선하다는 뜻으로, 생선(生鮮)에서는 물고기라는 뜻으로, 선홍색(鮮紅色)에서는 선명하다는 뜻으로 쓰인단다. '선명'이 뭐냐고? **뚜렷할 선(鮮), 밝힐 명(明)**으로 표가 나도록 뚜렷하고 확실하게 구별해 준다는 뜻이야.

## 한자 문해력 UP!

| | | |
|---|---|---|
| **선혈** | 신선할 선(鮮) + 피 혈(血)<br>▶ 신선한 피 | 뜻 갓 흘러나온 붉고 신선한 피<br>예문 바닥에 선혈이 낭자했다. |
| **선도** | 신선할 선(鮮) + 정도 도(度)<br>▶ 신선함의 정도 | 뜻 채소나 생선 등의 신선한 정도<br>예문 음식물의 선도를 제대로 유지하기 위해서는 냉장고의 온도를 적절히 맞추어야 한다. |
| **선홍색** | 고울 선(鮮) + 붉을 홍(紅) + 빛 색(色)<br>▶ 곱게 붉은 색 | 뜻 밝고 산뜻한 붉은색<br>예문 선홍색의 동백꽃이 만개하였다. |

## 쓰며 익히자

| 鮮 | | | | | |
|---|---|---|---|---|---|
| 고울 선 | | | | | |

# 說 설

뜻 | **말씀, 이야기**

글자 형성 풀이 | **말씀 언(言) + 기쁠 태(兌)**

말은 기쁨을 주어야만 말이라고 할 수 있다.

**일상에서 어떻게 쓰일까?** 작가의 상상력에 바탕을 두고 허구적으로 이야기를 꾸며 나간 산문체의 문학 양식을 '소설'이라고 해. **작을 소(小), 말씀 설(說)**이지. '작을 소(小)'를 쓴 것이 이상하다고? 보통은 책 한 권, 많으면 열 권이 넘는 소설도 있는데 '작은 이야기'라고 하는 게 이해되지 않는다고? 분량이 적어서 '작을 소(小)'를 쓴 게 아니라 소설이 처음 나올 당시에 위정자(爲政者)나 사상가(思想家)들이 하찮은 글로 보아서 '작을 소(小)'를 썼다고 이해하면 될 것 같아. 또 아무리 길다고 해도 따지고 보면 삶의 작은 조각, 극히 일부분만 쓴 것이기에 '작을 소(小)'를 썼다고도 생각해 볼 수 있지.

## 한자 문해력 UP!

| 단어 | 풀이 | 뜻 / 예문 |
|---|---|---|
| **사설** | 신문사 사(社) + 말씀 설(說)<br>▶ 신문사의 말씀 | 뜻 신문 등에서 펴낸이의 주장을 실어 펼치는 논설<br>예문 오늘 자(字) 신문 사설인데, 읽어 볼래? |
| **속설** | 세상 속(俗) + 말씀 설(說)<br>▶ 세상에 떠돌아다니는 말 | 뜻 학문적이나 과학적 검증을 거치지 않은 채 세간에 전해 내려오는 학설이나 견해<br>예문 과학적 근거가 없는 속설을 믿는 사람이 많다. |
| **횡설수설** | 가로 횡(橫) + 말씀 설(說) + 세울 수(竪) + 말씀 설(說)<br>▶ 가로로 말하고 세로로 말하다 | 뜻 조리가 없이 이것저것 되는대로 지껄임<br>예문 술에 취하면 주책없이 횡설수설하는 버릇이 있다. |

## 쓰며 익히자

| 說 | | | | | | |
|---|---|---|---|---|---|---|
| 말씀 설 | | | | | | |

뜻 | 살피다, 덜다, 관청

글자 형성 풀이 | 적을 소(少) + 눈 목(目)

적은 것일수록 눈을 크게 떠야 살필 수 있다.

**일상에서 어떻게 쓰일까?** 정신을 못 차리는 상태를 흔히 '인사불성'이라 하는데 글자 그대로는 무슨 뜻일까? **사람 인(人), 일 사(事), 아니 불(不), 살필 성(省)**으로 사람의 일을 살피지 못하는 상황이라는 뜻이야. 제 몸에 벌어지는 일을 모를 만큼 정신을 잃은 상태를 의미하지.

성(省)은 살핀다는 뜻으로 많이 쓰여. 묘를 살피는 성묘(省墓), 돌아와서 살피는 손님인 귀성객(歸省客), 돌이켜서 살피는 반성(反省) 등이 그것이야. 덜다는 뜻으로도 쓰이는데, 이럴 때는 '생'으로 읽어. 생략(省略)이 그것이지. 중국에서는 산동성(山東省)처럼 행정 구역의 단위로, 일본에서는 외무성(外務省)처럼 관청이라는 뜻으로도 쓰인단다.

## 한자 문해력 UP!

| | | |
|---|---|---|
| **자성** | 스스로 자(自) + 살필 성(省)<br>▶ 스스로를 살펴봄 | 뜻 자기 자신의 태도나 행동을 스스로 반성함<br>예문 우리는 뼈를 깎는 자성을 통해 다시 새롭게 출발하겠다는 결의를 다졌다. |
| **내성적** | 안 내(內) + 살필 성(省) + 어조사 적(的)<br>▶ 안으로 살피다 | 뜻 속마음이나 감정 등을 겉으로 드러내지 않고 마음속으로만 생각하는 것<br>예문 내성적이고 소심한 성격이 나쁜 것만은 아니다. |
| **혼정신성** | 저녁 혼(昏) + 정할 정(定) + 새벽 신(晨) + 살필 성(省)<br>▶ 저녁에 정하고 새벽에 살핌 | 뜻 저녁에 잠자리를 정해 드리고 새벽에 안부를 살피며 부모를 잘 섬긴다는 말<br>예문 요즘 시대에 혼정신성을 기대하는 건 어렵지. |

**쓰며 익히자**

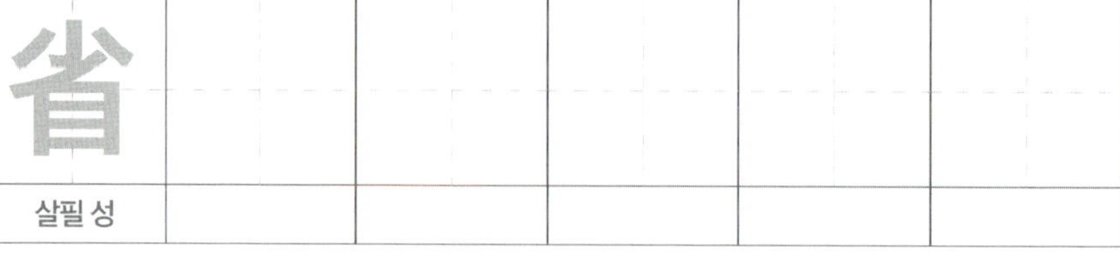

**뜻 |** **작다, 어리다**

**글자 형성 풀이 |** **작을 소(小)**

점 세 개로 만들어진 글자다. 작은 파편이 튀는 모습을 그려 만들었다.

**일상에서 어떻게 쓰일까?** 소(小)는 작다, 적다, 어리다는 뜻으로 쓰인단다. 작은 규모이기에 소형(小型)이고, 0보다 크고 1보다 작은 실수이기에 소수(小數)이며, 오그라들게 하고 작게 하였기에 축소(縮小)지.

작은 배설물이기에 소변(小便)이고, 작게 농사짓는 일이기에 소작(小作)이며, 작은 총이기에 소총(小銃)이야. 작게 포장하였기에 소포(小包)고, 작은 무리이기에 군소(群小)라고 해. 마음이 너그럽지 못하거나 대범하지 못함을 소심(小心)이라 하고, 음식을 적게 먹음을 소식(小食)이라 한단다.

## 한자 문해력 UP!

| | | |
|---|---|---|
| **소품** | 작을 소(小) + 물건 품(品)<br>▶ 작은 물건 | **뜻** 주로 장식용으로 쓰이는 작은 물품<br>**예문** 소품을 활용하면 집안 분위기를 쉽게 바꿀 수 있다. |
| **과소** | 지나칠 과(過) + 작을 소(小)<br>▶ 지나치게 작다 | **뜻** 지나치게 작음<br>**예문** 상대에 대한 과소평가가 상황을 더욱 어렵게 만들었다. |
| **여소 야대** | 여당 여(與) + 작을 소(小) + 야당 야(野) + 큰 대(大)<br>▶ 여당은 작고 야당은 크다 | **뜻** 여당 의원의 수가 야당 의원의 수보다 적은 상황을 이르는 말<br>**예문** 여소 야대는 행정부 견제가 용이하다. |

**쓰며 익히자**

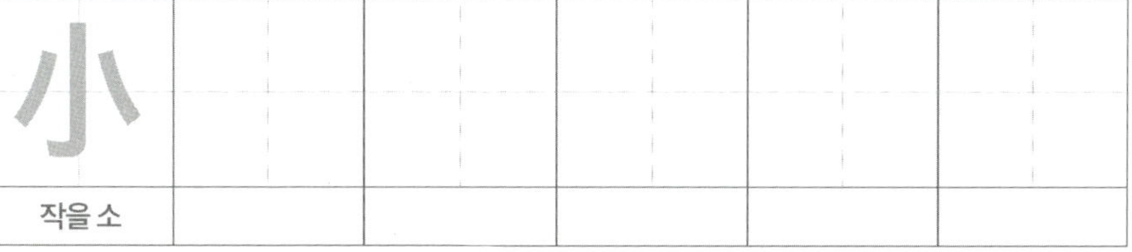

# 所 소

**뜻 | 바, 장소**

**글자 형성 풀이 | 집 호(戶) + 도끼 근(斤)**

집을 도끼로 찍으면 새로운 장소나 새로운 것이 된다.

**일상에서 어떻게 쓰일까?** 소(所)는 단어의 끝에 붙을 때와 앞에 붙을 때 뜻이 달라. 단어의 끝에 붙으면 장소를 나타내는 경우가 많지. 연구소(硏究所)는 연구하는 곳, 탁아소(託兒所)는 아이를 맡기는 곳, 동사무소(洞事務所)는 동네 행정 업무 보는 곳이지. 발전소(發電所)는 전기를 발생시키는 곳이고, 헌법재판소(憲法裁判所)는 헌법에 관한 분쟁이나 법률의 위헌 여부, 탄핵 등에 관한 것을 재판하는 기관이야.

단어의 앞에 붙으면 '~하는 바'라는 뜻으로 쓰이는 경우가 많아. 소원(所願)은 바라는 바, 소행(所行)은 행한 바, 소감(所感)은 느낀 바, 소득(所得)은 얻은 바를 일컫는단다.

## 한자 문해력 UP!

**소문**

바 소(所) + 들을 문(聞)
▶ 들리는 바

뜻 여러 사람의 입에 오르내리며 세상에 떠도는 소식
예문 소문은 또 다른 소문을 만들어 낸다.

**소신**

바 소(所) + 믿을 신(信)
▶ 믿는 바

뜻 굳게 믿거나 생각하는 바
예문 그의 소신은 아름다웠다.

**소재지**

장소 소(所) + 있을 재(在) + 땅 지(地)
▶ 장소가 있는 땅

뜻 주요 건물이나 기관 등이 자리 잡고 있는 장소
예문 어렸을 때는 면 소재지가 도시라고 생각했다.

## 쓰며 익히자

| 所 | | | | | |
|---|---|---|---|---|---|
| 바 소 | | | | | |

# 數 수

**뜻 | 세다, 수, 숫자**

**글자 형성 풀이 | 드문드문할 루(婁) + 칠 복(攵)**

드문드문 흩어져 있는 물건을 막대로 치면서 숫자를 셈한다.

**일상에서 어떻게 쓰일까?** "과반수 찬성이면 가결로 하겠다."라고 했을 때, 정원이 100명이면 몇 명이 찬성해야 가결일까? 50명이면 부결(否決)이고, 51명 이상이어야 가결(可決)이야. '과반수'는 **넘을 과(過), 반 반(半), 숫자 수(數)**로 반절이 넘는 수라는 뜻이기 때문이지.

하나의 값이 주어지면 그에 대응하여 다른 하나의 값이 따라서 정해질 때, 그 정해지는 값을 먼저 주어지는 값에 상대하여 '함수'라 하는 것 알지? **상자 함(函), 숫자 수(數)**야. 상자에 숫자를 넣으면 그에 따라 또 다른 숫자가 나오는 구조를 뜻하지. 입력값에 따라 정해진 출력값이 나오는 공식처럼 말이야.

## 한자 문해력 UP!

| | | |
|---|---|---|
| **변수** | 변할 변(變) + 셈 수(數)<br>▶ 변하는 수 | 뜻 어떤 정세나 상황의 가변적 요인<br>예문 한반도 인구 정책에서 통일은 큰 변수가 될 것이다. |
| **정수** | 가지런할 정(整) + 숫자 수(數)<br>▶ 가지런한 숫자 | 뜻 자연수와 자연수에 음수 및 0을 통틀어 이르는 말<br>예문 한자를 보면 정수와 자연수의 차이가 보인다. |
| **자연수** | 저절로 자(自) + 그럴 연(然) + 숫자 수(數)<br>▶ 저절로 있는 숫자 | 뜻 양의 정수<br>예문 두 개 이상의 자연수에 공통인 약수를 공약수(公約數)라고 한다. |

## 쓰며 익히자

| 數 | | | | | |
|---|---|---|---|---|---|
| 셈 수 | | | | | |

# 樹 수

뜻 | 나무, 근본

글자 형성 풀이 | 나무 목(木) + 세울 주(尌)

나무는 세워진 상태로 있어야 나무다.

**일상에서 어떻게 쓰일까?** 자연의 소리와 푸른 풍경으로 평온함을 안겨 주는 곳, 바로 '수목원'이야. 수목원은 **나무 수(樹), 나무 목(木), 동산 원(園)**으로 나무들이 모여 있는 동산을 의미해. 여러 목적으로 나무를 수집하고 재배하는 곳이지.

어버이가 돌아가셔서 효도할 수 없는 슬픔을 풍수지탄(風樹之嘆)이라고 해. 바람에 나무가 탄식한다는 뜻인데, '수욕정이풍부지(樹欲靜而風不止) 자욕양이친부대(子欲養而親不待)'에서 빌려 만든 말이야. 나무는 고요하고 싶으나 바람이 그치지 않고, 자식은 봉양하고자 하나 부모는 기다려 주지 않는다는 이야기를 담고 있어.

## 한자 문해력 UP!

| 단어 | 풀이 | 뜻 / 예문 |
|---|---|---|
| **수립** | 나무 수(樹) + 세울 립(立)<br>▶ 나무처럼 세우다 | 뜻 국가나 정부, 제도, 기구, 단체 등을 이룩하여 세움<br>예문 주도면밀한 계획 수립은 시간 낭비가 아니다. |
| **관상수** | 볼 관(觀) + 감상할 상(賞) + 나무 수(樹)<br>▶ 보고 감상하기 위한 나무 | 뜻 보고 즐기기 위해 가꾸는 나무<br>예문 과실수는 훌륭한 관상수이기도 하다. |
| **상록수** | 항상 상(常) + 푸를 록(綠) + 나무 수(樹)<br>▶ 항상 푸른 나무 | 뜻 일 년 내내 잎이 늘 푸른 나무로 소나무, 대나무 등이 있음<br>예문 상록수는 절개를 상징하곤 한다. |

## 쓰며 익히자

| 樹 | | | | | |
|---|---|---|---|---|---|
| 나무 수 | | | | | |

# 惡 악

뜻 | 악하다, 나쁘다, 미워하다

글자 형성 풀이 | **버금 아(亞) + 마음 심(心)**

버금가는 마음은 악한 마음이다. 악한 것은 누구나 미워한다.

**일상에서 어떻게 쓰일까?** 무제한의 세포 분열로 증식력이 매우 강하고, 몸 전체에 퍼져서 치명적인 해를 주는 종양을 '악성 종양'이라고 해. 보통 암(癌)이라 부르지. '종양'은 **부스럼 종(腫), 종기 양(瘍)**으로 부스럼과 종기를 뜻해. '악성'은 **나쁠 악(惡), 성질 성(性)**으로 나쁜 성질이라는 뜻이야. 나쁜 성질의 부스럼과 종기가 악성 종양인 거지. '좋을 양(良)'을 쓰는 양성 종양도 있는데 발육 속도가 느리며 침윤이나 전이를 일으키지 않는 종양을 일컫는단다.

악(惡)은 미워한다는 뜻도 있는데 이때는 '오'로 발음한단다. 몸이 오슬오슬 춥고 떨리는 증세를 오한(惡寒)이라 하는데 추위를 미워한다는 뜻이지.

## 한자 문해력 UP!

| | | |
|---|---|---|
| **악몽** | 나쁠 악(惡) + 꿈 몽(夢)<br>▶ 나쁜 꿈 | 뜻 불길하고 무서운 꿈. 생각하기도 싫을 만큼 끔찍한 상황을 비유적으로 이르는 말<br>예문 지난 시간은 나에게 기나긴 악몽이었다. |
| **악순환** | 나쁠 악(惡) + 돌 순(循) + 돌 환(還)<br>▶ 나쁜 것이 돌고 돈다 | 뜻 나쁜 현상이 자꾸 되풀이됨 또는 순환이 나쁨<br>예문 미움은 미움을 낳는 악순환을 가져온다. |
| **권선징악** | 권할 권(勸) + 착할 선(善) + 혼낼 징(懲) + 악할 악(惡)<br>▶ 착함을 권하고 악함을 혼내다 | 뜻 착한 일을 권장하고 악한 일을 징계함<br>예문 고대 소설의 주제 대부분은 권선징악이다. |

## 쓰며 익히자

| 惡 | | | | | |
|---|---|---|---|---|---|
| 악할 악 | | | | | |

# 語 어

뜻 | 말씀, 말, 말하다

글자 형성 풀이 | 말씀 언(言) + 나 오(吾)

말은 내 말만 말인 게 아니다.

일상에서 어떻게 쓰일까? 인간은 언어적 동물이야. 인류가 오늘날의 문명을 이룰 수 있었던 것도 '언어'의 사용이 아니었더라면 불가능했을 거야. 언(言)이나 어(語)가 들어간 단어가 많은 이유지. 자립성과 분리성을 가진 말의 최소 단위를 '단어'라 하는데 **하나 단(單), 말 어(語)**란다. 하나의 단어라는 뜻이야. 두 개 이상의 단어가 모여서 새로운 하나의 뜻을 이루는 말을 '숙어'라 하는데 **익을 숙(熟), 말 어(語)**란다. 익은 말, 굳어진 말이라는 뜻인 거지.

사람이 지닌 고유의 향기는 말에서 뿜어져 나온다고 하였어. 칼에 베인 상처는 시간이 지나면 아물지만 말에 베인 상처는 평생 아물지 않는다는 말도 음미해 보면 좋을 것 같아.

## 한자 문해력 UP!

| 단어 | 풀이 | 뜻/예문 |
|---|---|---|
| **언어폭력** | 말씀 언(言) + 말씀 어(語) + 사나울 폭(暴) + 힘 력(力)<br>▶ 말로 사납게 힘을 씀 | 뜻 위협적이고 저속한 말이나 욕설 따위를 함부로 하여 상대방에게 두려움이나 불쾌감을 주는 일<br>예문 쌓인 감정을 언어폭력으로 표출하는 건 좋지 않다. |
| **어불성설** | 말씀 어(語) + 아닐 불(不) + 이룰 성(成) + 말씀 설(說)<br>▶ 말인데 이루지 못한 말 | 뜻 말이 조금도 사리에 맞지 아니함<br>예문 가정이 파괴될 정도로 열심히 가정을 위해 일했다는 건 어불성설이다. |
| **언어도단** | 말씀 언(言) + 말씀 어(語) + 길 도(道) + 끊어질 단(斷)<br>▶ 말하는 길이 끊어지다 | 뜻 어이가 없어서 말하려 해도 말할 수 없음<br>예문 그렇게 게으른 사람이 재벌이 되었다니 언어도단이 아닐 수 없다. |

쓰며 익히자

| 語 | | | | | | |
|---|---|---|---|---|---|---|
| 말씀 어 | | | | | | |

# 遠 원

뜻 | **멀다, 멀리하다**

글자 형성 풀이 | **쉬엄쉬엄 갈 착(辶) + 옷이 길 원(袁)**

긴 옷을 입고 쉬엄쉬엄 가는 이유는 멀기 때문이다.

**일상에서 어떻게 쓰일까?** 먼 곳에 있는 것은 잘 보이지만 가까이 있는 것은 잘 보이지 않는 시력을 '원시'라고 해. **멀 원(遠), 볼 시(視)**로 먼 곳은 보인다는 뜻이지. 가까운 곳에 있는 것은 보이지 않는다는 뜻이 생략되어 있는 말인 거야. 보이는 것이 핵심이 아니라 보이지 않아서 불편한 것이 핵심이기 때문에 근불시(近不視)라 이름 붙여야 했다는 생각을 해 보았어.

"불원천리 찾아와 주시니 정말 감사합니다."라는 말 들어 본 적 있니? **아니 불(不), 멀 원(遠), 일천 천(千), 거리 리(里)**는 천 리도 멀다고 여기지 않는다는 뜻이야. 천 리는 약 400킬로미터 정도 되는 거리란다.

## 한자 문해력 UP!

| | | |
|---|---|---|
| **원정** | 멀 원(遠) + 칠 정(征)<br>▶ 멀리 치다 | 뜻 먼 곳으로 싸우거나 운동 경기를 하러 가는 일<br>예문 원정을 떠났던 군대가 무사히 귀환했다. |
| **원격** | 멀 원(遠) + 사이 뜰 격(隔)<br>▶ 멀리 사이가 떠 있다 | 뜻 시간적·공간적으로 멀리 떨어져 있음<br>예문 이 전등은 원격 조종으로 점멸된다. |
| **원심력** | 멀 원(遠) + 가운데 심(心) + 힘 력(力)<br>▶ 가운데에서 멀어지는 힘 | 뜻 물체가 원운동을 할 때 중심으로부터 바깥쪽으로 작용하는 힘<br>예문 원운동을 하는 물체는 원심력과 구심력을 가진다. |

## 쓰며 익히자

# 願 원

뜻 | **원하다, 바라다**

글자 형성 풀이 | **근원 원(原) + 머리 혈(頁)**

근원을 파고드는 머리는 더 많은 지식을 원한다.

**일상에서 어떻게 쓰일까?** 원하는 학교나 회사에 들어가고 싶을 때 '원서'를 작성하지? **원할 원(願), 글 서(書)**로 원하는 바를 적은 글이라는 뜻이야. 지원하거나 청원하는 내용을 적은 서류가 원서인 거지. '뜻 지(志)'를 더하면 조직에 뜻을 두어 구성원이 되길 바라는 '지원서'가 된단다.

억울하거나 딱한 사정을 하소연하여 도와주기를 바라는 뜻으로 올리는 글이나 문서를 '탄원서'라 하는데 **탄식할 탄(歎), 원할 원(願), 글 서(書)**야. 억울함을 탄식하면서 원하는 바를 알리는 글이라는 뜻이지.

## 한자 문해력 UP!

| | | | |
|---|---|---|---|
| **소원** | 바 소(所) + 원할 원(願)<br>▶ 원하는 바 | 뜻<br>예문 | 바라고 원하는 일<br>정성을 다해 소원을 빌면 반드시 이루어질까? |
| **숙원** | 오랠 숙(宿) + 원할 원(願)<br>▶ 오래 원하다 | 뜻<br>예문 | 오래전부터 지니고 있던 소원<br>도서관 설립은 우리 고장의 숙원 사업이었다. |
| **애원** | 서러워할 애(哀) + 원할 원(願)<br>▶ 서러워하면서 원함 | 뜻<br>예문 | 애처롭게 사정하며 간절히 바람<br>흥분하여 떠드는 친구에게 언성을 낮추라고 애원했다. |

**쓰며 익히자**

| 願 | | | | | |
|---|---|---|---|---|---|
| 원할 원 | | | | | |

# 越 월

뜻 | 넘다, 초과하다

글자 형성 풀이 | 달릴 주(走) + 도끼 월(戉)

달리다가 도끼를 만나면 뛰어넘어야 한다.
주(走)는 뜻을 나타내고, 월(戉)은 음을 나타낸다.

**일상에서 어떻게 쓰일까?** 낚은 물고기의 크기가 클 때 '월척'이라 하지. **넘을 월(越), 자 척(尺)**으로 한 자가 넘는다는 뜻이란다. 한 자는 30.3센티미터 정도의 길이야. "와! 한 자가 넘었다."의 외침을 "와! 월척이다."라고 한다고 이해하면 되지.

우리나라는 분단국가로써 '월북'이나 '월남'이라는 단어를 심심치 않게 사용하고 있어. 월북은 **넘을 월(越), 북녘 북(北)**으로 북쪽으로 넘어갔다는 뜻이야. 월남(越南)은 남쪽으로 넘어왔다는 뜻이지. 국경이나 경계선 넘는 일을 '장소 경(境)'을 써서 월경(越境)이라 하고, 뒤에서 따라잡아서 앞서 나아감을 '쫓을 추(追)'를 써서 추월(追越)이라 한단다.

## 한자 문해력 UP!

| | | |
|---|---|---|
| **초월** | 넘을 초(超) + 넘을 월(越)<br>▶ 넘고 또 넘다 | 뜻 일정한 한계나 범위를 뛰어넘음<br>예문 이육사는 「광야」에서 초월에의 의지를 보여주었다. |
| **월권** | 넘을 월(越) + 권한 권(權)<br>▶ 권한을 넘다 | 뜻 자기 권한 밖의 일에 관여함<br>예문 부장님의 그런 행위는 지나친 월권이었다. |
| **이월** | 옮길 이(移) + 넘을 월(越)<br>▶ 옮겨 넘기다 | 뜻 옮기어 넘김<br>예문 많은 인원이 수시 전형에서 미충원되어 정시로 이월될 것으로 보인다. |

## 쓰며 익히자

| 越 | | | | | |
|---|---|---|---|---|---|
| 넘을 월 | | | | | |

# 위

뜻 | **하다, 위하다, 되다**

글자 형성 풀이 | **할 위(爲)**

원숭이가 발톱을 쳐들고 뭔가를 하려는 모양을 본뜬 상형문자다. 사람을 위하여 뭔가를 하려고 한다고 이해할 수 있다.

**일상에서 어떻게 쓰일까?** "위정자의 수준은 결국 그 나라 국민의 수준을 반영한다."라고 하지. '위정자'는 **할 위(爲), 정사 정(政), 사람 자(者)**로 정사(정치)를 하는 사람이라는 뜻이야. 나라 살림을 책임지고, 정책을 펼치며, 국민을 이끄는 사람들을 가리킨단다.

위(爲)는 하다(do), 위하다(for), 되다(become) 등의 의미로 쓰여. 당위(當爲), 행위(行爲) 등에서는 하다라는 뜻이고, 위민(爲民)에서는 위한다는 뜻이지. '귤화위지'라는 말이 있어. **귤 귤(橘), 변화 화(化), 될 위(爲), 탱자 지(枳)**로 회남의 귤을 회북으로 옮겨 심으면 탱자가 된다는 뜻이야. 환경과 조건에 따라 사물의 성질이 변한다는 이야기란다.

## 한자 문해력 UP!

| | | |
|---|---|---|
| **무위** | 없을 무(無) + 할 위(爲)<br>▶ 하지 않다 | 뜻 아무것도 하는 일이 없음<br>예문 나는 한동안 무위하며 인생을 보냈소. |
| **요식행위** | 필요 요(要) + 규정 식(式) + 행할 행(行) + 할 위(爲)<br>▶ 규정에 따를 필요가 있는 행위 | 뜻 일정한 방식을 필요로 하는 법률 행위<br>예문 설명회가 요식행위에 그쳤다는 지적을 받고 있다. |
| **지록위마** | 가리킬 지(指) + 사슴 록(鹿) + 할 위(爲) + 말 마(馬)<br>▶ 사슴을 가리켜 말이라 하다 | 뜻 윗사람을 농락하여 권세를 제 마음대로 휘두르는 짓<br>예문 지록위마가 옛날이야기만은 아니다. |

### 쓰며 익히자

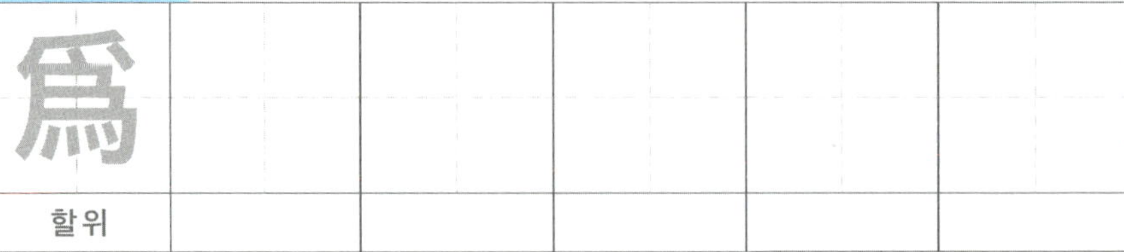

뜻 | 숨다, 숨기다, 불쌍히 여기다

글자 형성 풀이 | 언덕 부(阝) + 손톱 조(爪) + 만들 공(工) + 돼지머리 계(彐) + 마음 심(心)

언덕에서 손톱으로 돼지머리를 만드는 마음은 부끄러워 숨고 싶은 마음이다.

**일상에서 어떻게 쓰일까?** 맡은 바 직책에서 손을 떼고 물러나서 한가로이 지냄을 '은퇴'라고 해. **숨을 은(隱), 물러날 퇴(退)**로 숨기 위해 물러난다는 뜻이야. '정년'도 같은 뜻인데 **멈출 정(停), 나이 년(年)**으로 일을 멈추어야 하는 나이라는 의미지.

세상일을 피해 숨어 버린 사람을 '은둔자'라고 해. **숨을 은(隱), 달아날 둔(遁), 사람 자(子)**로 숨기 위해 달아난 사람이라는 뜻이야. '은밀'은 **숨길 은(隱), 빽빽할 밀(密)**로 빽빽하게 숨겼다는 뜻이지. 다른 사람의 불행을 불쌍히 여기는 마음을 '측은지심'이라 하는데 **슬퍼할 측(惻), 불쌍히 여길 은(隱)**을 쓴단다.

## 한자 문해력 UP!

**은어**
숨을 은(隱) + 말 어(語)
▶ 숨는 말
뜻 숨어서 자기들끼리만 하는 말
예문 선생님이 은어를 남발하는 것은 심각한 문제다.

**은폐**
숨길 은(隱) + 덮을 폐(蔽)
▶ 숨기고 덮다
뜻 덮거나 가리어 숨기는 일
예문 그들은 사건을 축소하고 은폐하려 하였다.

**은유법**
숨길 은(隱) + 비유할 유(喩) + 방법 법(法)
▶ 숨겨서 비유하는 방법
뜻 원관념과 보조 관념 사이의 유사성에 기반을 두고, 사물의 상태나 움직임을 암시적으로 나타내는 수사법
예문 은유법은 일상에서도 많이 사용될 수 있다.

**쓰며 익히자**

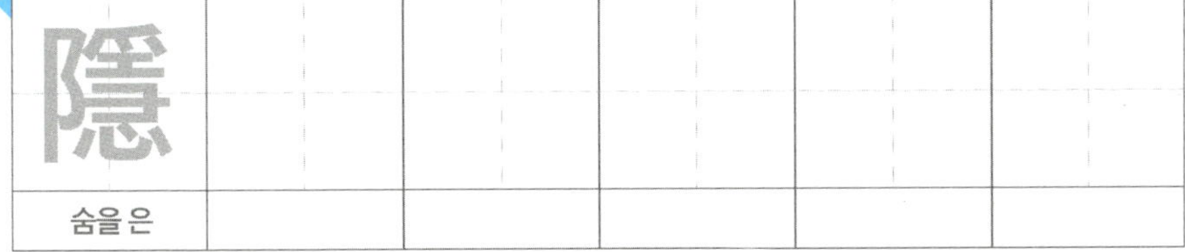

**뜻 | 날, 태양, 일본**

**글자 형성 풀이 | 날 일(日)**

태양을 그린 글자다. 태양 가운데에 점을 찍은 모습이다.

**일상에서 어떻게 쓰일까?** 일(日)은 태양, 날, 일본의 뜻으로 많이 쓰인단다. 일월(日月), 일출(日出), 일몰(日沒), 일광욕(日光浴)에서는 태양을 뜻하고, 휴일(休日), 격일(隔日), 택일(擇日), 일당(日當)에서는 날을 뜻하지. 일제(日帝), 항일(抗日), 한일전(韓日戰), 친일파(親日派)에서는 일본을 나타낸단다.

"종일 공부했다."라고 할 때 '종일'은 무슨 뜻일까? **끝 종(終), 날 일(日)**로 날이 끝날 때까지라는 뜻이야. 아침부터 저녁까지를 의미하지. 태양이 달에 의해 가려지는 현상을 '일식'이라 하는데 **태양 일(日), 좀먹을 식(蝕)**으로 태양이 좀먹었다는 뜻이란다.

## 한자 문해력 UP!

| 단어 | 풀이 | 뜻 / 예문 |
|---|---|---|
| **일과** | 날 일(日) + 과제 과(課)<br>▶ 날마다 주어진 과제 | 뜻 날마다 규칙적으로 하는 일정한 일<br>예문 운동은 나의 중요한 일과 중 하나였다. |
| **일상** | 날 일(日) + 항상 상(常)<br>▶ 날마다 항상 | 뜻 매일 반복되는 보통의 일<br>예문 가끔 일상에서 벗어나는 시간을 갖는 것도 좋다. |
| **일몰** | 태양 일(日) + 빠질 몰(沒)<br>▶ 태양이 빠지다 | 뜻 해가 짐<br>예문 누구는 일출의 아름다움을 이야기하고 누구는 일몰의 아름다움을 이야기한다. |

**쓰며 익히자**

日

날 일

뜻 | **아들, 자식, 물건, 접미사**

글자 형성 풀이 | **아들 자(子)**

포대기에 싸여 있는 아이가 두 팔을 벌리고 있는 모양을 본떠 만든 글자다.

**일상에서 어떻게 쓰일까?** 자왈(子曰)이라는 말 많이 들어 보았지? '공자가 말하기를'이라는 뜻이란다. 자(子)가 공자를 나타내는 의미로 쓰인 거야. 자(子)는 아들을 의미하기도 하지만, 자식을 뜻하는 말로도 많이 쓰인단다. 주민등록등본에 아들, 딸 모두 자(子)라고 쓰여 있잖아.

자(子)는 공자(孔子), 맹자(孟子), 군자(君子)에서는 존칭 접미사로 쓰이고 상자(箱子), 탁자(卓子), 정자(亭子), 모자(帽子), 액자(額子)에서는 물건을 나타내는 접미사로 쓰이지. 중국 춘추전국 시대의 여러 학자 및 학파를 제자백가(諸子百家)라 했는데, 이때는 학자를 나타내는 접미사란다.

## 한자 문해력 UP!

| | | |
|---|---|---|
| **자궁** | 자식 자(子) + 집 궁(宮)<br>▶ 자식이 사는 집 | 뜻 수정란이 착상하여 분만 때까지 발육하는 기관<br>예문 엄마의 자궁은 생의 첫 보금자리다. |
| **전자** | 전자 전(電) + 접미사 자(子)<br>▶ 전자 그 자체 | 뜻 음전하를 가지고 원자핵의 주위를 도는 소립자의 하나로 기호는 e<br>예문 나는 전자 제품의 소재를 개발하고 싶었다. |
| **자회사** | 자식 자(子) + 모일 회(會) + 회사 사(社)<br>▶ 자식처럼 모인 회사 | 뜻 다른 회사와 자본적 관계를 맺어 그 회사의 지배 아래에 있는 회사<br>예문 모회사와 자회사 간에 협력이 잘 이루어져야만 두 회사 모두 발전이 가능하다. |

## 쓰며 익히자

| 子 | | | | | |
|---|---|---|---|---|---|
| 아들 자 | | | | | |

# 自 자

뜻 | 스스로, 자기, 저절로

글자 형성 풀이 | 스스로 자(自)

사람의 코 모양을 본뜬 글자다.
사람들이 자기의 코를 가리키면서 자신의 존재를 알렸기에 자기 자신의 의미로 쓰인다.

**일상에서 어떻게 쓰일까?** 사람의 힘을 더하지 않은 저절로 된 그대로의 현상, 또는 천연으로 이루어진 지리적, 지질적 환경과 조건을 '자연'이라 해. **저절로 자(自), 그러할 연(然)**으로 저절로 그렇게 된 거라는 뜻이야.

1, 2, 3, 4, 5를 자연수라 하는 이유는 자연에 존재하는 숫자이기 때문이야. 스스로 가는 차이기에 자동차(自動車)고, 스스로 굴러가는 수레이기에 자전거(自轉車)야. '수레 차(車)'는 '거'로도 발음한단다. 자신이 원하였기에 자원(自願)이고, 남의 도움이나 간섭을 받지 않고 자신이 주인이 되어 자기 일을 처리하기에 자주(自主)인 거란다.

## 한자 문해력 UP!

| | | |
|---|---|---|
| **자유** | 스스로 자(自) + 말미암을 유(由)<br>▶ 스스로 말미암다 | 뜻 남에게 구속받거나 무엇에 얽매이지 않고 자기 뜻에 따라 행동하는 것<br>예문 표현의 자유를 보장해 주지 않는 것은 잘못이다. |
| **자판기** | 스스로 자(自) + 팔 판(販) + 기계 기(機)<br>▶ 스스로 파는 기계 | 뜻 돈을 넣고 지정된 단추를 누르면 사려는 물건이나 차표 등이 자동으로 나오게 되어 있는 기계<br>예문 옛날에는 자판기 커피를 많이 마셨다. |
| **자존심** | 자기 자(自) + 높을 존(尊) + 마음 심(心)<br>▶ 자기를 높이는 마음 | 뜻 남에게 굽히지 않고 자신의 가치나 품위를 스스로 지키려는 마음<br>예문 너의 자존심만큼 타인의 자존심도 중요하다. |

## 쓰며 익히자

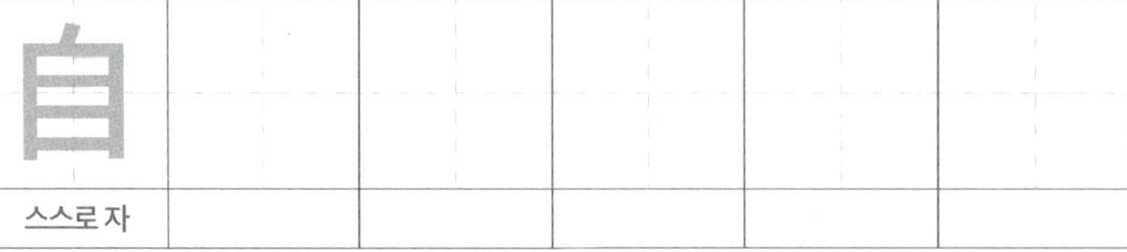

뜻 | **길다, 어른, 우두머리**

글자 형성 풀이 | **길 장(長)**

머리털이 긴 노인이 지팡이를 짚고 서 있는 모양을 그린 글자다.

**일상에서 어떻게 쓰일까?** '장어'를 왜 장어라고 할까? 생각해 본 적 있니? **길 장(長), 물고기 어(魚)**란다. 길이가 긴 물고기이기 때문이지. '장화'도 **길 장(長), 신발 화(靴)**로 긴 신발이라는 뜻이고, 장작도 **길 장(長), 벨 작(斫)**으로 길게 베어 쪼갠 통나무라는 뜻이야. 장거리(長距離), 장총(長銃), 장발(長髮)에서도 모두 '길 장(長)'을 쓴단다.

장(長)은 어른이나 우두머리를 뜻할 때도 많이 쓰여. 교장(校長), 부장(部長), 장로(長老), 선장(船長), 함장(艦長), 대대장(大隊長), 학생회장(學生會長) 등에서는 모두 어른 혹은 우두머리라는 뜻이지.

## 한자 문해력 UP!

| | | |
|---|---|---|
| **연장** | 끌 연(延) + 길 장(長)<br>▶ 끌어서 길게 하다 | 뜻 공간적 길이나 시간을 일정 기준보다 늘림<br>예문 평균 수명 연장으로 인류는 곧 100세 시대를 살게 될 것이다. |
| **전장** | 모두 전(全) + 길 장(長)<br>▶ 모두의 길이 | 뜻 어떤 물건의 전체 길이<br>예문 이 동굴은 전장이 5킬로미터가 넘는다고 한다. |
| **의장** | 회의 의(議) + 어른 장(長)<br>▶ 회의를 주관하는 어른 | 뜻 회의를 주재(主宰)하고 그 회의를 대표하는 사람<br>예문 의장은 의사봉을 땅땅땅 침으로써 의안 통과를 알렸다. |

**쓰며 익히자**

| 長 | | | | | | |
|---|---|---|---|---|---|---|
| 길 장 | | | | | | |

**뜻 | 법, 책, 규정, 의식**

**글자 형성 풀이 | 책 책(冊) + 받들 공(廾)**

책을 받드는 이유는 법이기 때문이고 경전이기 때문이다.

**일상에서 어떻게 쓰일까?** '사전'의 한자는 사전(辭典)일까? 사전(事典)일까? 둘 다 맞아. 하지만 의미는 다르지. **말 사(辭), 책 전(典)**의 사전은 어휘를 모아 일정한 순서로 배열하여 싣고 그 표기법, 발음, 어원, 의미, 용법 등을 설명한 책이야. 국어사전(國語辭典), 영어사전(英語辭典) 등이 그것이란다. **일 사(事), 책 전(典)**으로 쓰는 사전은 여러 가지 사물이나 사항을 나타내는 말을 모아 일정한 순서로 배열하고 그 각각에 해설을 붙인 책이야. 백과사전(百科事典), 민속사전(民俗事典) 등이 그것이지. 또한 전국체전(全國體典)에서의 전(典)은 의식이라는 뜻으로 사용되지.

## 한자 문해력 UP!

| | | |
|---|---|---|
| **고전** | 옛 고(古) + 책 전(典)<br>▶ 옛날 책 | 뜻 예전에 쓰인 작품으로, 시대를 뛰어넘어 변함없이 읽을 만한 가치를 지니는 것들을 통틀어 이르는 말<br>예문 교양인이라면 반드시 고전을 읽어야 한다. |
| **경전** | 경서 경(經) + 책 전(典)<br>▶ 경서로서의 책 | 뜻 종교의 교리를 적은 책<br>예문 『논어』는 유교의 기본 경전 중 하나다. |
| **전형적** | 법 전(典) + 거푸집 형(型) + 어조사 적(的)<br>▶ 법이나 거푸집 같은 것 | 뜻 법처럼 정해지고, 거푸집처럼 형태가 같은 어떤 부류의 특징을 가장 잘 나타낸 것<br>예문 청명한 하늘과 맑은 햇살은 전형적인 한국의 가을 날씨이다. |

**쓰며 익히자**

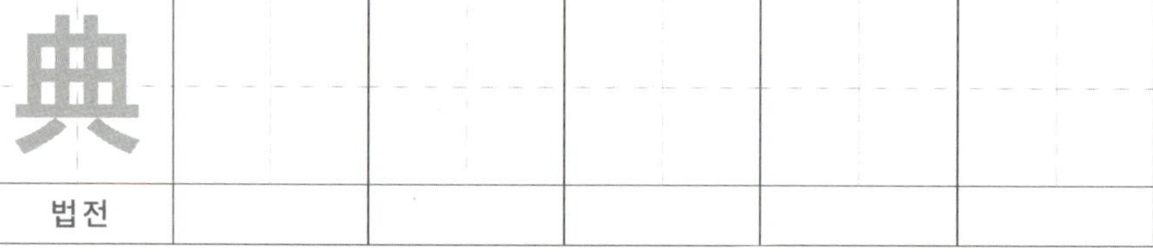

# 節 절

뜻 | 마디, 절개, 기념일, 절약하다

글자 형성 풀이 | 대나무 죽(竹) + 곧 즉(卽)

대나무는 마디가 특징이며 곧 절개를 상징한다.

**일상에서 어떻게 쓰일까?** '만우절' 거짓말에 속아 본 적 있니? 4월 1일을 만우절이라 하는데 **일만 만(萬), 어리석을 우(愚), 기념일 절(節)**로 많은 사람을 어리석게 만들며 즐기는 날이라는 뜻이야. 가벼운 거짓말로 서로를 속이며 즐기는 날이라고 할 수 있지.

절(節)은 관절(關節)이나 구절(句節), 음절(音節)에서는 마디라는 뜻으로 쓰여. 명절(名節)이나 광복절(光復節)에서는 기념일을 뜻하지. 정절(貞節)이나 수절(守節)에서는 절개를 의미한단다. '절용이애인(節用而愛人)'이라는 말이 있어. 절약해서 쓰는 게 사람을 사랑하는 일이 된다는 뜻이란다. 이때의 절(節)은 절약하다는 뜻이야.

## 한자 문해력 UP!

| 단어 | 풀이 | 뜻 / 예문 |
|---|---|---|
| **수절** | 지킬 수(守) + 절개 절(節)<br>▶ 절개를 지키다 | 뜻 정절을 지킴<br>예문 그녀는 평생 수절했다. |
| **환절기** | 바꿀 환(換) + 마디 절(節) + 시기 기(期)<br>▶ 마디가 바뀌는 시기 | 뜻 계절이 바뀌는 시기<br>예문 환절기에는 기후의 변화가 심하기 때문에 감기에 걸리기 쉽다. |
| **개천절** | 열 개(開) + 하늘 천(天) + 기념일 절(節)<br>▶ 하늘이 열림을 기념하는 날 | 뜻 우리나라의 건국 기념일로 10월 3일임<br>예문 우리나라의 국경일로는 삼일절, 제헌절, 광복절, 개천절 등이 있다. |

**쓰며 익히자**

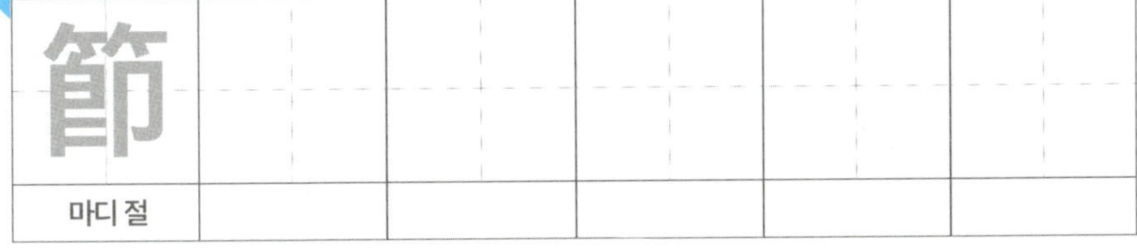

# 停 정

**뜻** | **머무르다, 멈추다**

**글자 형성 풀이** | **사람 인(亻=人) + 정자 정(亭)**

사람이 정자를 만나면 머무르고 싶어진다.

**일상에서 어떻게 쓰일까?** '주정차 금지'라는 표지판을 흔하게 볼 수 있어. 주정차는 '주차'와 '정차'를 아울러 이르는 말이야. 주차는 **머무를 주(駐), 수레 차(車)**로 차를 머무르게 한다는 뜻이고, 정차는 **머무를 정(停), 수레 차(車)**로 역시 차를 머무르게 한다는 뜻이지.

글자로는 의미의 차이가 없는데, 도로 교통법에서는 분명하게 다르단다. 운전자가 자동차로부터 떠나 있어서 즉시 운전할 수 없는 상태는 '주차'라 하고, 자동차가 5분을 초과하지 않고 잠깐 멈추어 있는 상태는 '정차'라고 해. 버스나 택시가 사람을 태우거나 내려 주기 위하여 머무르는 일정한 장소는 정류장(停留場)이라고 하지.

## 한자 문해력 UP!

| | | |
|---|---|---|
| **정전** | 멈출 정(停) + 전쟁 전(戰)<br>▶ 전쟁을 멈추다 | 뜻 전쟁 중인 나라들이 서로의 합의에 의해 일시적으로 전투를 중단하는 일<br>예문 우리나라는 아직도 정전 상태에 있다. |
| **정체기** | 머무를 정(停) + 막힐 체(滯) + 기간 기(期)<br>▶ 머무르며 막힌 기간 | 뜻 어떤 형편이나 상태가 발전되거나 진척되지 아니하고 한자리에 머물러 있는 시기<br>예문 발전기가 있으면 정체기도 또한 있기 마련이다. |
| **무기정학** | 없을 무(無) + 기한 기(期) + 멈출 정(停) + 학교 학(學)<br>▶ 기한 없이 학교를 멈추다 | 뜻 기한을 정하지 않고 학교에 나오지 못하도록 하는 처벌<br>예문 이런 일을 하다 걸리면 영락없이 무기정학이다. |

**쓰며 익히자**

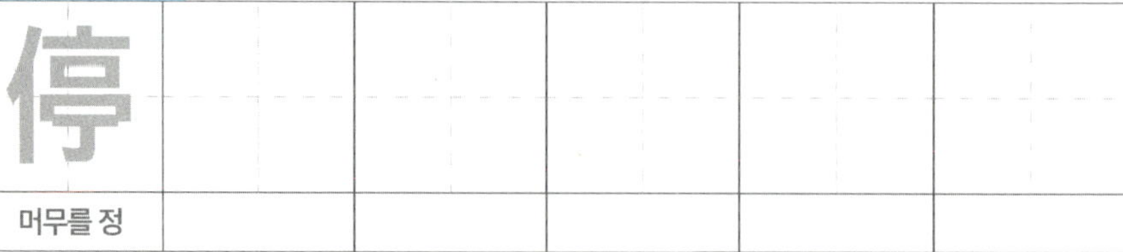

# 定 정

뜻 | 정하다, 바로잡다

글자 형성 풀이 | 집 면(宀) + 바를 정(正)

집이 바르게 서면 모든 게 잘 정해진다.

일상에서 어떻게 쓰일까? the를 정관사라 하고, a, an을 부정관사라고 하는 것 알지? 정해진 명사를 가리키니까 '정할 정(定)'의 정관사(定冠詞)고, 정해지지 않은 명사를 가리키니까 **아니 부(不), 정할 정(定)**를 써서 부정관사인 거야.

'부정사'라는 말도 들어 보았지? **아니 부(不), 정할 정(定), 말 사(詞)**로 정해지지 않은 품사라는 뜻이야. 동사 원형으로 홀로 쓰이기도 하고 동사 원형 앞에 'to'가 붙어 쓰이기도 하지. 때로는 명사로 쓰이고, 때로는 형용사로 쓰이며, 때로는 부사로도 쓰이지. 명사적 용법, 형용사적 용법, 부사적 용법이라고 이야기하는 이유란다.

## 한자 문해력 UP!

| | | |
|---|---|---|
| **작정** | 만들 작(作) + 정할 정(定)<br>▶ 만들어 정하다 | 뜻 일을 어떻게 하기로 마음속으로 단단히 결정함<br>예문 시간을 끌 작정으로 딴청을 피워선 안 된다. |
| **정의** | 정할 정(定) + 뜻 의(義)<br>▶ 뜻을 정하다 | 뜻 어떤 단어나 사물의 뜻을 명백히 밝혀 규정함<br>예문 문화에 대한 정의는 시대마다 조금씩 변화한다. |
| **정초** | 정할 정(定) + 주춧돌 초(礎)<br>▶ 주춧돌을 정하다 | 뜻 사물의 기초를 잡아 정함<br>예문 건물 입구에 정초라고 적힌 머릿돌이 있는데, 그곳에 초석을 놓은 날짜가 적혀 있다. |

쓰며 익히자

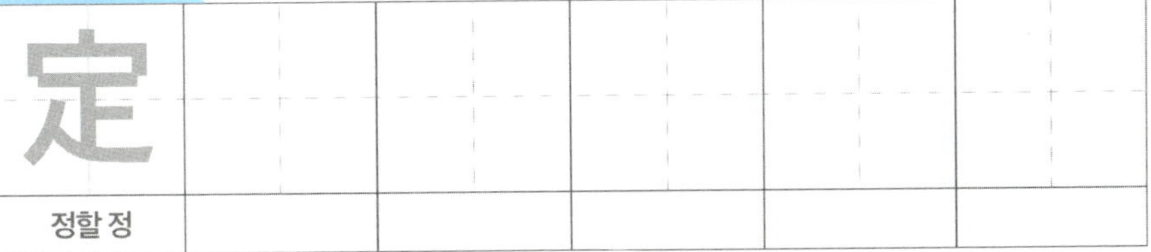

# 精 정

뜻 | **찧다, 정밀하다, 정성스럽다, 정자**

글자 형성 풀이 | **쌀 미(米) + 푸를 청(靑)**

쌀이 푸른 이유는 정성스럽게 찧었기 때문이다.

**일상에서 어떻게 쓰일까?** 벼를 쌀로 만드는 곳을 '정미소'라고 하는데 **정밀할 정(精), 쌀 미(米), 장소 소(所)**로 쌀을 정밀하게 찧는 장소라는 뜻이란다. 미(米)는 八 + 十 + 八이 결합된 글자야. 쌀 한 톨이 만들어지기 위해서는 팔십팔(八十八) 번 땀을 흘려야 한다는 의미로 해석하기도 하지.

정(精)도 여러 가지 의미로 쓰여. 찧다, 정밀하다, 정성스럽다 등으로 쓰이거든. 수정란(受精卵)에서처럼 정자를 의미하기도 하지. '정신일도 하사불성(精神一到何事不成)'이라 했어. 정신을 하나에 이르게 하면 어떤 일인들 이루지 못하겠느냐는 뜻이야.

## 한자 문해력 UP!

| 단어 | 풀이 | 뜻 / 예문 |
|---|---|---|
| **정수** | 찧을 정(精) + 골수 수(髓)<br>▶ 뼈를 찧어 골수가 나오다 | 뜻 뼛속에 있는 골수 또는 사물의 중심이 되는 골자<br>예문 우리 민족 문화의 정수는 바로 여기에 있다. |
| **정기** | 정성 정(精) + 기운 기(氣)<br>▶ 정성스러운 기운 | 뜻 천지 만물을 생성하는 근원이 되는 기운<br>예문 그는 올바른 민족의 정기를 세워야 한다고 주장했다. |
| **정육점** | 정밀할 정(精) + 고기 육(肉) + 가게 점(店)<br>▶ 고기를 정밀하게 파는 가게 | 뜻 소나 돼지 등의 고기나 뼈를 파는 가게<br>예문 정육점에 걸린 고깃덩어리에서 삶의 비애를 느꼈다. |

**쓰며 익히자**

| 精 | | | | | |
|---|---|---|---|---|---|
| 찧을 정 | | | | | |

# 朝 조

뜻 | 아침, 조정, 왕조

글자 형성 풀이 | 풀 초(艹) + 해 일(日) + 달 월(月)

풀 사이에 해가 있고 달도 있는 때는 아침이다.

일상에서 어떻게 쓰일까? 조조할인이 영화관에서만 적용되는 줄 알았는데 지하철에서도 적용되더구나. 출근 시간의 혼잡을 완화하기 위해 마련된 제도인데 기본요금의 20퍼센트를 할인받을 수 있단다. '조조'는 **이를 조(早), 아침 조(朝)**로 이른 아침이라는 뜻이지. 아침에 펴내는 신문을 조간(朝刊)이라 하고, 손님을 초대하여 함께 먹는 아침 식사를 조찬(朝餐)이라 하지.

사극(史劇)에 자주 등장하는 '조정'에서도 '아침 조(朝)'를 쓰는데, 이때는 '아침'이라는 뜻이 아니라 임금과 신하들이 모여 나라의 정치를 의논하고 집행하는 곳인 조정을 의미한단다.

## 한자 문해력 UP!

| | | |
|---|---|---|
| **조회** | 아침 조(朝) + 모임 회(會)<br>▶ 아침에 모이다 | 뜻 학교나 관청 등에서 전달 사항을 주고받기 위해 구성원이 아침에 함께 모이는 일<br>예문 오늘 조회 시간에 사장님의 훈화는 무척 길었다. |
| **조찬** | 아침 조(朝) + 먹을 찬(餐)<br>▶ 아침을 먹다 | 뜻 손님을 초대하여 함께 먹는 아침 식사<br>예문 조찬을 함께하며 간담회를 가지도록 하지요. |
| **조공** | 왕조 조(朝) + 바칠 공(貢)<br>▶ 왕조에 바치다 | 뜻 예전에, 속국이 종주국에게 때맞추어 예물을 바치는 일이나 그러한 예물<br>예문 조선은 중국에 사신을 보내어 조공했다. |

## 쓰며 익히자

| 朝 | | | | | | |
|---|---|---|---|---|---|---|
| 아침 조 | | | | | | |

**뜻** | 마치다, 죽다, 무리

**글자 형성 풀이** | 또 역(亦=亦) + 열 십(十)

또 열 번을 하는 이유는 일을 끝내고 싶기 때문이다.

**일상에서 어떻게 쓰일까?** 뇌의 어떤 부분에 혈액 공급량이 줄어들거나 출혈이 발생하면 의식 장애와 호흡 곤란, 운동 마비 등의 증상이 나타나는데 이를 '뇌졸중'이라고 해. **뇌 뇌(腦), 죽을 졸(卒), 증세 증(症)**으로 뇌가 죽어 가는 증세라는 뜻이야. 뇌동맥이 막히거나 갑자기 터져서 혈관 밖으로 흘러나온 혈액이 굳어져 혈관을 막고 주위의 신경을 압박할 때 발생하지.

뇌에 혈액을 보내는 동맥이 막혀 혈액이 흐르지 못하거나 방해를 받아 그 앞쪽의 뇌조직이 괴사하는 병을 '뇌경색'이라 하는데 **뇌 뇌(腦), 막힐 경(梗), 막힐 색(塞)**으로 뇌의 혈액 흐름이 막혔다는 뜻이란다.

## 한자 문해력 UP!

| | | |
|---|---|---|
| **졸업** | 마칠 졸(卒) + 일 업(業)<br>▶ 일을 마치다 | 뜻 등록한 학교나 학원의 학업 과정을 마침<br>예문 졸업을 앞두고 마음이 싱숭생숭하다. |
| **병졸** | 군사 병(兵) + 무리 졸(卒)<br>▶ 군사의 무리 | 뜻 예전에 군인이나 군대를 이르던 말<br>예문 장군은 병졸과 숙식을 함께 하며 전쟁에 대비했다. |
| **오합지졸** | 까마귀 오(烏) + 모일 합(合) + ~의 지(之) + 무리 졸(卒)<br>▶ 까마귀가 모인 듯한 군사 | 뜻 임시로 모여들어서 규율이 없고 무질서한 병졸 또는 군중<br>예문 아군의 공격에 적군은 오합지졸이 되었다. |

**쓰며 익히자**

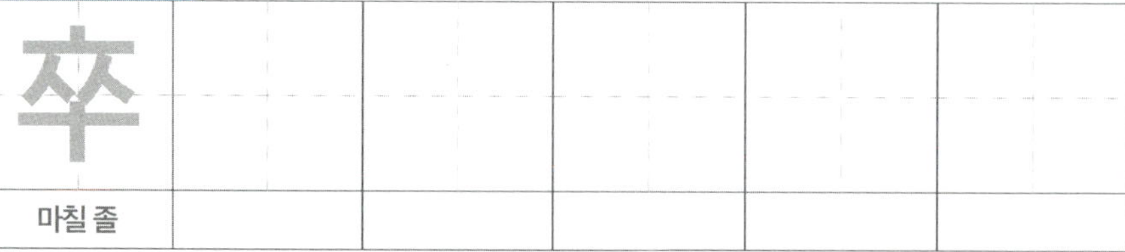

뜻 | **주인, 주되다**

글자 형성 풀이 | **점 주(丶) + 임금 왕(王)**

자신을 임금이라 하면서 점을 찍은 사람이 주인이다.

**일상에서 어떻게 쓰일까?** 한 집안의 살림살이를 도맡아서 주관하는 여자 주인을 '주부'라 하는데 **주인 주(主), 여자 부(婦)**로 집안의 주인이 되는 여자라는 뜻이야. 주(主)는 주체(主體), 주도(主導), 주제(主題)처럼 주요하거나 기본이 되는 의미로 많이 쓰인단다.

경기가 규칙대로 진행될 수 있도록 임명한 심판들 가운데 우두머리를 '주심'이라 하는데 **주될 주(主), 심판 심(審)**으로 주된 심판이라는 뜻이야. 연극이나 영화에서 주인공으로 출연하는 사람을 '주연'이라 하는데 **주될 주(主), 연기자 연(演)**으로 주된 연기자라는 뜻이지. '자주'는 **자기 자(自), 주될 주(主)**로 자기 일을 주되게 처리한다는 뜻이란다.

## 한자 문해력 UP!

| | | |
|---|---|---|
| **주류** | 주될 주(主) + 흐를 류(流)<br>▶ 주된 흐름 | 뜻 학문, 사상 등에서 중심이 되는 흐름이나 경향<br>예문 나는 주류에 속하는 적이 거의 없었다. |
| **민주화** | 백성 민(民) + 주인 주(主) + 될 화(化)<br>▶ 백성이 주인이 되다 | 뜻 체제 등이 민주적으로 됨<br>예문 민주화는 저절로 되는 것이 아니라 피와 땀으로 얻어지는 것이다. |
| **주도권** | 주인 주(主) + 이끌 도(導) + 권한 권(權)<br>▶ 주인이 이끄는 권한 | 뜻 주동적인 위치에서 이끌거나 지도하는 권한<br>예문 처음에 주도권을 잡아야 승리가 가능하다. |

**쓰며 익히자**

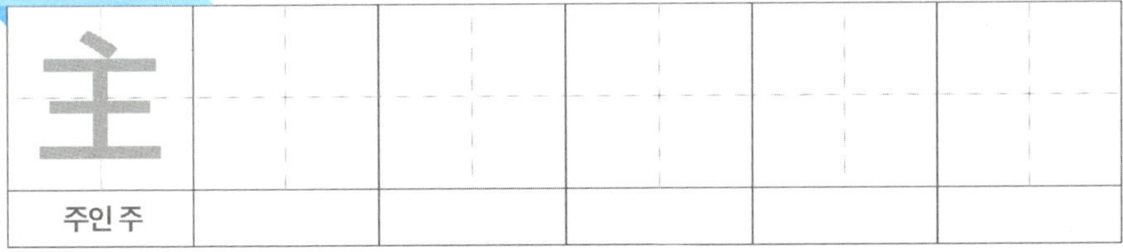

뜻 | 가운데, 중심, 안, 속

글자 형성 풀이 | 가운데 중(中)

진지 중앙에 펄럭이는 깃발을 그린 글자다.
속을 꿰뚫는 모습을 그린 것으로 볼 수도 있다.

**일상에서 어떻게 쓰일까?** 중국 사람들이 자기 민족의 우월성을 자랑할 때 중화사상(中華思想)을 이야기하지. 이 단어를 들었을 때 고개를 갸우뚱했던 이유는 중(中)을 상중하(上中下)의 중(中)이나 중학교(中學校)에서의 중(中)이라고만 생각했기 때문이야.

중(中)은 중간을 뜻하기도 하지만, 중심이나 가운데를 나타내기도 한단다. 그러니까 '중화'는 **중심 중(中), 꽃 화(華)**로 세계에서 중심이 되는 꽃이라는 뜻인 거야. 중국이 세상 가운데에서 꽃처럼 아름답다, 중국이 세계 문명의 중심이라고 생각한다는 이야기지. 자기 민족의 우월성을 자랑해 온 사상이라 할 수 있어.

## 한자 문해력 UP!

| | | |
|---|---|---|
| **심중** | 마음 심(心) + 가운데 중(中)<br>▶ 마음의 가운데 | 뜻 마음의 속<br>예문 심중에 묻어 두었던 말을 털어놓았다. |
| **시중** | 번화한 곳 시(市) + 가운데 중(中)<br>▶ 번화한 곳의 가운데 | 뜻 사람들이 많이 오가며 생활하거나 활동하는 곳<br>예문 시중에 떠다니는 말 중에는 거짓말도 많다. |
| **중독** | 가운데 중(中) + 독 독(毒)<br>▶ 독의 가운데 | 뜻 술이나 마약 등을 지나치게 복용하여 그것이 없이는 생활이나 활동을 하지 못하는 상태<br>예문 도파민 중독이 사회적 문제로 대두되고 있다. |

### 쓰며 익히자

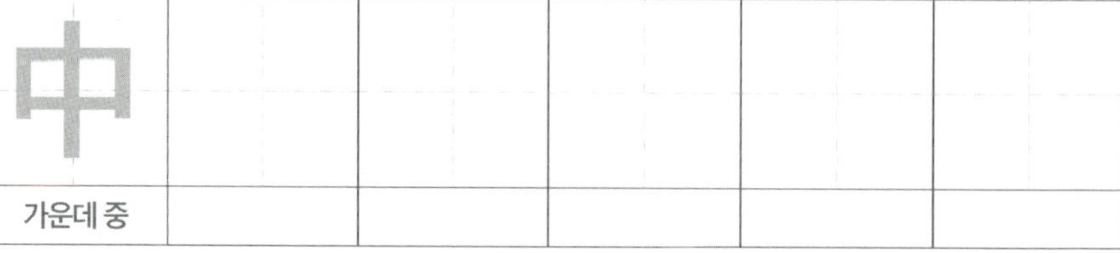

뜻 | **무겁다, 중요하다, 겹치다**

글자 형성 풀이 | **일천 천(千) + 마을 리(里)**

천 개의 마을을 돌아다니다 보면 무겁고 중요한 것을 알 수 있다.

**일상에서 어떻게 쓰일까?** "잘못의 경중을 따져 보자."라는 말 들어 본 적 있지? '경중'은 **가벼울 경(輕), 무거울 중(重)**으로 가볍고 무거운 정도라는 뜻이야. '중책'은 **무거울 중(重), 책임 책(責)**으로 중대한 책임이라는 뜻이지. 제철(製鐵), 조선(造船), 기계(機械) 등 비교적 무거운 물건을 만드는 공업은 중공업(重工業)이라고 해.

중(重)은 중요하다, 겹치다라는 뜻으로도 쓰인단다. 중책(重責), 중시(重視), 귀중(貴重), 중점(重點), 존중(尊重), 편중(偏重)에서는 중요하다는 뜻이고, 이중(二重), 중창단(重唱團), 중건(重建), 중의적(重義的), 중복(重複) 등에서는 겹친다는 뜻이지.

## 한자 문해력 UP!

| 단어 | 풀이 | 뜻 / 예문 |
|---|---|---|
| **중증** | 무거울 중(重) + 증세 증(症)<br>▶ 무거운 증세 | 뜻 어떤 상태가 매우 심각하고 위태로움<br>예문 그는 중증 장애를 안고 있었다. |
| **중량** | 무거울 중(重) + 양 량(量)<br>▶ 무거운 양 | 뜻 무거운 정도 또는 매우 큰 무게<br>예문 그 도로는 화물차의 적재 중량에 따라 제한적으로 이용할 수 있다. |
| **존중** | 높일 존(尊) + 중요할 중(重)<br>▶ 높여주고 중요하게 생각하다 | 뜻 높이어 중하게 여김<br>예문 가까운 친구일수록 서로 존중이 필요하다. |

**쓰며 익히자**

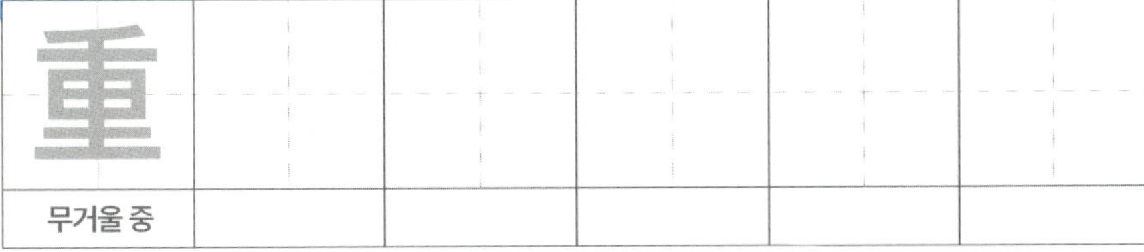

# 之 지

**뜻 |** 가다, ~의, 그것

**글자 형성 풀이 |** 갈 지(之)

이리 갔다가 저리 갔다가 하는 모양을 본뜬 글자다.

**일상에서 어떻게 쓰일까?** 지(之)는 인지상정(人之常情), 호연지기(浩然之氣)에서처럼 관형격 조사 '~의'로 많이 쓰여. 그런데 역지사지(易地思之), 결자해지(結者解之)처럼 한자성어의 끝에 올 때는 '그것' 등을 지시하는 대명사로 쓰이는 경우가 대부분이야. 문장에서는 주격 조사, 목적격 조사로 쓰이기도 하지. 그리고 아주 가끔 '가다(go)'라는 동사로 쓰인단다.

이름을 잘못 붙인 게 아닐까? 흔히 '갈 지'라고 부르는데, 어조사로 더 많이 쓰이기에 '어조사 지'라고 해야 옳다는 생각이야. '어조사'는 '조사'야. '토'라고도 하는데, 실질적 의미 없이 다른 글자를 보조해 주는 글자를 일컫는단다.

## 한자 문해력 UP!

| | | |
|---|---|---|
| **고육지책** | 고통 고(苦) + 몸 육(肉) + ~의 지(之) + 방법 책(策)<br>▶ 몸이 고통스러운 방법 | 뜻 자신의 피해를 무릅쓰고서 어쩔 수 없이 택한 방법이나 책략<br>예문 고육지책이었노라고 변명하지 않으면 좋겠다. |
| **만시지탄** | 늦을 만(晩) + 때 시(時) + ~의 지(之) + 탄식 탄(歎)<br>▶ 늦은 때의 탄식 | 뜻 어떤 일에 알맞은 때가 지났음을 안타까워하는 탄식<br>예문 이제야 철이 든 제 모습에 만시지탄을 느낍니다. |
| **경이원지** | 공경 경(敬) + 그러나 이(而) + 멀리할 원(遠) + 그것 지(之)<br>▶ 공경하지만 그것을 멀리하다 | 뜻 공경은 하지만 가까이하지는 않음<br>예문 사람들이 그를 경이원지하여 그는 늘 외로웠다. |

**쓰며 익히자**

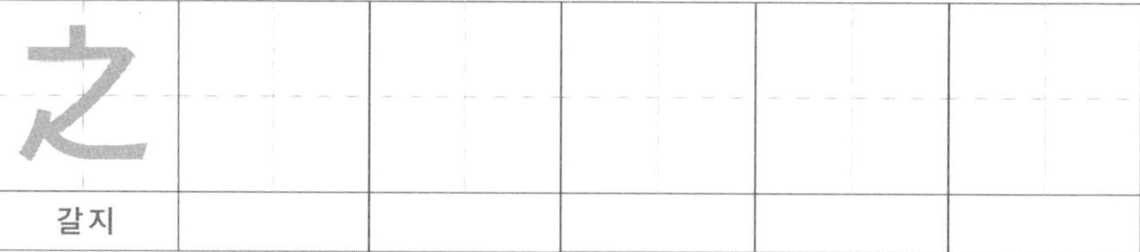

# 知 지

뜻 | **알다, 알리다**

글자 형성 풀이 | **화살 시(矢) + 입 구(口)**

화살을 쏘듯이 입으로 빨리 말하는 사람은 많이 아는 사람이다.

**일상에서 어떻게 쓰일까?** 감정보다 이성이나 지성을 더 중요하게 여기는 태도나 생각을 '주지주의'라고 해. **중심 주(主), 지성 지(知)**로 지성을 중심에 둔다는 뜻이야. 감정이나 충동보다 생각과 이론, 이지적인 판단을 앞세우는 경향을 말해. 감정적으로 반응하기보다는 이성적으로 분석하고 판단하려는 태도이지.

이성이나 지성보다 감정을 더 우선시하는 사상도 있는데 이를 '주정주의'라고 하지. **중심 주(主), 감정 정(情)**으로 감정을 중심에 둔다는 뜻이야. 감정이 인간의 본질에 더 가깝고, 판단이나 행동의 출발점이라고 보는 생각이란다.

## 한자 문해력 UP!

| | | |
|---|---|---|
| **인지** | 인식할 인(認) + 알 지(知)<br>▶ 인식하여 알다 | 뜻 어떤 사실을 인정하여 앎<br>예문 문제가 무엇인지 인지하는 게 우선이다. |
| **지명도** | 알 지(知) + 이름 명(名) + 정도 도(度)<br>▶ 이름을 아는 정도 | 뜻 이름이 세상에 알려진 정도<br>예문 지명도보다는 정직성이나 능력을 보고 투표해야 한다. |
| **지성인** | 알 지(知) + 성품 성(性) + 사람 인(人)<br>▶ 알면서 성품도 갖춘 사람 | 뜻 높은 지식과 지능을 갖춘 사람<br>예문 지성인의 면모를 갖추기 위해 열심히 독서를 했다. |

**쓰며 익히자**

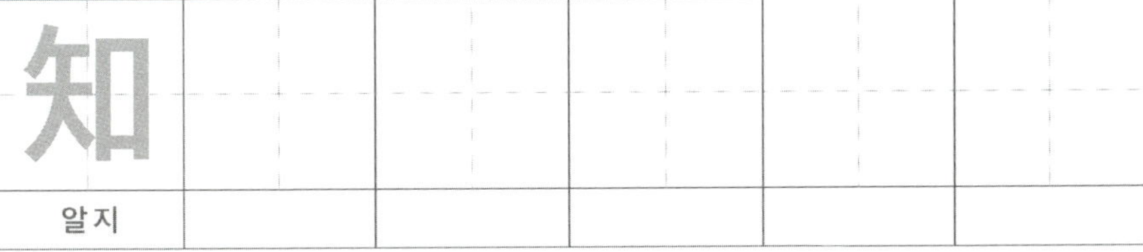

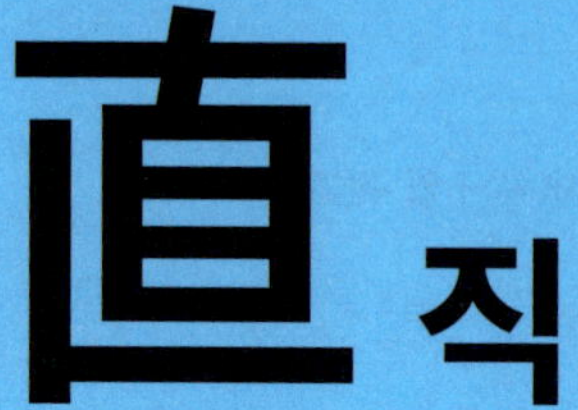

뜻 | 곧다, 바르다

글자 형성 풀이 | 열 십(十) + 눈 목(目) + 숨을 은(乚)

열 개의 눈으로 숨겨져 있는 것을 곧고 바르게 본다.

**일상에서 어떻게 쓰일까?** '직행버스'가 있었고 '완행버스'가 있어. 중간에 머무르거나 어떤 곳을 들르지 않고 목적지로 바로 가는 버스를 직행버스라 하고, 빠르지 않은 속도로 운행하면서 승객이 원하는 곳마다 서는 버스를 완행버스라 하지. **곧을 직(直), 갈 행(行)**으로 곧게 간다고 해서 직행이고 **느릴 완(緩), 갈 행(行)**으로 느리게 간다고 해서 완행이란다.

"네가 지은 죄를 이실직고해라." 많이 들어 본 말이지? '이실직고'는 **써 이(以), 실제 실(實), 곧을 직(直), 알릴 고(告)**로 실제 사실로 곧게 알리라는 뜻이야. 성품이나 마음이 바르고 곧음을 '정직'이라 하는데 **바를 정(正), 곧을 직(直)**을 쓴단다.

## 한자 문해력 UP!

| | | |
|---|---|---|
| **직속** | 곧을 직(直) + 속할 속(屬)<br>▶ 곧바로 속하다 | 뜻 그 부서나 직책에 직접 속하는 것임을 나타내는 말<br>예문 직속 선배의 부탁을 거절할 수 없었다. |
| **직언** | 곧을 직(直) + 말 언(言)<br>▶ 곧은 말 | 뜻 옳고 그름을 상대방에게 기탄없이 바로 말함<br>예문 충신이라면 직언을 서슴지 않아야 한다. |
| **불문곡직** | 아니 불(不) + 물을 문(問) + 굽을 곡(曲) + 곧을 직(直)<br>▶ 굽은지 곧은지 묻지 않다 | 뜻 사리의 옳고 그름을 따져 묻지 않음<br>예문 죄 없는 그들을 불문곡직 잡아 갔다. |

**쓰며 익히자**

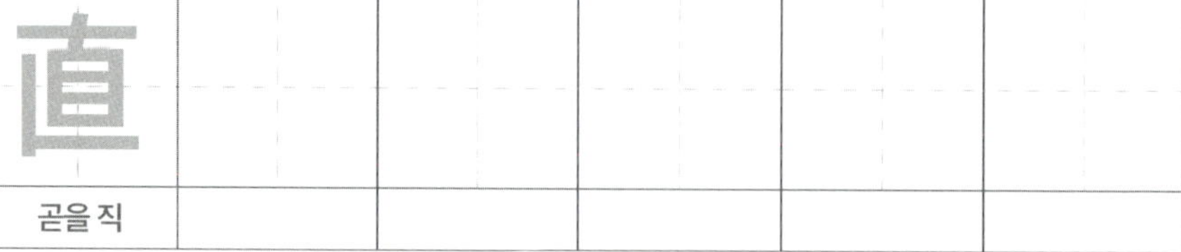

# 天 천

뜻 | 하늘, 하느님, 자연

글자 형성 풀이 | 하나 일(一) + 큰 대(大)

단 하나뿐인 큰 것은 하늘이다.

**일상에서 어떻게 쓰일까?** '천상천하 유아독존(天上天下唯我獨尊)'. 석가모니가 태어났을 때 처음으로 한 말이라고 해. 여기서 아(我)는 '석가모니'가 아니라 '세상 모든 사람'을 뜻한단다. **오직 유(唯), 나 아(我), 홀로 독(獨), 높을 존(尊)**이야. 우주에서 오직 사람만이 홀로 존귀한 존재라는 이야기지.

천(天)은 천문학(天文學), 천지(天地), 노천극장(露天劇場)처럼 하늘을 뜻한단다. 제천의식(祭天儀式), 천국(天國)에서는 하늘에 계신 신을 의미하지. 하늘은 곧 자연이기도 해. 천연자원(天然資源), 우천(雨天), 천성(天性) 등에서는 자연을 뜻한단다.

## 한자 문해력 UP!

| | | |
|---|---|---|
| **천막** | 하늘 천(天) + 막 막(幕)<br>▶ 하늘을 막기 위해 치는 막 | 뜻 비바람이나 볕을 막기 위하여 기둥을 세우고 천을 씌워 막처럼 지어 놓은 것<br>예문 비가 내리자 모두 서둘러 천막을 쳤다. |
| **노천** | 드러낼 노(露) + 하늘 천(天)<br>▶ 하늘에 드러내다 | 뜻 사방과 하늘을 지붕이나 벽 등으로 가리지 않은 자리<br>예문 노천탕에서 찬 바람을 맞으며 목욕을 즐겼다. |
| **천동설** | 하늘 천(天) + 움직일 동(動) + 말씀 설(說)<br>▶ 하늘이 움직인다는 말 | 뜻 우주의 중심은 지구이고, 모든 전체는 지구의 둘레를 돈다는 학설<br>예문 지동설이 등장하면서 천동설은 비과학적인 학설임이 증명되었다. |

## 쓰며 익히자

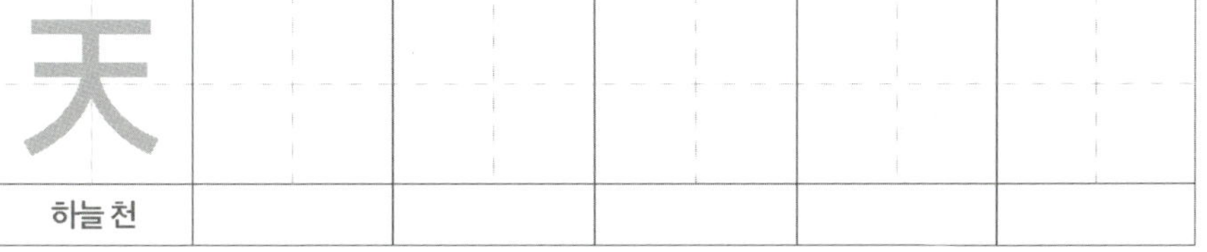

# 春 춘

뜻 | 봄, 젊은 나이, 남녀의 정

글자 형성 풀이 | 석 삼(三) + 사람 인(人) + 태양 일(日)

세 사람이 모여 태양을 바라보는 것은 봄이 왔기 때문이다.

**일상에서 어떻게 쓰일까?** 춘(春)은 '봄 춘'이라고 읽어. 봄이라는 뜻으로 많이 쓰이기 때문이지. 입춘(立春), 춘분(春分), 신춘(新春), 춘삼월(春三月) 등이 그것이란다. 청춘(青春), 회춘(回春)에서의 춘(春)은 젊은 때를 의미하지. '회춘'이 뭐냐고? '돌아올 회(回)'이니까 젊은 시절로 돌아왔다는 뜻이야. 사춘기(思春期)에서의 춘(春)은 남녀의 사랑을 의미한단다.

가사(歌辭)라는 문학이 있었는데 최초의 작품은 「상춘곡」이야. **감상할 상(賞), 봄 춘(春), 노래 곡(曲)**으로 봄을 감상하는 노래라는 뜻이지. 어떤 처지나 상황이 때에 맞지 않을 때 '춘래불사춘(春來不似春)'이라고 이야기하는데, 봄이 왔지만 봄 같지 않다는 뜻이란다.

## 한자 문해력 UP!

| | | |
|---|---|---|
| **청춘** | 푸를 청(青) + 젊은 춘(春)<br>▶ 푸르른 젊음 | 뜻 새싹이 파랗게 돋아나는 봄철이라는 뜻으로 10대 후반에서 20대에 걸치는 인생의 젊은 나이<br>예문 나이는 들었지만 마음은 아직 청춘이다. |
| **춘궁기** | 봄 춘(春) + 궁핍할 궁(窮) + 시기 기(期)<br>▶ 봄의 궁핍한 시기 | 뜻 가을에 수확한 양식은 바닥나고 햇보리는 여물지 않아 5~6월 식량이 모자라던 시기<br>예문 춘궁기에는 칡뿌리나 감자로 연명했다. |
| **일장춘몽** | 하나 일(一) + 때 장(場) + 봄 춘(春) + 꿈 몽(夢)<br>▶ 한때의 봄에 꾸는 꿈 | 뜻 흔적도 없는 봄밤의 꿈이라는 뜻으로, 인간 세상의 덧없음을 비유적으로 이르는 말<br>예문 부귀영화도 한낱 일장춘몽에 지나지 않는다. |

## 쓰며 익히자

| 春 | | | | | |
|---|---|---|---|---|---|
| 봄 춘 | | | | | |

# 便 편

뜻 | **편하다, 소식, 똥오줌**

글자 형성 풀이 | **사람 인(亻=人) + 고칠 경(更)**

사람이 뭔가를 고치는 이유는 편하기 위해서다.

일상에서 어떻게 쓰일까? 집 안에서 해(태양)와 같은 존재이기에 '안해(아내)'라고 이름 붙였다고 해. 그렇다면 '남편'은 무슨 뜻일까? **사내 남(男), 편할 편(便)**으로 수많은 남자 중에 가장 편한 사람이라는 뜻 아닐까? '해 같은 사람', '가장 편한 사내'. 참 아름다운 명칭이야.

'편법 운영', '편법 수사', '편법 증여' 등으로 쓰는 '편법'은 무슨 뜻일까? **편할 편(便), 방법 법(法)**으로 편하고 쉬운 방법이라는 뜻이야. 편(便)은 편하다는 뜻으로 많이 쓰이지만 똥오줌을 의미하기도 해. 이때는 '변'으로 읽는단다. 대변(大便), 소변(小便), 배변(排便), 변비(便祕) 등이 그것이지.

## 한자 문해력 UP!

| | | |
|---|---|---|
| **편익** | 편할 편(便) + 이익 익(益)<br>▶ 편하게 이익을 보다 | 뜻 편리하고 유익함<br>예문 에너지의 사용으로 많은 편익을 얻었지만, 환경 오염이라는 새로운 문제도 만들었다. |
| **양변기** | 서양 양(洋) + 똥오줌 변(便) + 도구 기(器)<br>▶ 서양의 똥오줌 누는 도구 | 뜻 의자에 앉듯이 걸터앉아서 용변을 볼 수 있게 만든, 서양식의 수세식 변기<br>예문 신축 주택에는 절수형 양변기를 설치하고 있다. |
| **편의주의** | 편할 편(便) + 마땅할 의(宜) + 주인 주(主) + 뜻 의(義)<br>▶ 편한 게 마땅하다고 생각하는 주인된 뜻 | 뜻 근본적으로 처리하지 않고 임시로 적당히 넘기려 하는 태도나 사고방식<br>예문 편의주의에 빠져서 해야 할 일들을 미루다 보면 나중에 고생하게 된다. |

## 쓰며 익히자

| 便 | | | | | |
|---|---|---|---|---|---|
| 편할 편 | | | | | |

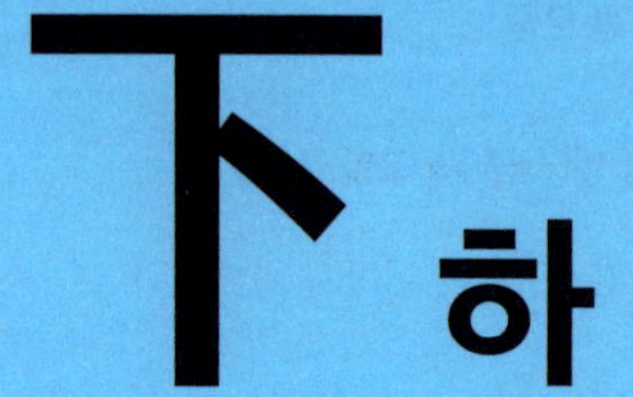

뜻 | **아래, 내리다, 신하**

글자 형성 풀이 | **아래 하(下)**

기준(一)의 아래(⺊)로 내려가는 것을 표현한 글자다.

**일상에서 어떻게 쓰일까?** 예전에 왕을 높여 이르거나 부르던 말이 '전하'였어. 드라마나 영화에서 많이 들어 보았을 거야. 전하는 **궁궐 전(殿), 아래 하(下)**로 '저는 지금 궁궐 아래에 있습니다'라는 뜻이란다. 예전에 대통령에 대한 경칭으로 쓰던 말이 '각하'였는데 **집 각(閣), 아래 하(下)**로 '저는 지금 당신의 집 아래에 있습니다'라는 뜻이었어. 하(下)가 상대를 높이고 자신을 낮추는 의미로 쓰인 것이지.

편지봉투에서 '귀하'라는 말 본 적 있지? 상대방을 높여 이름 다음에 붙여 쓰는 말인데 **귀할 귀(貴), 아래 하(下)**로 '저는 지금 귀한 사람 아래에 있습니다'라는 뜻이란다.

## 한자 문해력 UP!

|  |  |  |
|---|---|---|
| **하청** | 아래 하(下) + 청할 청(請)<br>▶ 아래에 청하다 | 뜻 수급인이 맡은 일의 전부나 일부를 제삼자가 독립하여 맡아 완성하는 것<br>예문 대개 사업은 대기업의 일을 하청받아 시작된다. |
| **하수인** | 아래 하(下) + 손 수(手) + 사람 인(人)<br>▶ 아래에서 손을 쓰는 사람 | 뜻 남의 밑에서 잔심부름을 하면서 부하 노릇을 하는 사람<br>예문 정권의 하수인 노릇은 절대 하지 않겠습니다. |
| **하숙생** | 아래 하(下) + 잠잘 숙(宿) + 사람 생(生)<br>▶ 아래에서 잠자는 사람 | 뜻 일정한 돈을 내고 남의 집 방에 머물며 숙식하는 사람<br>예문 옛날에는 하숙생이 참 많았다. |

**쓰며 익히자**

| 下 | | | | | |
|---|---|---|---|---|---|
| 아래 하 | | | | | |

# 行 행

뜻 | 다니다, 행하다, 가다, 가게

글자 형성 풀이 | 조금 걸을 척(彳) + 자축거릴 촉(亍)

조금씩 걷고 자축거리는 이유는 여기저기 많이 다녔기 때문이다.

**일상에서 어떻게 쓰일까?** 학습의 결과뿐 아니라 학습의 과정까지 측정하는 평가를 '수행평가'라고 하지. **따를 수(遂), 행할 행(行), 품평할 평(評), 가치 가(價)**를 써. 학업을 행하는 과정에서의 가치를 품평한다는 뜻이야. 교과 내용의 한 부분을 정해 그 부분에 대해서 이것저것 조사하여 보고서를 만드는 것이 일반적인 수행평가 방식이야.

행(行)은 다닌다는 뜻으로 많이 쓰이지만 행하다, 간다는 의미로도 많이 쓰여. 습관적으로 행한다 해서 관행(慣行)이고, 나그네가 되어서 간다고 하여 여행(旅行)인 거야. 은행(銀行)에서의 행(行)은 가게를 뜻한단다.

## 한자 문해력 UP!

| | | |
|---|---|---|
| **잠행** | 잠길 잠(潛) + 다닐 행(行)<br>▶ 잠긴 상태로 다니다 | 뜻 남들이 모르게 숨어서 오고 가다<br>예문 알고 보니 그는 어명을 받들어 잠행을 나온 암행어사였다. |
| **행사** | 행할 행(行) + 일 사(事)<br>▶ 일을 행하다 | 뜻 많은 사람이 특정한 목적이나 계획을 가지고 정해진 절차에 따라 조직적으로 진행하는 일<br>예문 마음에 감동을 주는 행사를 치르기로 했다. |
| **행정** | 행할 행(行) + 다스릴 정(政)<br>▶ 다스림을 행하다 | 뜻 법 아래에서 국가 목적을 실현하기 위해 행하는 능동적이고 적극적인 활동<br>예문 행정 경험보다 중요한 건 봉사의 마음이다. |

## 쓰며 익히자

| 行 | | | | | | |
|---|---|---|---|---|---|---|
| 다닐 행 | | | | | | |

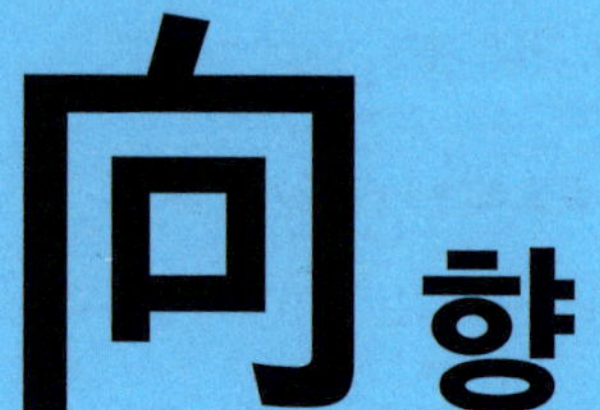

# 向 향

뜻 | 향하다, 나아가다, 방향

글자 형성 풀이 | 집 면(宀) + 입 구(口)

집의 입구는 남쪽을 향하는 게 좋다.

**일상에서 어떻게 쓰일까?** 남쪽을 향하고 있으면 남향(南向)이고, 질이나 수준 등을 더 나아지거나 많아지게 하는 것은 상향(上向)이야. 낮은 수치를 가리키는 방향으로 나아감은 하향(下向)이고, 정한 방향으로 나아감은 지향(指向)이지. 하고 싶은 마음이나 욕구 등이 기우는 방향을 취향(趣向)이라 하고, 뒤이어 오는 때나 자리를 향후(向後)라 한단다.

인간의 중추 신경계에 작용하여 정신 기능에 영향을 미치는 의약품을 통틀어 '향정신성 의약품'이라 하는데 여기서도 '향할 향(向)'을 써. 정신을 어떠한 방향으로 향하도록 만드는 의약품이라는 뜻이란다.

## 한자 문해력 UP!

| | | |
|---|---|---|
| **전향** | 구를 전(轉) + 향할 향(向)<br>▶ 굴러서 향하다 | 뜻 신념이나 사상 등을 다른 것으로 바꿈<br>예문 동서고금을 막론하고 지식인의 사상 전향은 매우 흥미롭다. |
| **경향** | 기울 경(傾) + 나아갈 향(向)<br>▶ 기울여 나아가다 | 뜻 사상이나 행동 또는 어떤 현상에서 나타나는 일정한 방향성<br>예문 비혼 인구가 늘어나는 경향이다. |
| **향상** | 나아갈 향(向) + 오를 상(上)<br>▶ 나아가면서 오르다 | 뜻 무엇의 수준이 이전보다 더 나아지거나 높아짐<br>예문 생활 수준 향상으로 소비자의 욕구가 다양해졌다. |

## 쓰며 익히자

| 向 | | | | | |
|---|---|---|---|---|---|
| 향할 향 | | | | | |

뜻 | **말씀, 이야기**

글자 형성 풀이 | **말씀 언(言) + 혀 설(舌)**

말을 혀로 하면 이야기가 된다.

**일상에서 어떻게 쓰일까?** "일화 한 토막을 소개하겠다."라는 말 들어 봤지? '일화'는 무슨 뜻일까? **숨을 일(逸), 이야기 화(話)**로 숨어 있는 이야기라는 뜻이란다. 세상에 널리 알려지지 않은 흥미로운 이야기를 뜻해. 에피소드(episode)라고도 하지.

이솝 이야기를 '우화'라 하는데 **빗댈 우(寓), 이야기 화(話)**로 빗대어서 하는 이야기라는 뜻이야. 이솝 이야기는 인격화한 동식물이나 기타 사물을 주인공으로 하여 그들의 행동 속에 풍자와 교훈의 뜻을 나타내고 있지. 예로 드는 이야기는 '보기 예(例)'를 써서 예화(例話)라 하고, 몸짓과 손짓에 의한 의사 전달 방법은 '손 수(手)'를 써서 수화(手話)라 한단다.

## 한자 문해력 UP!

| | | |
|---|---|---|
| **담화** | 말할 담(談) + 이야기 화(話)<br>▶ 말하고 이야기함 | 뜻 서로 이야기를 주고받음 또는 공적인 자리에 있는 사람이 견해나 태도를 밝히는 말<br>예문 내일 대통령의 담화가 있을 예정이다. |
| **화두** | 이야기 화(話) + 머리 두(頭)<br>▶ 이야기의 머리 | 뜻 이야기의 말머리<br>예문 그는 당내 민주화를 화두로 던졌다. |
| **비화** | 숨길 비(秘) + 이야기 화(話)<br>▶ 숨겨진 이야기 | 뜻 세상에 드러나지 않은 숨은 이야기<br>예문 아버지는 비화 한 토막을 내게 들려주셨다. |

**쓰며 익히자**

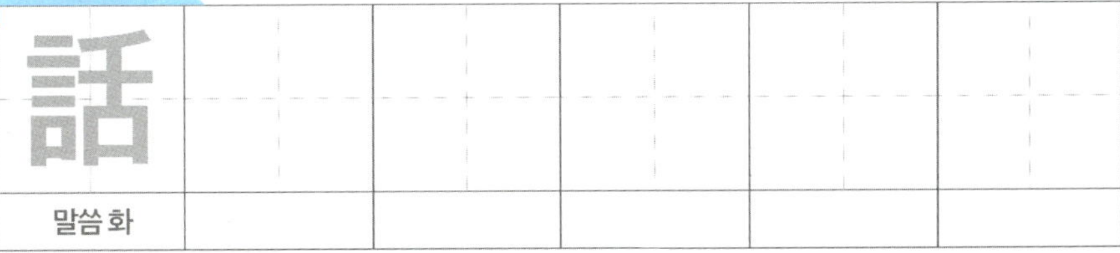

# 後 후

뜻 | 뒤, 다음, 늦다

글자 형성 풀이 | 조금 걸을 척(彳) + 작을 요(幺) + 뒤쳐져 올 치(夂)

조금씩 작게 뒤쳐져 걷는 것은 뒤로 가는 것과 마찬가지다.

**일상에서 어떻게 쓰일까?** 낮 열두 시부터 밤 열두 시까지를 '오후'라 하는데 **정오 오(午), 뒤 후(後)**로 정오의 뒤라는 뜻이야. 낮 11시부터 1시까지를 오시(吾時)라 하고, 오시(吾時)의 한가운데를 '가운데 정(正)'을 써서 정오(正吾)라 한단다. '오전'은 **정오 오(午), 앞 전(前)**으로 정오의 앞이라는 뜻이 되겠지.

두 번의 세계 대전 이후에 생겨난 허무주의적이고 퇴폐적인 경향의 문학을 **전쟁 전(戰), 뒤 후(後)**를 써서 '전후 문학'이라 해. 그리고 겉으로 드러나지 않게 은밀히 하는 정치를 **장막 막(幕), 뒤 후(後)**를 써서 '막후 정치'라고 하지. 장막 뒤에서 하는 정치라는 뜻이란다.

## 한자 문해력 UP!

| | | |
|---|---|---|
| **후원** | 뒤 후(後) + 도울 원(援)<br>▶ 뒤에서 돕다 | 뜻 뒤에서 도와줌<br>예문 저의 합격은 가족들의 후원 덕분입니다. |
| **배후** | 등 배(背) + 뒤 후(後)<br>▶ 등 뒤 | 뜻 정면에 나서지 않고 뒤에서 어떤 일이나 행동을 조종하는 사람 또는 그러한 세력<br>예문 배후 세력을 밝혀야 한다는 의견이 많다. |
| **후유증** | 뒤 후(後) + 끼칠 유(遺) + 증세 증(症)<br>▶ 뒤에 끼치는 증세 | 뜻 어떤 일을 치르고 난 뒤에, 그로 인해서 생기는 부작용<br>예문 화를 참지 못하면 그 후유증이 매우 크다. |

쓰며 익히자